普通高等学校教材

应用写作

黄高才　编著

清华大学出版社
北京交通大学出版社
·北京·

内 容 简 介

本书在内容取舍方面坚持贴近学生实际、满足学生现实需要、注重学生写作技能培养的原则，凡是学生在校学习、参与社会实践和毕业后求职需要用到的应用文种，本书均有详尽的介绍。在知识性方面，本书不求讲深，但求讲透，力求知识点清晰，使学生真正学有所得，写作能力得到很好的培养。在行文方面，本书借鉴和吸收中国应用写作的优良传统，强调应用写作的情感渗透和文学色彩，力求实用性、技能性与趣味性并重，使教师教得轻松、学生学得愉快，最大限度地提高教学质量。

本书既可用作普通高等院校、成人高校和各类职业技术学院的教材，也可用作机关、团体和企事业单位工作人员的案头必备参考书。

图书在版编目（CIP）数据

应用写作 / 黄高才编著. — 北京 ： 北京交通大学出版社 ： 清华大学出版社，2022.10
ISBN 978-7-5121-4690-7

Ⅰ. ① 应… Ⅱ. ① 黄… Ⅲ. ① 汉语–应用文–写作 Ⅳ. ① H152.3

中国版本图书馆 CIP 数据核字（2022）第 046606 号

应用写作
YINGYONG XIEZUO

责任编辑：黎　丹

出版发行：清 华 大 学 出 版 社　　邮编：100084　电话：010-62776969　http://www.tup.com.cn
　　　　　北京交通大学出版社　　邮编：100044　电话：010-51686414　http://www.bjtup.com.cn
印　刷　者：北京鑫海金澳胶印有限公司
经　　　销：全国新华书店
开　　　本：185 mm×260 mm　印张：17.75　字数：462 千字
版 印 次：2022 年 10 月第 1 版　　2022 年 10 月第 1 次印刷
印　　　数：1～3 000 册　　定价：49.00 元

前　言

　　为了更好地使本书满足普等高等学校应用写作教学的需要，作者在写作过程中广泛听取了一线教师的意见和建议，并突出了以下几个特点。

　　1. 应用性与人文性并重。从上古卜辞算起，应用写作在我国已有几千年的历史。在这一漫长的历史发展过程中，涌现出了大量的千古不朽之作，使中国文苑呈现出姹紫嫣红的景象。不仅如此，实用性与人文性并重的应用写作传统彰显了应用文美的特质和独有的魅力。然而，自20世纪80年代我国各类院校普遍开设应用写作课以来，应用写作教学和研究走进了一种误区，最突出的问题是片面强调实用性与格式的规范性，忽视了人文性，致使本来形式灵活、内涵丰富，极其生动、有趣的应用写作教学活动变得呆滞、拘谨、索然无味，其直接后果是教师教无激情、学生学无兴趣，教学效果事倍功半。

　　本书在编写过程中，尽可能地继承和发扬了我国古代应用写作的优良传统，大胆地吸收和借鉴古人应用写作的成功经验，强调应用写作的情理性和应用文中的感情渗透，同时要求应用文语言要具有生动性和形象性，让应用写作真正"活"起来，使应用文血肉丰满，文质兼美。使用本书教学，不仅老师们教得轻松，而且学生们学得愉快。

　　2. 突出实用性。目前我国各个行业要用到的应用文加起来有六七百种，其中常用的就有300多种。任何一个人一生中都不可能把这么多的文种全都用到，我们也不可能把所有的文种都教给学生。况且，很多学校的应用写作课只有几十个课时，讲得内容过多，势必会蜻蜓点水，不利于学生应用写作能力的形成。因此，本书在内容的取舍方面着眼于学生的现实需要，突出实用性。凡是学生在校期间学习、生活、社会实践和毕业后求职要用到的文种尽可能地收入本书；凡是学生走上社会后才要用到的各类文种，留给学生以后接受"再教育"或走上社会后应需自学。

　　3. 知识与技能并重。应用写作课的教学重点在于教给学生应用写作的基础知识，传授给学生正确的学习方法，培养学生最基本的应用写作能力。正是出于这样的考虑，笔者在编写本书的过程中力求知识与技能并重。在知识讲解方面，本书不求讲深，但求讲透，力求知识点清晰，使学生真正学有所得，为学生应用写作能力的形成奠定基础；在技能培养方面，本书侧重于写作指导，重视范例的示范性，其中"实战训练"模块切合学生实际，可操作性强。

　　4. 重视可读性与趣味性。重视文采和情感渗透是我国应用写作的优良传统，许多在今天被我们当作文学作品来欣赏的文章，在当时实际上是作为应用文写出来的，如李斯的《谏逐客书》、李密的《陈情表》、诸葛亮的《出师表》等。从古至今，人们都有一个共识：任何思想都需要文字来记载，需要借助于一定的文采来彰显。在本书的编写过程中，笔者吸收和借鉴了中国传统应用写作的宝贵经验，在语言平实、准确的基础上，赋予其浓厚的文学色彩，力求使一直以来显得呆板、拘谨的应用写作变得生动、有趣，为应用写作教学注入生机和活力。与此同时，本书中编入了大量的应用写作美文。使用本书实施教学，教师教有激情，学生学有兴趣，可以大大提高应用写作教学的质量。

5. 具有独一无二的"亮点"。与目前市场上流行的同类教材相比，本书具有三大亮点：一是本书首次系统、详尽地讲述了社会生活中使用频率较高的各种规章制度文书的写作知识；二是在训练设计方面突破了很多"难题"，把每一个文种的训练做得很"实"，以便于教师的教学操作；三是本书体例独一无二——各部分内容相互照应，很好地体现了写作能力形成的一般规律。

本书既可用作普通高等学校、成人高校和各类职业技术学院的教材，也可用作机关、团体和企事业单位工作人员的案头必备参考书。

在本书的编写过程中，李艳丽、张金枝、李艳、袁芳、范莎莎、高燕燕、陆国琴和张彩云等多名优秀教师承担了书中视频微课的主讲任务。本书的视频资源由刘会芹、张梦鸽制作完成。在此，对他们一并表示感谢。

由于笔者水平所限，加之编写时间仓促，本书难免有疏漏之处。诚望各位老师在使用本书的过程中能够将意见和建议及时地反馈给笔者，以便笔者再次修订时参考。特别欢迎各位老师为本书的修订推荐更多的应用美文。有关本书的意见、建议和应用美文请发送至电子邮箱：gchuang1962@163.com。

黄高才

2021 年冬于咸阳

目　录

第一章 >>>

通　论

　　应用文是指各级机关、团体、企事业单位和公民个人在处理公私事务、解决具体问题时使用的、具有惯用格式的一类实用文体。

　　从已经发掘、发现的史料可知，应用写作在我国已有几千年的历史。在这一漫长的历史发展过程中，文种不断丰富，表现形式推陈出新，至清代已经形成了内涵十分丰富、积淀相当深厚的应用文体系。清代学者刘熙载在《艺概·文概》中说："辞命体，推之即可为一切应用之文。应用文有上行，有平行，有下行，重其辞乃所以重其实也。"在这里，"应用文"第一次作为一个专用的术语被提出来。今天，应用写作已经发展成为一门内容丰富、脉络清晰、体系完备的应用学科，在社会生活的各个方面发挥着极其重要的作用。

第一节　应用文的特点和社会作用

　　应用文的"应用"二字既准确地概括了这类文体的基本性质，也点明了这类文体的作用。这类文体一般都是应需而写，以解决实际问题为写作目的。它既是各级单位开展工作、互通情况必须依赖的媒介形式，也是公民个人处理各种事务或解决各种问题必须用到的文体。一个人一生可以不写小说，不作散文和诗歌，但不能不用应用文。

一、文章的基本分类

　　中国文章学研究的历史在世界上是最长的，距今已有 2 500 多年。《尚书·尧典》中说："诗言志，歌永言，声依永，律和声。"其中"诗言志"的观点可以说是文章学理论的萌芽。春秋战国时期，文章学理论开始产生。例如，《庄子·天下篇》中说："诗以道志。"《荀子·儒效》篇中说："《诗》言是其志也。"

　　经过两千多年的自然发展和人们的专门研究，到 20 世纪初"文章学"的概念正式产生。文章学的概念产生后，关于文章分类的研究也迅速展开。经过反复的比较和验证，到 20 世纪 80 年代，有了一个人们高度认同、相对科学的分类结果，即将文章分为基本文体、文学体裁和实用文体。在这个分类结果的基础上，后来又产生了一个新的观点，将文章分为基本文体、文学体裁和应用文体，这一分法界定更加清楚，是迄今为止最为科学的分类方法。为什么说这一分法是最科学的呢？因为这一分类方法抓住了各类文章最本质的特点，界定十分清楚。具体地讲，文学体裁的本质特点是着力于形象塑造和意境描绘，允许虚构、夸张和典型化处理等；基本文体的本质特点是写真事、说真话、抒真情等，不允许虚构和

歪曲事实；应用文体的本质特点是一般有约定的格式和特定的内容要素。

应用文的特点

二、应用文的特点

前面我们所提到的应用文的本质特点只是应用文特点的一小部分。那么，怎样全面、正确地认识应用文的特点呢？要谈应用文的特点，必须将其与文学作品进行比较，找出其与文学作品的不同点，这是研究应用文最基本，也是最科学的方法。

首先，从写作目的来看。文学创作的目的是满足人们的精神需求，在给人以审美享受的同时，净化人们的灵魂，激励人们的斗志，坚定人们的信念。应用文是为了解决实际问题而写的，其作用是传递信息、沟通思想、理顺关系、协调工作等。

文学作品是人类精神世界的写照；应用文是现实生活的反映，直接用于生活和工作是应用文区别于文学作品最显著的地方，所以说实用性是应用文最大的特点。

其次，从思想内容和表现手法两方面来看。文学作品和应用文都注重内容的真实性，但二者的"真实"是不同的：文学作品的真实是一种艺术的真实，或者说是一种依赖于创作者主观意念而存在的真实，作品所写的人和事与现实生活中的真人真事相对处于"似与不似"之间；应用文的真实是真正的生活真实，其中所写的人和事都必须是现实生活中存在的真人真事。

不论是日常应用文，还是事务应用文，不仅要求人物、事件、时间、地点等要素是完全真实、准确无误的，而且其中涉及的数据也必须是准确无误的。

就表现手法来看，在文学作品的创作过程中，作者可以对生活素材进行"典型"化处理，赋予其主观上的感情色彩；在应用文的写作过程中，作者必须尊重客观事实，不允许过多地掺杂自己的主观感情成分，更不允许夸张和虚构。客观性是应用文区别于文学作品的又一重要特点。

再次，从材料取舍和读者对象来看。在文学创作的过程中，作者可以按照自己的主观意愿对材料进行取舍和艺术加工；而在应用文的写作过程中，作者必须尊重客观事实，必须"就事论事"，在材料的使用上别无选择。文学作品在产生之前，其读者对象是模糊的，究竟写给谁看，作家自己有时也说不清楚；而日常应用文则不同，它的读者对象是十分明确的，写给谁看的，写作者一清二楚。内容的既定性和读者对象的确定性是应用文的又一特点。

又次，从行为动机方面看。文学创作活动完全受作者的思想所支配，写还是不写、什么时候写、写什么、写成什么体裁、确立一个什么样的主题、选用什么材料，完全由作者的主观意愿来决定；应用文写作则不同，写什么内容、写成什么样式、什么时候写，都由客观存在的情况和需要解决的问题来决定。应需而写是应用文写作的最大特点，这一特点决定了应用文具有针对性的特点。

最后，从时效性方面来看。文学作品的审美性和感染力大多是长久不衰的，如唐诗、宋词和明清四大小说，这些作品在今天读来依旧美感十足；应用文则不同，事过境迁，其中绝大部分的实用价值都失之殆尽。

从写作的角度讲，文学创作不受时空的限制，选题确定了，可以马上动笔，也可以一月或一年后再写；应用写作不同，问题已摆在眼前或即将发生，必须尽快处理或解决时，为解决问题而写的应用文必须尽快完成，否则就要误事。时效性也是应用文区别于文学作品的一大特点。

概括起来讲，应用文具有实用性、客观性、内容的既定性与读者对象的确定性、针对性和时效性几个主要特点。此外，格式的约定俗成性也是应用文区别于文学作品的一个重要特点。

三、应用文的作用

文学作品是社会生活的审美反映，其创作目的是促使人们热爱生活，对生活满怀信心。应用文写作的意义与文学创作是不同的，其写作目的是处理实际事务，解决具体问题。应用文作为记录、传递、储存信息的载体，因文种的不同而作用各异。归纳起来讲，应用文主要有沟通交流作用、凭证作用、规范和指导作用、晓谕和知照作用。

（一）沟通交流作用

社会是一个极其复杂的共同体，群体与群体，群体与个体，个体与个体之间有着各种联系和交往，应用文书在这些联系和交往活动中起了一种纽带与桥梁作用。

应用文的沟通作用具体体现为沟通情况，加强联系。上下级机关之间主要是上传下达；平行的单位和互不隶属的单位之间主要是互通情况；公民个人之间主要是传递信息、互相交流。

（二）凭证作用

应用文的凭证作用主要体现在它是联系工作和开展公务活动的书面凭证，起着立此存照的作用。比如说，学校对违纪学生的纪律处分必须有一个依据，这个依据是什么呢？是关于学生管理的有关规定。

应用文，特别是公文之所以具有一种凭证作用，其根本原因在于：第一，它储存了重要的社会信息，在发挥了现实的效用后，还有一种历史资料的性质。比如召开一次会议，议定了许多事项，如果仅仅留存在有关与会人员的记忆之中，那是靠不住的。过不多久，大脑中的印象变得模糊起来，似乎是这么定的，但又查无实据。这样一来，处理事务时缺少了凭据，工作就不好开展了。如果把会议议定的事项以会议记录的形式记录下来，就可以作为一种处理日常工作事务的依据；第二，应用文书一旦形成，就变成了一种凭据，就具有了一种有据可查的属性。它不同于口头交流。口头上说的事，时过境迁，你说是一，他说是二，谁也说不清楚。日常生活中不乏因"口头协议"而导致纠纷的例子。

（三）规范和指导作用

用来制定政策、发布法规、指导工作的应用文，在特定范围内对机关、组织及个人的行为起着规范和指导作用。

应用文的规范性具有两个含义：一是其固定的格式规范了人们的写作行为和处理程序，使日常事务的处理有条不紊；二是其内容规范了人们的行为，如公约、规定等。

应用文的指导作用主要体现在公文的应用方面，可以从上下级机关两个方面来理解：上级机关制发的公文大多都是用于指导、督促下级更好地开展工作的；下级机关依照上级机关有关文件精神开展工作，就是应用文指导作用的具体体现。

（四）晓谕和知照作用

国家每一项法令、法规的发布对于各级机关、团体、企事业单位及公民个人都具有晓谕的作用；各级机关的通知、通告，都具有知照的作用。应用文的晓谕作用具体体现为启示、教育和动员，其知照作用主要体现为告知。

第二节　应用文的构成要素

任何一类文章都是由内容和形式两大部分构成的。就应用文而言，其内容要素是主旨

和材料，形式要素主要是结构和语言。

一、应用文的主旨

《现代汉语词典》对"主旨"一词的解释是：主要的意义、用意或目的。这一解释包含两层意思：一是写进文章中的材料本身所蕴含的主要思想意义；二是作者写作的目的和意图。材料本身所隐含的思想意义是客观的，作者写作的目的和意图是主观的，主旨是客观与主观的统一。没有客观材料这一思想载体，作者的意图就无法表现；没有作者明确的写作目的和意图，蕴含在材料中的思想意义也就不能被发掘和表现出来。

主旨由材料本身所蕴含的思想意义和作者写作目的及意图两个要素构成，最终体现为作者对客观事物的认识、评价以及由此而产生的观点和主张。

应用文的主旨与
文学作品主题的异同

（一）应用文的主旨与文学作品主题的异同

《现代汉语词典》对"主题"一词的解释是：①文学、艺术作品中所表现出来的中心思想，是作品思想内容的核心；②泛指谈话、文件等的主要内容。从这一解释来看，"主题"和"主旨"的含义是有差别的，二者作为概念来讲时，其外延是不重合的，这是其一。其二，"主题"原本是就文学、艺术作品而言的，"主旨"是就实用文体来讲的，二者的使用对象不同。其三，作为文学作品的主题和作为实用文体的主旨有着"质"的不同。这一不同主要表现为以下几点。

首先，文学作品的主题可以多层次设置，可以隐含在作品的深处。如陆游的《钗头凤》不仅表达了对唐琬的深爱、思念与牵挂之情，而且表现了对封建礼教的愤恨，以及在母亲逼迫下的无奈等，其主题是多层次且隐含在字里行间的。应用文的主旨不仅不能多层次，更不能含蓄、隐晦。

其次，文学作品的作者在主题的确定与选择方面具有"自主"权。作品写什么，怎样写，表现什么主题，怎样表现，都是由作家的思想、感情、世界观决定的。应用文写作则不同，确定什么样的主旨，完全取决于需要解决的现实问题，对于作者来说，是不由自主的。

最后，文学是借助艺术形象来传达作家审美意识、思想观念的，这一特点决定了创作过程中暗示和象征手法的运用。呈现在读者面前的文学艺术形象，是一种能唤起读者生活经验、调动其情绪反应、引起联想和想象的、富有象征性和暗示性的审美对象，这就必然会造成主题在一定程度上的不确定性或模糊性。这样一来，读者在对文学作品主题进行具体概括的时候，很难提炼出一个确定不变、众人都能接受的主题。鲁迅曾经谈到人们对《红楼梦》理解的分歧："单是命意，就因读者的眼光而有种种，经学家看见《易》，道学家看见淫，才子看见缠绵，革命家看见排满，流言家看见宫闱秘事……"应用文的主旨不仅应当明确，而且必须突出，使读者容易准确地把握。

此外，文学作品的主题是通过文学作品的各个构成要素表现出来的作家的观点、倾向、思想和情感，其中情感处于主导地位；应用文的主旨是作者就需要处理和解决的问题所发表的意见、建议、主张或所表明的态度等，解决问题的意见、建议、思路和方法等是其核心。

（二）应用文主旨确定的基本要求

说得简单一点，应用文的写作实际上是作者向明确的受文对象传达一种信息或者表达某种意思，具体表现为要受文对象知晓什么、做什么、怎么做或向受文对象提供某种依据等，意思的表达首先要真实。因为只有意思的表达是真实

应用文主旨
确立的基本要求

的，才会有益于事务的处理和问题的解决；意思表达不真实，不仅达不到写作的目的，而且常常会事与愿违。因此，意思表达的真实是应用文写作的一个基本原则。在这一总的原则之下，应用文主旨的确立与表现还必须达到以下几点要求。

1. 正确

所谓正确，包括两层含意：一是要符合国家政策，遵守法律、法规；二是要符合客观实际，反映事物的真实面貌和本质规律。应用文很重要的一个作用是维系社会各阶层、各方面的关系，促进社会和谐，因而其主旨的确立必须符合社会公共准则，这一要求首先体现为符合国家的政策，遵守法律、法规。其次，作者的看法、想法以及所设想的解决问题的办法等，都必须符合客观实际，具有可行性。只有这样，文章才有价值。写应用文最忌讳纸上谈兵，不切实际、假大空的东西是没有任何意义的。

2. 明确

应用文的主旨必须明确、突出，直截了当。肯定什么，反对什么，态度鲜明，使读者易于准确把握作者的写作意图，明确自己的工作职责、工作方向和工作方法等问题。从另一个角度讲，应用文是用于指导工作的，在一定程度上发挥着协调步调、统一行动的作用，这就要求所有的受文对象对文章主旨的理解是相同的。而要达到这一目标，主旨的明确性是至为关键的。

3. 显露

应用文为解决实际问题而写，其作用的发挥、价值的体现首先取决于受文对象对主旨的准确把握。这就要求应用文的主旨必须直陈文中、显露于外，来不得半点的含蓄和隐晦。具体地讲就是作者的意图和主张是什么，要让读者一看就明白。

4. 单一

应用文要实现作者的写作意图，首先要求受文对象对主旨的理解是唯一的，这就要求应用文的主旨本身是单一的。即一篇应用文只能有一个基本思想，重点要突出。如果应用文所传达的信息呈现多向性，其主旨具有多重性，就会使读者无法准确把握，无所适从，这样作者的意图就无法得到贯彻，文章就失去了价值。

5. 深刻

所谓深刻，是指确立的主旨能够反映生活的本质和规律，能够揭示事物所隐含的最有价值的思想意义，能够提出使问题得以顺利解决的有益见解。说得具体一点，就是有较强的针对性和现实意义。这就要求作者除了把握事物的本质和规律外，还要掌握不同文种的特点和写作要求。如工作总结重在对自身实践的理性认识，措施、做法，经验、问题，都是重点；请求批准的请示重在理由合理而充分，要求恰如其分；情况报告重在揭示事物的本质、规律，显示发展趋势和新的动向；而会议纪要的着重点则在于指导思想正确，任务要求明确，政策措施有力、可行。这些对于主旨深化、明确、突出都是十分必要的。

二、应用文的材料

文章的材料是指作者为了达到一定的写作目的所搜集、整理和运用到文章中表现主旨的事实、数据和理论根据。材料是构成文章诸要素中最坚实、最丰富、最具活力的一个因素，主旨的确立要依靠它，文章的感染力和说服力也要来自它。因此，材料的搜集、整理、选择、加工及使用是写作的一个关键环节，决定着写作的成败。

（一）材料的分类

不同类型的材料在文章中具有不同的表达作用和表现效果。依据不同的分类标准，材

料可以分为以下几种类型。

1. 按照材料的性质来分，可分为感性材料和理性材料

感性材料是作者通过视觉、听觉等感官手段从现实生活中获得的材料，是客观现实中具体存在的事物——人、事、景、物都是感性材料；理性材料是人们对客观事物理性认识的结果——公理、原理、法则、定律等是理性材料。感性材料的运用，可以增强文章的生动性和感染力；理性材料的运用，可以增强文章的说服力。

2. 从获取途径分，可分为直接材料和间接材料

直接材料是作者运用各种感知手段或技术手段，直接从现实生活中获得的材料。它是写作各种文章最可靠、最基本的材料。应用文要以直接材料作为文章的主要材料。直接材料获取的主要途径是观察、感受、采访和调查。间接材料是指作者从现实生活以外的其他渠道间接获得的材料。如从阅读文件、图书、报刊或其他资料获得的材料，从观看影视剧、听广播或听他人讲述等途径获得的材料。各类文章的写作都常常借助于间接材料，以补充直接材料的不足。

3. 从时间上分，可分为现实材料和历史材料

现实材料是指存在于当前现实生活中的一切写作材料。现实材料是读者最熟悉、最容易理解的。历史材料是指生活中发生已久或在历史上早已发生而存留下来的史实、文物、作品、文献、资料等。由于应用文常常要论事说理，因而经常要用到历史材料。

4. 从内容上分，可分为正面材料和反面材料

正面材料是指作者从正面的角度选取的用来表明自己观点和感情倾向的材料。反面材料是指作者从反面的角度选取的，用来批驳或否定对方的观点，反衬作者思想观点的材料。选用反面材料，对错误观点进行批驳，对丑恶现象予以否定，是为了树立起作者正确的观点。正、反两方面的材料对比使用，能使作者的观点更加鲜明，给读者留下深刻印象，从而加强文章的说服力与感染力。

以上只是几种最常见的材料分类方法。事实上，关于材料的分类方法远不止这些。

（二）应用文材料应具备的特性

主旨是文章的灵魂，材料是文章的血肉，材料的选择和使用是为表现主旨服务的。相对于文学作品主题的不确定性和具有想象再造性来讲，应用文的主旨必须单一、明确、显露，使受文对象容易准确地把握，这就要求写进应用文的材料必须具有以下几个方面的特性。

应用文材料应具备的特性

1. 表意的直接性

为了增强作品的审美性，文学作品总是给读者留有充分的想象余地，其材料的表意也常常是间接的。如臧克家的《老马》这首诗："总得叫大车装个够，它横竖不说一句话，背上的压力往肉里扣，它把头沉重地垂下！这刻不知道下刻的命，它有泪只往心里咽，眼里飘来一道鞭影，它抬头望望前面。"这首诗中的形象是一个象征物，所描绘的情境依赖于读者的想象而存在。在这里，材料的表意是间接的，其主题必须借助于读者的联想才能显现出来。

应用文写作以"解决问题"为目的，把实用性放在第一位，首先考虑的是受文对象对文章主旨的正确理解，这就要求其所用的材料必须具有表意的直接性。所谓表意的直接性，就是所用理性材料能直接表明作者的观点，所用感性材料能够很好地反映客观情况。换句话说就是，在材料与观点相统一的基础上，所用材料能够坚实地支持观点、表现主旨。

2. 确凿性

所谓确凿，是指写进文章中的事实不但是客观存在的、真实的，而且是没有经过艺术加工的、准确的，能反映事物的本来面目的材料。对材料的这一要求，是由应用文与文学作品的不同特点决定的。

文学作品来自生活，又要高于生活，这就要求作者在创作的过程中对材料进行艺术化的处理，因而写进文学作品中的材料大多是经过加工处理的，多多少少带有虚构的成分。

应用文写作与文学创作有着严格的区别，必须尊重客观事实，尤其是写进文章中的材料，绝对不能有任何虚假的成分，也不能添枝加叶，否则文章反映的问题就会失实，失实就会出问题。因此，写进应用文中的材料既要求是真实的，又要求是准确的。

3. 典型性

虽然现实生活中可用的材料是极其丰富的，但不同的材料在具体文章中的表现作用是千差万别的。就其思想意蕴来讲，有的鲜明，有的隐晦；就其对现实的反映来讲，有的显现出的是真象，有的表现出的是假象；就其所表现出的问题来讲，有的揭示的是事物发展的必然规律，有的展现的是一种偶然现象；有的代表主流，有的代表支流……在应用文的写作中，只能选取那些充分显示事物的本质和规律的材料——典型材料。典型材料具有本质的真实，能代表主流，体现必然性，因而能以一当十。

4. 新颖性

应用文是为解决现实问题、改进以后的工作或各方面的关系而写的，就事论事必须立足于当前，着眼于未来。这就要求其所使用的材料必须是生动、鲜活、富有生命力的。因为只有使用新颖的材料，才能很好地反映出事物发展的新动态、新情况，揭示出当前需要解决的新问题，在此基础上才能产生符合实际、切实可行的解决问题的新思路。

事物是不断发展变化的，如果今天的情况已与昨天的情况不同，我们仍然根据昨天的情况来制定工作方案，势必就会出问题，有时还会出大问题。比如说发布汛情通报，两小时前的情况和此刻的情况就可能有很大的不同，如果不能将此刻出现的最新情况及时告知各有关方面，就可能出问题。同样，要适应情况不断变化的需要，作者的思想观念、工作思路等也要随之发生变化，这一点也是新颖性的一个方面。

三、应用文的结构

相对于基本文体和文学体裁而言，应用文的结构比较简单。这主要源于两个方面的原因：一是应用文的内容要素比较明确，先写什么，后写什么，一般约定俗成；二是很多文种有约定俗成或明确规定的格式。

虽然应用文的结构相对比较简单，但安排时也必须注意两个问题：一是有利于每个内容要素清晰地显露出来，让人看得清楚明白；二是合情合理、合乎逻辑，便于有条不紊地把事情说清楚。

在这里，要特别强调的是，应用文的格式要求并不影响其生动性，更不影响其情理渗透。

四、应用文的语言

应用文的语言

语言是表达思想、构成文章的物质基础。一切文章，从内容到形式，都要靠语言来支撑，没有语言，就没有文章。任何思想，只有用准确的语言表达出来才能成

为现实的思想，才能在人与人之间进行交流。

相对于文学语言来讲，应用文的语言具有平实、准确、简洁和得体四个基本特点。

（一）平实

所谓平实，是指平易、质朴、实在。平实，强调文风朴实，通俗易懂；强调直接说事，客观论理；强调语言的自然，不施粉饰，不露斧凿之痕。

平易就是意思表达清楚、通俗、易懂。因为文章是写给人看的，让人一看就懂的文字，才能产生亲切感，才能让人倍加喜爱，让人有精神上的愉悦。与此同时，读者看懂了，把作者的意图领会了，十分信服并且接受了作者的观点，用应用文中的正确思想指导自己的行为，文章的实际应用价值才能充分地发挥出来。如果读者看了文章以后不知所云、晕头转向，领会不了作者的写作意图，其行为与作者的意愿相悖，应用文的价值就没有了。

质朴是指应用文的语言必须自然、朴素，没有经过粉饰，不含任何虚伪的成分，也没有夸大和溢美之词。那些华而不实的词句在应用文中是绝对不能用的。质朴的语言具有一种"清水出芙蓉，天然去雕饰"之美，运用质朴的语言来写应用文，不但能够写得真切，而且可以写得生动。老舍先生说过："文字不怕朴实，朴实也会生动，也会有色彩。"

实在是指应用文的语言表意直接，不绕圈子；每句话都落在实处——或说事，或论理，没有废话；说事客观、具体，不给读者留太多的想象空间，以免其误解作者的意图。

比较：

（1）文学语言强调审美性，讲究表意的含蓄美，潜台词十分丰富，给读者留有极大的想象空间。如鲁迅先生的《祝福》——当祥林嫂被婆家人抢走后，介绍人卫老婆子与鲁四老爷有这么一段对话——

"阿呀阿呀，我真是上当……我哪里料到是瞒着她的婆婆的呢。对不起，四老爷，四太太。总是我老发昏不小心，对不起主顾。幸而府上是向来宽洪大量，不肯和小人计较的，这回我一定荐一个好的来折罪……"

"然而……"四叔说。

这里，鲁四老爷只说了半句话，"然而……"后面的潜台词是什么呢？很明显，这就是：你说要另荐一个好的女佣来顶替祥林嫂，可是像祥林嫂这种"只是顺着眼""不开一句口""整天的做""又有力，简直抵得过一个男子"的廉价好劳力，恐怕不容易找到了。这是鲁四老爷在"然而"后面欲说而未说的话。

（2）文学语言讲求表达的形象性，一般不直说。比如说春天到了，在实用性的文章中就直接写"春天来了"，但是在文学作品中却这么写——"满园春色关不住，一枝红杏出墙来""春风又绿江南岸"……这样写，让读者在阅读时浮想联翩。

（3）文学语言讲究文采，大量使用各种修辞手法和表现技法，在一定程度上加大了读者理解语言的难度。

通过以上比较，我们可以体会到平实是应用文语言最大的一个特点。

（二）准确

所谓准确，是指意思表达真实、明确和恰如其分，没有含混不清的地方，没有言过其实的地方，没有褒贬失当的地方。语言的准确表现在内容上主要体现为所写事实清楚、确凿，所用数字准确无误。表现在词句的运用方面主要体现为以下几点。

（1）严格区分词义的大小和轻重，词语的选用要恰当。汉语词汇丰富，同义词、近义词很多，它们的意义大多只有细微的差别，如果不严加区分，很容易造成表意不准确的问题。

（2）注意词义的修饰、限定，防止产生歧义。一词多义是汉语的一大特点，为了确保作者意思表达的正确性，最大限度地减少读者的误解或曲解，在遣词造句方面要注意定语、状语和补语的使用，以使句子中心词的意思更加明确、具体，避免产生歧义。

（3）注意关联词语的使用和句式的选择，以使句间关系紧密，语气贯通。

（4）注意语言逻辑关系，防止概念不清或判断失当。正确的语言逻辑关系，不仅可以使语言条理清晰，而且能够反映出事物的内部规律，将事物的概念表述得清清楚楚，使判断准确无误。

比较：

文学作品强调语言的表现力，追求"言有尽而意无穷"的表现效果，这样一来，语言的表意有时就带有模糊性和不确定的成分。与此同时，"诗化"的语言还具有一种跳跃性，词句本身存在不确定性和空白的部分，需要读者借助于自己的思维去补充和完善。

（三）简洁

简洁就是简练、干净，就是以最少的文字表达尽量多的内容。说通俗一些，简洁就是没有废话，没有辞藻堆砌，没有不必要的词句重复，言简而意赅。遣词造句，要让人一看就知道讲的是什么，明白该如何去做；没有枝蔓，不晦涩难懂。

应用写作以传递信息为主，信息传递要迅速、准确，行文要简洁。具体来讲，应用文语言的简洁主要在于两点：一是文字简练，即用最少的文字表达尽量多的内容；二是坚决杜绝套话、空话、废话，竭力将可有可无的字、词、句、段和空话、套话删去。

比较：

文学创作与应用写作的最大区别在于：应用写作注重于客观事实，文学创作长于表现人的精神世界。有时为了表现人的心境，采用烘托、渲染等艺术手法，使得语言显得十分的啰唆。如鲁迅《社戏》中的一段文字——

我深愧浅陋而且粗疏，脸上一热，同时脑里也制出了决不再问的定章，于是看小旦唱，看花旦唱，看老生唱，看不知什么角色唱，看一大班人乱打，看两三个人互打，从九点多到十点，从十点到十一点，从十一点到十一点半，从十一点半到十二点，——然而叫天竟还没有来。

这一段文字显得十分"啰唆"。在通常情况下，人们是不会这样"啰唆"地说话的；如果用"凝练"这把剪子去修剪，最多只要"看各种角色演唱，从九点直到十二点"两句话。但是，在《社戏》中，却非得像鲁迅这样写不可。因为作者是写自己慕谭叫天之名去看戏的，不但谭叫天迟迟未出，而且剧场十分拥挤、混乱，早已感到索然无味、烦躁不安。在这种心理状态下看戏，只有两件事可做：一是数着一个个角色出场，并希望他们赶快退场；二是数着一点点逝去的时间，希望谭叫天尽快出场。正因为这样，作者才运用繁笔，连写了六个"看"字，又连写四个时间变化，以便形象地描绘出当时索然无味、烦躁不安的心理状态。

（四）得体

应用文是为解决实际问题而写的，其语言要受明确的写作目的、特定的读者对象、一定的使用场合等条件的制约，因此一定要得体。应用文语言的得体包括以下几点。

（1）要符合作者的地位和身份。即叙事论理、遣词造句一定要注意作者的身份，要能正确体现出作者和受文对象之间的特定关系。如下级对上级的请示，可以用"请研究、批复"，但不能用"务必同意"之类的词句。

（2）要注意特定的场合。如贺喜时不说丧气话，严肃的场合不说俏皮话等。

（3）要注意让对方乐于接受、易于接受。要区别对象，采用对方乐于接受、易于接受

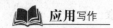

的言语，一般人忌讳的话尽量少说或不说。此外，还要注意适合对方的文化程度、专业水平等，使对方易于理解、易于接受。例如对文化程度不高的人，尽量多用平易通俗的词语，不要使用生僻的字词，不要过多地使用专业术语。

（4）语言色彩要符合特定的行文目的及文章内容的性质。如颁布政令的要庄重严肃，通报错误的要义正词严，申请、请示的要平和委婉，等等。

（5）要正确使用应用文的习惯语，切实弄清它们的含义和用法。如信函中的称谓、问候和致敬语等。

（6）要符合应用文的语体要求，具体地讲就是语言的运用要注意符合不同文体的要求。

写作应用文，说什么、不说什么，怎样说、何时说等，都要认真考虑。语言得体将有利于处理事务、沟通关系，达到应用文写作的预期目的。

以上只是应用文语言最基本的几个特点，或者说是对应用文语言最基本的要求。实际应用中，仅仅满足于这些基本要求是不够的，还应该讲究语言的鲜活、优美和情味。在这一方面，古代的应用文书为我们树立了榜样，如李密的《陈情表》、诸葛亮的《出师表》和司马光的《训俭示康》等都是应用文语言运用的典范。

第三节　应用文的写作要求

应用文写作的
基本要求

一、应用文写作的基本要求

文学创作的目的是为人们提供精神食粮，应用文写作的目的是解决现实存在的问题，二者的写作目的不同，要求自然各异。一篇好的应用文，起码应该达到以下几个要求。

（一）客观说事

应用文在解决具体问题过程中的作用主要表现在两个方面：一是为解决问题提供依据；二是为解决问题提供思路。这就要求说事要客观，力求真实地反映情况，一就是一，二就是二，不能添枝加叶，更不能夸张和虚构；要尊重事实，客观说事，不能臆断，不能凭空想象和联想，也不能过多地掺杂个人的感情色彩。这是应用文写作与文学创作最大的区别——文学创作离不开想象和联想，允许个人感情渗透。

在客观反映问题的同时，还必须对问题进行深刻、透彻的分析，因为只有把问题分析透了，才有可能找到解决问题的正确思路，继而找到解决问题的最佳思路。与此同时，应用文中关于问题的分析要有理有据，让人信服。

（二）主旨明确

人们阅读文学作品大多是为了消遣和愉悦身心，而阅读应用文则主要是为了工作、生活或学习。阅读文学作品，能不能正确领会作者的创作意图，能不能准确概括文章的主题，都无关紧要，只要能获得强烈的美感享受就可以了；而阅读应用文，必须准确把握作者的意图，准确捕捉文章中的重要信息，正确理解文章的中心思想。换一个角度讲，阅读应用文首先要弄清楚行文者要我们做什么和应该怎么做等问题。这就为应用文写作提出了一个要求——要求写作者必须把事情说清楚，让人一看就明白作者的意图，就知道应该干什么和干到什么程度等。把事说清楚最终体现为主旨明确。

主旨明确在应用文中主要体现为三点：一是主题单一，即一篇应用文只有一个主旨，作者的意图很明确。二是观点鲜明，作者的意思表达很清楚。应该做什么，不应该做什么；应该怎么做，不应该怎么做，说得清清楚楚。三是有明确的针对性，即文章所提的意见、办法和措施等，是针对什么人、什么事和什么问题而提出来的，清清楚楚。

（三）条理清晰

应用文要把事情交代清楚，把自己的意图说明白，把道理讲透彻，条理清晰是十分关键的。条理清晰，在应用文的写作中有三个含义：

一是观点和材料互相依存，内在联系十分紧密。换句话说，观点要能够很好地统率材料，材料能够很好地说明观点。只有观点能很好地统率材料，应用文说事才能显得有条不紊。

二是事理之间的因果关系十分清晰。应用文说事最大的特点是有理有据，如一些重大的决定、决议和指示等常常用较多的文字说明因由、依据；调查报告和工作总结则要分析事情成败的原因。

三是文章结构的层次十分清晰。应用文重在说事，要把事说清楚，给人以十分清晰的印象，就必须采用条分缕析的办法，表现在文章结构的安排上就是层次十分清晰。

（四）格式恰当

应用文的格式是约定俗成、相对固定的。应用文的格式规范，不仅便于事务处理、提高工作效率，而且便于整理、归档。与此同时，还有一种形式上的美感。比如说，一份民事诉讼状如果形式是规范的，原告、被告一目了然，诉讼事项清清楚楚，受理人很快就会理出处理的头绪来。如果形式不规范，受理人可能需要花费很大的工夫才能弄清楚谁告谁。因此，应用文的写作要求格式要规范。

规范是相对的，不是绝对的。应用文的写作，在格式规范的基础上允许有一定的灵活性，尤其是提倡在相对稳定的基础上的创新与突破，以使应用文的格式适应时代变化和社会发展的需要，增强其表现力与生命力。与此同时，应用文格式的相对稳定并不影响个人的写作风格，可以革新。但要注意，形式上的创新与发展必须与应用文所要表达的内容相适应。

（五）语言简洁、浅显、生动

简洁是对一切文章写作的一个基本要求，表现在应用文写作方面更为突出。简洁就是用最简练的文字准确地陈述事由、解说事理，把自己对问题的看法、主张以及解决问题的办法等清楚明白地表述出来。简洁，通俗地讲，就是不啰唆，去粉饰，言简而意明，文约而事丰。

文章是写给人看的，只有别人看得懂，作者的写作目的才能达到。尤其是应用文，其读者对象的文化层次参差不齐，更应该讲究语言的浅显。不论是讲述深刻的道理，还是表达复杂的思想，都要说得深入浅出，易于理解。

在简洁、浅显的基础上讲求生动是对应用文语言更高的要求。生动就是语言鲜活、形象、优美，富于感染力。生动的语言，可以增强文章的艺术感染力，激发读者的阅读兴趣，使文章的作用最大限度地发挥出来。

二、中国古代应用文写作的优良传统

我国古人写作应用文不仅注重于说事，而且特别注重于情理渗透，力求做到晓之以理、动之以情，为后人留下了大量的典范之作，很多在今天被我们当作文学作品来看的名篇佳作其实在其产生的时候都是典型的应用文。如论理透彻的《谏逐客书》就是李斯写给秦王的"建议书"，发自肺腑、情透纸背的《出师表》是诸葛亮写给后主刘禅的"建议书"。字字蘸泪、使人动容的《陈情表》是李密写给晋武帝的"辞职信"。

司马光的《训俭示康》、林觉民的《与妻书》都是应用文，无一不理动人心、情感肺腑。这些文章不仅情理交融，而且富于文采，言辞十分优美。

更值得关注的是，在我国古代，不只是一般的应用文讲究文采、注重情理渗透，即使是皇帝的诏令也特别讲究文采、注重情理渗透。如唐太宗的《百字敕》："耕夫役役，多无隔宿之粮；蚕妇婆婆，少有御寒之衣。日食三餐，当思农夫之苦；身穿一缕，每念织女之劳。寸丝千命，匙饭百鞭。无功受禄，寝食难安。交有德之朋，绝无益之友；取本份之财，戒无名之酒。常怀克己之心，闭却是非之口。若以朕之斯言，富贵功名长久。"这篇短文情理交融，语言优美，具有很强的思想感染力。

与中国传统的应用文写作相比，今天我们的应用文写作实践、教学和研究等各个方面都走进了一种误区，最突出的一个问题是片面强调实用性与格式的规范性，忽视了人文性，致使本来形式灵活、内涵丰富，极其生动、有趣的应用文写作教学活动变得呆滞、拘谨、索然无味，其直接后果是影响了应用文社会效益的发挥。

当前，要走出应用文写作的误区，必须从这几个方面入手：一是要继承和发扬我国古代应用文写作的优良传统，大胆地吸收和借鉴古人应用文写作的成功经验；二是要淡化应用文写作的"政治"色彩，让应用文写作真正走进百姓生活；三是要注重应用文写作的情理性，尤其是要注意应用文中的感情渗透；四是加强应用文语言的生动性和形象性，让应用文真正"活"起来。

第四节　怎样培养应用文写作能力

怎样培养应用文
写作能力

对于我们每一个人来讲，不论是工作中还是生活中，随时都可能用到应用文写作知识和应用文写作能力——当老板、搞经营，要和别人签订经济合同，要阅读市场调查报告或经济活动分析报告；给别人打工，要签订劳动合同；权益受到侵害时，要通过不同的途径和方式维护自己的合法权益，这时可能要写上访信、投诉信，也可能要写起诉状等。因此，每一个人都应该具备最起码的应用文写作能力。那么，怎样在短时间内培养好自己的应用文写作能力呢？

一、加强语言组织与运用能力的训练

经过三十多年的写作理论与实践研究，笔者于 2007 年提出了"写作能力的三大构成要素"理论（见 2007 年 5 月 23 日《中国教师报》A3 版），明确指出写作能力是由想象与联想能力、思想修养与思维能力、语言组织和运用能力三大要素构成的。因此，要培养和强化写作能力必须加强这三方面能力的培养。

语言组织与运用能力是构成写作能力的核心内容，只有具备了语言组织与运用能力，论事说理、表达思想才成为可能。因此，培养应用文写作能力首先要加强语言能力的训练。语言能力的训练主要包括遣词造句能力与组句成段能力两个方面。

遣词造句是准确表达思想的关键，语言能力的训练，首先是遣词造句能力的训练。遣词造句能力的有效训练一般要经历以下四个阶段。

一是词汇的积累阶段。有了丰富的词汇积累，在实际写作中就会信手拈来，把文章写得生动活泼。积累词汇最有效的办法是通过对经典文章的反复诵读，自然而然地积累词汇。

这样积累词汇，不仅能够深透理解词语的意思，而且能够很自然地掌握词语的使用规则等，是一种事半功倍的方法。这里特别要强调的是，采用集中、强背的方法积累词汇是万万不可取的，那样积累的词汇在使用中容易出现词不达意或语体色彩不当等诸多问题。

二是语感强化阶段。能不能恰到好处地使用词语造句，不仅取决于对词义的准确理解和把握，更重要的是取决于语言感受力。只有语感强，积累的词语才能运用自如。强化语感最有效的方法是选一些语言规范的文章，反复地诵读。诵读时，注意节奏、语气等，力求完美地再现文章所表现的思想和情感。

三是选词炼句阶段。这一阶段的训练主要包括词语的自然使用和结合各种修辞手法的活用两项内容，这两项内容可以结合在一起训练。选词炼句的训练方法是多种多样的，如对对联、句中词语替换等都是十分有效的方法。其中，对对联的练习不受时空限制，坐车也好、散步也罢，只要触景生情来了灵感，就可以进行。

四是欣赏借鉴阶段。欣赏借鉴是提高遣词造句能力的重要一环。在这一环节中，通过品味一些词句优美的经典作品，尤其是一些古典作品，可以从中获得诸多的感悟，从而提高遣词造句能力。

语言组织与运用能力的另一个重要内容是语段组织能力，也就是围绕一个明确的中心将一组句子连缀成语义连贯、语气贯通、逻辑严密的语段的能力。语段组织的关键是将围绕一个中心的一组句子按照一定的逻辑顺序，连缀成前后句衔接自然、语义自然承接、语气顺畅的一段话。语段组织能力的形成主要取决于语感，具备了较强的语感，就能够在瞬间判断句与句的衔接是否自然，语气是否贯通，语义是否连贯。培养语感最有效的方法是选择那些语言十分规范的文章反复诵读。在强化语感的基础上，掌握必要的语法、逻辑和修辞知识，这样就可以把语段组织得更加规范。

二、加强思想修养与思维能力训练

文章主要是用来表达思想的，作者的思想内涵是否丰富、思想境界是否高尚都直接影响着文章的思想内容。因此，要写好应用文，必须加强思想方面的修养，不断丰富自己的思想内涵，提升自己的思想境界。具体应该怎么做呢？一是多读中国文化的经典著作，如《论语》《孟子》《老子》《庄子》等；二是多读史学著作与哲学著作，如《史记》《资治通鉴》《唯物辩证法》等；三是多读中外的经典寓言和哲理散文等。这些作品读多了，思想内涵就会大大丰富。思想内涵丰富了，懂的道理多了，讲道理的能力自然就增强了。

不论是设计文章的结构，安排文章的内容层次，还是对文中要使用的材料的统筹，都依赖于作者的思维能力。与此同时，论事说理的旁征博引也要求作者思维敏捷。因此，要真正提高写作能力必须加强思维能力的训练。怎么训练呢？最有效的办法是多阅读文学作品，尤其是多阅读一些诗词、神话、寓言等能够启发想象与联想的作品。想象与联想能力强了，灵感闪现的频率就高了，写作能力自然就提高了。

三、加强人文知识的学习和积累

写作能力是一种人文素养，需要写作者具备丰富的人文知识，其中包括中国文化、文学、美学、史学、语言、修辞、逻辑等多方面的知识。具备了丰富的人文知识，思想丰富，视野开阔，认识问题与分析问题的能力就强，写起文章来就会文思泉涌、轻松自如。例如，具备了语法和修辞知识，语言运用进入到理性的状态，表达能力自然会大大增强。

第二章 >>>

公　文

公文是指处理"公务（公事）"时所使用的文书——公事是关于公家或集体的事务。更确切地讲，"公务"从狭义上讲，是指国家机关的事务性工作，从广义上讲，是指党政机关、群众团体、企事业单位等的事务性工作。

"公文"的使用在我国已有三千多年的历史。现存最早的中国古代公文总集是汇集了商周时代一些重要史料的《尚书》，它证明了"公文"这类应用文在我国产生的时间最迟可以上推到三千多年以前。

三千多年来，"公文"在调节各种社会关系，维系社会的和谐、有序等方面发挥了十分积极的作用。当今时代，社会生活的内容多样化，各种政治与经济关系复杂化，公文的调节与维系作用显得更加重要。

第一节　公文概述

现代公文又称作公务文书，是党政机关、企事业单位、社会团体在处理公务时使用的具有法定效力和规范体式的一类应用文。它是传达政令，指导、布置和商洽工作，请示和答复问题，报告和交流情况，联系公务、记载工作活动的重要工具。

一、公文的特点

公文的特点

相对于一般应用文来讲，狭义的公文具有四个基本属性：一是公文形成的主体是党和国家机关及其他社会组织；二是公文形成的条件是行使职权和实施管理；三是公文是具有法定效力与规范格式的文书；四是公文是党和国家机关及其他社会组织处理政务、办理事务的重要工具。正是这样的几个基本属性，决定了公文具有以下几个特点。

1. 法定的作者

公文的作者必须是依法成立并能以自己的名义行使职权及承担责任的组织和个人，如党和国家的各级机关、各类组织，国家领导人，机关首长等。撰写公文不是个人行为，即使以个人名义发布公文时，发布人所代表的也是某一级机关或组织。换句话说，以领导人名义发布的公文，其真正的作者是领导人所代表的机关或组织。

2. 法定的权威性

具有法定地位的机关、组织，都有自己的组织系统、领导与被领导关系和职权范围，他们在行使法定职权和实施有效管理的公务活动中所制作的公文，在其管辖范围内具有法定的权威性。这些公文一经发出，在制作者的职权范围内就具有强制执行或处理事务的约束力，有关单位和个人必须严格执行和照章处理。

3. 现实执行效用

任何公文都是针对现实存在的问题和为解决现实问题而撰写和制发的，在一定的时间内撰写完成和传达，并在一定的时间内发挥作用。换句话说，公文所具有的特定效用是有一定的时间性的，即在一定的时限内对受文者具有不同程度的强制约束力。一份公文执行办理完毕，其现行效用随之消失。现行效用消失后，公文即成为档案文献。

4. 法定的处理程序

公文的制发和办理必须经过规定的程序。如公文的制发，必须经过起草、核稿、签发的程序。经过机关领导人签发的文稿才能缮印、用印和传递。任何人不得违反上述程序擅自处理。

5. 规范的体式

具有法定的规范体式是公文区别于其他文字材料的显著标志。为了维护公文的严肃性和处理公文的便利，中国标准化研究院、中共中央办公厅秘书局和国务院办公厅秘书局联合制定了《党政机关公文格式》国家标准，该标准规定了党政机关公文通用的纸张要求、排版和印制装订要求、公文格式各要素的编排规则，并给出了公文的式样。这一标准由中华人民共和国国家质量监督检验检疫总局和中国国家标准化管理委员会 2012 年 6 月 29 日发布，于 2012 年 7 月 1 日正式实施。

二、公文的作用

公文是传达、贯彻党和国家的各项方针政策，表达法定作者的意图，处理日常事务，联系工作等的重要工具。其作用主要表现在以下几个方面。

1. 指挥、指导和管理作用

党政机关、企事业单位、群众团体，都在特定的范围内具有组织、指挥、管理和指导的职权，为行使其职权和处理社会事务，就要制发公文来制定方针政策，进行工作部署，以及对一些重要事项提出意见、措施和办法，而这些公文对于下级来讲，都具有指挥、指导作用。如在党政公文中，命令、决定、决议、指示、批复等文种，就属于指挥、指导性的下行公文。与此同时，各机关、单位通过制发公文来表达意图，组织、协调和管理各方面的工作，实现管理职能。

2. 联系与沟通的作用

通过公文，各机关、单位之间互相联系、交流信息、沟通情况，使上情下达，下情上达，平行单位之间情报互通。这样，对上级来讲，可以提高决策的针对性和措施的有效性；对下级和平行单位来讲，有利于明确当前的工作内容和工作重点，确保工作和谐有序地开展。如下行文中的公告、通告、公报、通知、通报，上行文中的报告、请示，还有作为平行文的函，都有交流信息的基本功能。

3. 凭证和依据作用

公文还有明显的凭证和依据作用。上级发布的下行文，是下级机关开展工作的依据；下级上报的公文，是上级决策的依据；一个机关自己制作的公文，是自己履行职能、开展工作的真实记录和凭证。

4. 教育和宣传的作用

公文是传达、贯彻党和国家的方针、政策的重要工具，具有宣传和教育的作用。其中

的相当一部分直接向干部及群众宣传党和国家的方针、政策，宣传先进单位和先进个人的事迹及经验，报道各条战线所取得的成就，发挥着统一思想，振奋精神，宣传、教育和鼓动的作用。

5. 商洽、协调作用

很多工作，单凭一个单位很难顺利完成，往往需要相关单位给以配合、帮助。这样，地区与地区、单位与单位之间，就需要加强联系，互相协商，加强配合。公文中的一部分文种在其中就发挥着商洽、协调的作用。如"函"这一文种，可以在没有隶属关系的机关之间起到沟通、协调的作用，使各个机关形成一个有机的整体，协作完成某项任务。

三、公文的基本格式

由中国标准化研究院、中共中央办公厅秘书局和国务院办公厅秘书局联合制定，中华人民共和国国家质量监督检验检疫总局和中国国家标准化管理委员会 2012 年 6 月 29 日发布，2012 年 7 月 1 日正式实施的《党政机关公文格式》国家标准对现行公文的格式做了明确的规定。

第二节 决 议

决议

话题与案例

为了吸收更多的优秀青年加入党组织，某省党委扩大会议对省教育厅党委提交的《关于品学兼优大学生入党问题的几点意见》进行了认真的审议，最后经过表决做出决议：一是对品学兼优且获得校级以上（含校级）优秀共青团员、三好学生、道德模范等荣誉称号的在校大学生，经征得本人同意由各校党委直接纳入入党积极分子培养；二是全省教育系统各级党的组织和全体党员要善于发现并积极鼓励和推荐品学兼优的大学生加入党组织。这一决议要成文下发到全省教育系统各级党委，并要求全体党员贯彻执行，应该怎么写？

 基础知识

决议是指党或国家领导机关就重要事项，经会议讨论通过集体决策之后，要求贯彻执行时所用的一种重要的下行文。《党政机关公文处理工作条例》第八条关于决议功能的表述是：适用于会议讨论通过的重大决策事项。由这一表述可知：决议这一文种适用于各级党或国家领导机关就有关重大事项进行会议讨论并通过集体决策之后需要对外公布或以文件形式下发，要求贯彻执行时所使用的文种。

一、决议的特点

1. 决策性

决议是针对重大问题和重大事项所做出的决策，一经形成，就会在较大范围内对党或政府的工作和社会生活造成重大影响。例如"文化大革命"结束后不久中央发布的《关于建国以来党的若干历史问题的决议》，对统一党内思想起到了十分重要的作用。

2. 权威性

决议是经过党或国家领导机关会议讨论通过才能生效并由党或国家领导机关发布的，是党或国家领导机关意志的反映。决议的内容事关重要决策事项，一经公布，全党、全国上下都必须坚决执行，认真落实，不得违背，即决议具有很强的权威性。

3. 严格的程序性

决议必须经会议讨论，并经表决通过之后才能形成，有严格的程序性。

4. 指导性

决议表述的观点和对事项的评价都具有指导意义。

二、决议的分类

从大的层面，决议可分为通过文件的决议和批准专题性问题或事项的决议两种。

进一步从会议讨论的事项上来划分，决议主要分为批准法规文件和重大决策的决议（如《中国共产党第十八次全国代表大会关于〈中国共产党章程（修正案）〉的决议》）、批准工作报告的决议、总结历史经验的决议（如《关于建国以来党的若干历史问题的决议》）和工作性的决议（如《中共中央关于加强社会主义精神文明建设若干问题的决议》）。

三、决议和决定的区别

决定是党政领导机关对重要事项或重大行动做出决策、安排和规定的指导性、指挥性公务文书。决议和决定的区别主要表现在以下几个方面。

1. 制作程序不同

决议须经某一级机关或组织机构的法定会议对某一议题进行集体讨论，由法定多数表决通过，然后形成正式文件，并以会议的名义公布。而决定不一定经过法定会议讨论通过的程序：它既可以是某种会议讨论研究的成果，形成正式文件予以公布，也可由各级领导机关直接制作并予以公布。因此，可以认定，凡未经有关法定会议讨论通过这一程序，而是以领导机关的名义发布的议决性文件，就只能使用决定。

2. 约束力不同

决议一律要求下级机关执行。而决定只有"部署性决定"才要求下级机关执行，"宣告性决定"只起知照性作用，一般不要求下级机关执行。

3. 使用方面的差异

由会议或领导机关直接制定发布行政法规，用决定。由会议审议批准某项议案、重要报告、法规，用决议，所审议批准的条文作为决议的附件。

📄 **写作指导与范例**

四、决议的写作要点

决议由首部和正文两部分组成。

1. 首部
首部包括标题和成文时间两个项目。

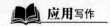

（1）标题。决议的标题有两种形式：一种是由发文机关（或会议名称）、事由和文种构成；另一种是由事由和文种构成。

（2）成文时间。即决议正式通过的日期。一般放在标题下，在小括号内注明会议名称及通过时间，也可只写年、月、日。

2. 正文

正文由决议缘由、决议事项和结语三部分组成。

（1）决议缘由。一般简要说明有关会议审议决议涉及事项的情况，陈述做出决议的原因、根据、背景、目的或意义。这一部分在比较简短的决议中有时候不单列，如《中国共产党第十八次全国代表大会关于中央纪律检查委员会工作报告的决议》。

（2）决议事项。写明会议通过的决议事项，或会议对有关文件、事项做出的评价、决定，或对有关工作做出的部署安排和要求、措施。如《中国共产党第十九次全国代表大会关于十八届中央纪律检查委员会工作报告的决议》第一层简要说明了会议审查、批准的事项。第二层是对决议所涉及的十八届中央纪律检查委员会的工作的肯定性评价。第三层是对中央和地方各级纪律检查委员会今后工作的要求。

（3）结语。一般紧扣决议事项有针对性地提出希望、号召和执行要求。有的决议可不单列这部分。

中国共产党第十九次全国代表大会
关于十八届中央纪律检查委员会工作报告的决议

（2017年10月24日中国共产党第十九次全国代表大会通过）

中国共产党第十九次全国代表大会审查、批准十八届中央纪律检查委员会工作报告。大会充分肯定了十八届中央纪律检查委员会的工作。

大会认为，党的十八大以来，在以习近平同志为核心的党中央坚强领导下，中央纪律检查委员会和各级纪律检查委员会牢固树立政治意识、大局意识、核心意识、看齐意识，坚定中国特色社会主义道路自信、理论自信、制度自信、文化自信，自觉同党中央保持高度一致，尊崇党章，忠实履职，推动全面从严治党不断向纵深发展，反腐败斗争形成压倒性态势并巩固发展，坚定维护了党中央权威和集中统一领导，厚植党执政的政治基础，建设一支忠诚干净担当的纪检监察队伍，向党和人民交上了优异答卷。

大会要求，高举中国特色社会主义伟大旗帜，以马克思列宁主义、毛泽东思想、邓小平理论、"三个代表"重要思想、科学发展观、习近平新时代中国特色社会主义思想为指导，全面落实党的十九大作出的战略部署，统筹推进"五位一体"总体布局和协调推进"四个全面"战略布局，增强"四个意识"，坚定"四个自信"，不忘初心、牢记使命，紧紧围绕党的领导、党的建设、全面从严治党、党风廉政建设和反腐败斗争，推动党内政治生态实现根本好转，履行党章赋予的监督执纪问责职责，为决胜全面建成小康社会、夺取新时代中国特色社会主义伟大胜利提供坚强保证，为实现中华民族伟大复兴的中国梦不懈奋斗。

【提示】这是一则批准性决议。这则决议篇幅短小，决议缘由和结语都没有单列，而是融入"决议事项"之中。这则决议的决议事项部分不仅简要说明了会议审查、批准的事项，对决议所涉及的十八届中央纪律检查委员会的工作做了肯定性评价，而且对中央和地方各级纪律检查委员会今后的工作提出了明确的要求。

实战训练

本节"话题与案例"所涉及的决议属于工作性决议，这类决议开篇一般要交代决议做出的根据、背景、目的等，接着交代决议事项，最后强调贯彻决议的意义，提出贯彻决议的要求。请以《××省党委关于做好发展品学兼优大学生党员工作的决议》为题拟写一份决议，500 字左右。

第三节 决 定

决定

话题与案例

近一段时期以来，某学院校园内张贴的各种文告存在文种使用混乱、格式不规范、语法和逻辑错误等很多问题，这一情况不仅影响了校园文化的健康，对同学们学习和使用应用文造成误导，而且直接影响学院的形象。鉴于此，院长办公会议决定：从下一个学期开始，面向所有大一新生开设应用写作课，其他各年级学生在毕业前补开应用写作课，因此，各系务必做好教学计划的调整和安排，确保课程的顺利开设。除了面向全体学生开设应用写作课外，此次会议还决定，凡今后校园内张贴的各种文告，实行系、部质量负责制——每件文告发布前，系、部要有专人负责对文告进行审核，确保文种使用规范，语言规范，行文格式正确。请就以上决定拟写一份文件下发给各系部，这份文件该怎么写？

📖 基础知识与范例

决定是对重要事项或重大行动做出决策或安排，并要求机关各部门和下级机关或有关单位贯彻执行或知晓的公文。《党政机关公文处理工作条例》关于决定这一文种的描述是：适用于对重要事项做出决策和部署、奖惩有关单位和人员、变更或者撤销下级机关不适当的决定事项。

根据具体用途和内容的不同，决定一般有以下两类。

1. 指挥性决定

指挥性决定也称部署性决定。这类决定是针对某方面的工作、某一类问题或某项重大行动所做出的安排。如《全国人民代表大会常务委员会关于修改〈中华人民共和国教育法〉的决定》。这类决定具有指示、计划的性质和法规性、权威性、指导性等特点，有关方面必须认真贯彻执行。

范例2-2

全国人民代表大会常务委员会关于修改《中华人民共和国教育法》的决定
（2021年4月29日第十三届全国人民代表大会常务委员会第二十八次会议通过）

第十三届全国人民代表大会常务委员会第二十八次会议决定对《中华人民共和国教育法》作如下修改：

一、将第三条修改为："国家坚持中国共产党的领导，坚持以马克思列宁主义、毛泽东思想、邓小平理论、'三个代表'重要思想、科学发展观、习近平新时代中国特色社会主义思想为指导，遵循宪法确定的基本原则，发展社会主义的教育事业。"

二、将第四条第一款修改为："教育是社会主义现代化建设的基础，对提高人民综合素质、促进人的全面发展、增强中华民族创新创造活力、实现中华民族伟大复兴具有决定性意义，国家保障教育事业优先发展。"

三、将第五条修改为："教育必须为社会主义现代化建设服务、为人民服务，必须与生产劳动和社会实践相结合，培养德智体美劳全面发展的社会主义建设者和接班人。"

四、将第七条修改为："教育应当继承和弘扬中华优秀传统文化、革命文化、社会主义先进文化，吸收人类文明发展的一切优秀成果。"

五、将第七十七条修改为："在招收学生工作中滥用职权、玩忽职守、徇私舞弊的，由教育行政部门或者其他有关行政部门责令退回招收的不符合入学条件的人员；对直接负责的主管人员和其他直接责任人员，依法给予处分；构成犯罪的，依法追究刑事责任。

"盗用、冒用他人身份，顶替他人取得的入学资格的，由教育行政部门或者其他有关行政部门责令撤销入学资格，并责令停止参加相关国家教育考试二年以上五年以下；已经取得学位证书、学历证书或者其他学业证书的，由颁发机构撤销相关证书；已经成为公职人员的，依法给予开除处分；构成违反治安管理行为的，由公安机关依法给予治安管理处罚；构成犯罪的，依法追究刑事责任。

"与他人串通，允许他人冒用本人身份，顶替本人取得的入学资格的，由教育行政部门或者其他有关行政部门责令停止参加相关国家教育考试一年以上三年以下；有违法所得的，没收违法所得；已经成为公职人员的，依法给予处分；构成违反治安管理行为的，由公安机关依法给予治安管理处罚；构成犯罪的，依法追究刑事责任。

"组织、指使盗用或者冒用他人身份，顶替他人取得的入学资格的，有违法所得的，没收违法所得；属于公职人员的，依法给予处分；构成违反治安管理行为的，由公安机关依法给予治安管理处罚；构成犯罪的，依法追究刑事责任。

"入学资格被顶替权利受到侵害的，可以请求恢复其入学资格。"

本决定自2021年4月30日起施行。

《中华人民共和国教育法》根据本决定作相应修改，重新公布。

【提示】这是一项指挥性决定，其内容是关于《中华人民共和国教育法》部分条文的修改。发文的目的是要求各级教育行政部门、公安机关等依据新修订的《中华人民共和国教育法》开展工作。

2. 知照性决定

知照性决定用于宣布重大事项，一般只需受文者知晓，无须办理。知照性决定主要用于表彰先进、处理有关事件与人员、设置机构、安排人事、公布重要事项等。这类决定的篇幅较短，开门见山，简洁明了。

 范例2-3

国务院关于 2020 年度国家科学技术奖励的决定

国发〔2021〕22 号

各省、自治区、直辖市人民政府，国务院各部委、各直属机构：

为深入贯彻落实习近平新时代中国特色社会主义思想，全面贯彻党的十九大和十九届二中、三中、四中、五中全会精神，坚定实施科教兴国战略、人才强国战略和创新驱动发展战略，国务院决定，对为我国科学技术进步、经济社会发展、国防现代化建设作出突出贡献的科学技术人员和组织给予奖励。

根据《国家科学技术奖励条例》的规定，经国家科学技术奖励评审委员会评审、国家科学技术奖励委员会审定和科技部审核，国务院批准并报请国家主席习近平签署，授予顾诵芬院士、王大中院士国家最高科学技术奖；国务院批准，授予"纳米限域催化"等 2 项成果国家自然科学奖一等奖，授予"面心立方材料弹塑性力学行为及原子层次机理研究"等 44 项成果国家自然科学奖二等奖，授予"超高清视频多态基元编解码关键技术"等 3 项成果国家技术发明奖一等奖，授予"良种牛羊卵子高效利用快繁关键技术"等 58 项成果国家技术发明奖二等奖，授予"嫦娥四号工程"等 2 项成果国家科学技术进步奖特等奖，授予"400 万吨/年煤间接液化成套技术创新开发及产业化"等 18 项成果国家科学技术进步奖一等奖，授予"厘米级型谱化移动测量装备关键技术及规模化工程应用"等 137 项成果国家科学技术进步奖二等奖，授予苏·欧瑞莉教授等 8 名外国专家和国际热带农业中心中华人民共和国国际科学技术合作奖。

全国科学技术工作者要向顾诵芬院士、王大中院士及全体获奖者学习，不忘初心、牢记使命，秉持国家利益和人民利益至上，继承和发扬老一辈科学家胸怀祖国、服务人民的优秀品质，主动肩负起历史重任，坚持创新在我国现代化建设全局中的核心地位，把科技自立自强作为国家发展的战略支撑，以与时俱进的精神、革故鼎新的勇气、坚忍不拔的定力，面向世界科技前沿、面向经济主战场、面向国家重大需求、面向人民生命健康，加快建设科技强国，为夺取全面建设社会主义现代化国家新胜利、实现中华民族伟大复兴作出新的更大贡献。

国务院

2021 年 10 月 19 日

【提示】这是一则知照性的决定，行文目的是希望受文者知晓有关情况，向全国的科技工作者发出号召。正文部分采用板块式，分两个部分来写：第一部分说明有关奖励情况，第二部分写号召与希望。

 写作指导

决定的写作要点

决定一般由标题、正文和落款三部分组成。

1. 标题

标题一般要求三要素俱全：做出决定的机关或通过决定的会议名称+决定的事由+文种。

2. 正文

正文一般由决定依据、决定事项、结语三部分构成。

决定依据部分应写明发布决定的原因、目的、根据、背景或意义。内容较少、涉及大家比较熟悉的工作的决定，这部分可略写。对大家不熟悉的、事关重大的工作决定，这一部分应讲清楚、讲透彻，以使受文者充分理解行文意图，更好地去贯彻执行决定。

决定事项（这是决定的主要部分），要写明决定事项的具体内容，诸如对某项工作确定的原则、提出的要求、做出的规定、提出的措施办法；对某事某人表明的态度、做出的安排或处置；对某一文件表示批准的意见等。根据不同情况，这部分内容可多可少，或长或短，但都要写得明确具体、态度鲜明、行文干脆、语言准确、简明。

结语部分主要是简要提出希望或号召，是对决定事项的强调或补充，以唤起受文者对决定事项的重视，也有的决定可不单写结语部分而将其内容列入决定事项之中。

决定正文的结构可以根据内容的多少，分别采用篇段合一式、总分条文式或者板块式。

（1）篇段合一式。对于内容单一的决定，只要用一两句话，将决定的根据和决定的事项说明即可。

（2）总分条文式。有的决定，事项较多，为了使条理清楚、叙述简明，一般把决定下来的若干问题，按主次列出若干条或者若干项，并用数码标明，一段讲一件事或阐明一个中心问题。一般来说，总分条文式不要求段与段之间紧密衔接，常常是一段一个内容，一段一个层次，条理清楚明了。

（3）板块式。板块结构多用于阐述性较强的决定。这种写法，就是把全文分成几个部分，每一部分叙述一个中心意思。

3. 落款

凡会议通过的决定，通常在标题之下加括号签注通过决定的会议名称和通过时间。由领导人以命令等签发的决定，"决定"文本部分一般没有落款。

这里特别要说明的是，有关表彰和处分的决定，一般由标题、正文、制发机关和制发时间组成。正文包括：受表彰或犯错误者的情况；主要事迹或错误事实；决定的事项。这类决定一般都附有典型材料或案情调查报告。

实战训练

本节"话题与案例"中要求写的这个"决定"，是一个指挥性决定。这份决定主体部分包含三个内容：一是决定做出的背景和执行决定的意义；二是院长会议所做决定的内容；三是要求各院系和部室应做好哪些工作。请根据提示拟写这份决定。

第四节 命 令

命令

话题与案例

某市为了创建全国卫生城市，借以优化该市的人居生活环境，决定开展"市容环境百日整治"活动，这一活动必须有全体市民的积极参与才能取得良好的效果。为此，该市人民政府决定向全体市民发出动员令，号召全体市民积极参与到活动中来。这则动员令应该怎么写？

基础知识与范例

命令，也叫令。《党政机关公文处理工作条例》第八条就命令的适用情形做出规定：适用于公布行政法规和规章、宣布施行重大强制性措施、批准授予和晋升衔级、嘉奖有关单位和人员。

"命令"和"令"是一种文体的两个名称。两个名称的使用有这样的规律：如果标题中有主要内容一项，一般用"命令"这一名称，如《国务院、中央军委关于授予钱学森同志"国家杰出贡献科学家"荣誉称号的命令》；如果标题中没有主要内容一项，由发令机关加文种组成，一般用"令"这一名称，如《中华人民共和国建设部令》。

一、命令的特点

1. 权威性和强制性

命令是所有公文中最具权威性和强制性的下行文种。命令一经发布，受令者必须绝对服从，没有商量的余地，更不允许抵制和违反。

受权威性和强制性特点的制约，命令只能用于重大决策性事项，如发布重要的行政法规和规章，宣布实行重大强制性行政措施，以及奖励有重大贡献或事迹十分突出的人员等。

2. 使用权限有严格的限制

命令虽是行政公文的主要文体，但并不是所有行政机关都有权发布命令。按照《中华人民共和国宪法》和《中华人民共和国各级人民代表大会和地方各级人民政府组织法》的有关规定，只有全国人民代表大会的常务委员会、委员长，国家主席，国务院和国务院总理，国务院各部委及其部长、主任，地方各级人民政府和各级人民代表大会，才有权力发布命令。其他各种企事业单位、党团组织和社会团体，均无权发布命令。党的领导机关可以和同级人民政府联合发布命令，但是要以行政公文的面目出现。

二、命令的分类

根据内容和作用的不同，命令主要分为行政令、公布令和嘉奖令三种类型。

1. 行政令

行政令是中央人民政府、中央军委、国务院及其各部门、县以上地方各级人民政府宣布施行重大强制性行政措施时发布的命令。动员令、特赦令、戒严令都属于行政令。

范例2-4

向全国进军的命令

（一九四九年四月二十一日）

各野战军全体指挥员战斗员同志们，南方各游击区人民解放军同志们：

由中国共产党的代表团和南京国民党政府的代表团经过长时间的谈判所拟定的国内和

平协定，已被南京国民党政府所拒绝。南京国民党政府的负责人员之所以拒绝这个国内和平协定，是因为他们仍然服从美国帝国主义和国民党匪首蒋介石的命令，企图阻止中国人民解放事业的推进，阻止用和平方法解决国内问题。经过双方代表团的谈判所拟定的国内和平协定八条二十四款，表示了对于战犯问题的宽大处理，对于国民党军队的官兵和国民党政府的工作人员的宽大处理，对于其他各项问题亦无不是从民族利益和人民利益出发作了适宜的解决。拒绝这个协定，就是表示国民党反动派决心将他们发动的反革命战争打到底。拒绝这个协定，就是表示国民党反动派在今年一月一日所提议的和平谈判，不过是企图阻止人民解放军向前推进，以便反动派获得喘息时间，然后卷土重来，扑灭革命势力。拒绝这个协定，就是表示南京李宗仁政府所谓承认中共八个和平条件以为谈判基础是完全虚伪的。因为，既然承认惩办战争罪犯，用民主原则改编一切国民党反动军队，接收南京政府及其所属各级政府的一切权力以及其他各项基础条件，就没有理由拒绝根据这些基础条件所拟定的而且是极为宽大的各项具体办法。在此种情况下，我们命令你们：

（一）奋勇前进，坚决、彻底、干净、全部地歼灭中国境内一切敢于抵抗的国民党反动派，解放全国人民，保卫中国领土主权的独立和完整。

（二）奋勇前进，逮捕一切怙恶不悛的战争罪犯。不管他们逃至何处，均须缉拿归案，依法惩办。特别注意缉拿匪首蒋介石。

（三）向任何国民党地方政府和地方军事集团宣布国内和平协定的最后修正案。对于凡愿停止战争、用和平方法解决问题者，你们即可照此最后修正案的大意和他们签订地方性的协定。

（四）在人民解放军包围南京之后，如果南京李宗仁政府尚未逃散，并愿意于国内和平协定上签字，我们愿意再一次给该政府以签字的机会。

中国人民革命军事委员会主席　毛泽东

中国人民解放军总司令　朱　德

【提示】《向全国进军的命令》是毛泽东同志亲笔起草并签署的。这篇公文，态度鲜明，结构严谨，体式得当，是一篇代表之作，为我们撰写"命令"提供了一个很好的范例。本文的开头是称谓，表明了下达命令的对象。正文前大半部分是缘由，交代了为什么要发出这样的命令；正文后半部分是下达了四条命令，这是公文的核心。最后是落款，说清了是谁下达的命令。通篇结构严谨，逻辑性强，体式得当。

2. 公布令

公布令也称作发布令、颁布令，它是国家机关和有关部门用来公布法律、发布行政法规和规章的命令。这类命令之后一般附有法律、法规和规章的全文。公布令一般由四个方面的内容组成：发布对象、发布依据、发布决定、执行要求。公布令篇幅短小，四个方面的内容并不各自独立成段，而是篇段合一。

范例2-5

中华人民共和国国家发展和改革委员会令

第 31 号

《中央定价目录》已经 2019 年 12 月 18 日第 5 次委务会议审议通过，并经国务院批准，现予公布，自 2020 年 5 月 1 日起施行。2015 年公布的《中央定价目录》（国家发展改革委令第 29 号）同时废止。

主任：何立峰

2020 年 3 月 13 日

【提示】这个公布命中，《中央定价目录》是发布对象，"2019 年 12 月 18 日第 5 次委务会议审议通过，并经国务院批准"是发布依据，"现予公布"是发布决定，"自 2020 年 5 月 1 日起施行"是执行要求。

3. 嘉奖令

嘉奖令是机关、单位为嘉奖有关人员或有功集体而发布的命令。嘉奖令正文一般由嘉奖原因、嘉奖内容和希望构成，具有极强的号召力。嘉奖令一般由先进事迹、性质及意义、奖励项目、希望及号召四部分组成。

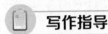 **写作指导**

命令的写作要点

1. 标题

命令（令）的标题有三种构成形式：一是由发令机关名称、主要内容、文种构成，如《中华人民共和国国务院关于发行新版人民币的命令》；二是由发令机关名称或发令人身份加文种组成。如《郑州市人民政府令》《中华人民共和国主席令》；三是由主要内容加文种组成，如《向全国进军的命令》。这种形式应用较少。

2. 正文

公布令、嘉奖令的结构和内容，前面已有介绍。这里着重介绍行政令的写法。

行政令的正文按照公文的常规模式进行写作，由三大部分组成。

一是写发布命令的原因、根据、目的、意义等。这一部分原则上不宜过长，但有时因原因复杂、意义重大，也可以用较多文字表述。如《向全国进军的命令》，这一部分就占了全文的二分之一左右。

二是写命令事项，也就是要求受命者做些什么、怎么做、做到何种程度等。这部分内容复杂，层次较多，一般都需要分条表达，以便眉目清楚。

三是写执行要求，如由何单位负责执行、从何时起开始执行等。这部分内容单纯，篇幅短小。

3. 签署和日期

这部分写明发布命令的机关或个人，以及发布日期。

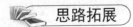 **思路拓展**

武帝求茂才异等诏[1]

盖有非常之功，必待非常之人。故马或奔踶而致千里[2]，士或有负俗之累而立功名。夫泛驾之马[3]，跅弛之士[4]，亦在御之而已。其令州郡察吏民有茂材异等可为将相及使绝国者[5]。

【注释】

[1] 茂才：西汉称秀才，东汉避汉光武帝刘秀之讳改称茂才，又常称作"茂才异等"。在西汉属特举科目，汉光武帝时改为岁举。茂才的选拔只是对于有特异才能和有非常之功的低级官吏的提拔。被举为茂才的人多授以县令或相当于县令的官衔。而孝廉选拔的对象多是布衣平民，被举为孝廉的人初次给予的官职多是郎，然后再由郎擢升为县令。因此，茂才的起家官要比孝廉高。茂才，指优秀的人才。异等：才能出类拔萃的人。

[2] 奔踶（dì）：奔驰，踢人。意谓不驯服。

[3] 泛（fěng）驾：把车子弄翻，指不受驾驭。

[4] 跅（tuò）弛：放纵不羁。

[5] 绝国：极为辽远的邦国。

【提示】诏书是皇帝布告天下臣民的文书。这篇文章是汉武帝为建功立业发出的选拔人才的命令。文章强调了建立功业与发现人才的密切关系，提出了大行不避细节的选拔原则。这篇诏书文字精练，表现了大汉天子爱才的宽阔胸襟。

实战训练

本节"话题与案例"中要写的这则命令是行政令中的动员令，其发布目的是号召全体市民积极参与到全国卫生城市的创建中来，因此，其正文部分要重点写好两个方面的内容：一是强调开展此项活动的重大意义，二是写清楚全体市民参与的方式、途径，以及要做的工作等。请同学们用 500～800 字的篇幅完成这则动员令。

第五节　公　　报

公报

话题与案例

某市人民政府于某年某日召开了一次扶贫工作专题会议。这次会议上做出了一项重大决定：为了使一些山区的贫困家庭从根本上脱贫，该市除了每年拿出两千五百万元的专项资金资助山区贫困家庭子女中的高中毕业生完成大学或中等职业学校学业外，这些学生毕业后由市人力资源和劳动保障部门优先安置就业。现在要将这一重大决定以公报的形式予以发布，这则公报应该怎么写？

 基础知识与范例

公报也称新闻公报，是党政机关和人民团体公开发布重大事件或重要决定的报道性公文，是党和国家机关经常使用的重要文种。《党政机关公文处理工作条例》关于这一文种的描述是：适用于公布重要决定或者重大事项。

一、公报的特点

1. 权威性

公报是用于公开发布重大事项或重要决定的公文，其所载内容具有绝对的权威性。

2. 新闻性

公报是周知性公文，经常在报刊、广播、电视、互联网上发布，是党和政府正式发布的"官方"报道。它的作用是能将党或政府以及人民团体的重大事项或决定事项，迅速广泛地传递到国内外。因此，公报具有极强的新闻性。

二、公报的分类

公报依据发文主体的不同分为两类：一类是党政机关或团体发布重大事项、重要决定的公报；另一类是联合公报。党政机关或团体发布的公报也叫新闻公报，可因内容的不同分为事件性公报和会议性公报两种；联合公报是用于两个或两个以上国家的政府、政党、团体的代表就会谈、访问等事宜所发表的公报。

范例2-6

中国共产党第十九届中央纪律检查委员会
第一次全体会议公报

（2017年10月25日中国共产党第十九届中央纪律检查委员会第一次全体会议通过）

中国共产党第十九次全国代表大会选举产生的中央纪律检查委员会，于2017年10月25日在北京举行第一次全体会议。赵乐际同志主持会议。

中央纪律检查委员会委员应到133人，实到133人。全会选举了中央纪律检查委员会书记、副书记和常务委员会委员，报中央委员会批准。

与会同志列席了中国共产党第十九届中央委员会第一次全体会议。

【提示】这是一份会议公报，其中不仅概述了会议的名称、时间、地点、参加人员，而且就会议的主要内容进行了发布。

 写作指导

公报的写作要点

公报包括首部、正文和尾部三部分。

1. 首部

首部包括标题和成文时间。

（1）标题。公报的标题常见的有三种形式：一种是直写文种，如《新闻公报》；第二种是由会议名称和文种构成；第三种是联合公报，由发表公报的双方或多方国家的简称、事由、文种构成。

（2）成文时间。用括号在标题之下正中位置注明公报发布的时间。

2. 正文

正文包括开头、主体两部分。

（1）开头。即前言部分。事件性公报要求用最鲜明、最精练的语言概述事件的核心内容，即何时、何地、发生了什么重大事件；会议性公报要求概述会议的名称、时间、地点、参加人员等；联合公报要求概述公报的来由，即在何时、何地、谁与谁举行了什么会谈或

谁对谁进行了什么性质的访问等。

（2）主体。

主体是公报的核心内容，要求把公报的内容完整、系统、有序地表达清楚。常见的有三种写作形式：第一种是分段式，即每段说明一层意思或一项决定；第二种是序号式，多用于内容复杂、问题头绪较多的公报；第三种是条款式，多用于联合公报。

3. 尾部

事件性公报和会议性公报一般没有尾部；联合公报常常要在正文之后写明双方签署人的身份、姓名、日期，并写明签署地点。

实战训练

本节"话题与案例"中要写的公报是一则发布重大决定的公报，开头部分交代什么时间召开了什么会议，主体写会议上做出了什么样的重要决定。请用300字左右的篇幅完成这则公报。

第六节　公　告

公告

话题与案例

2008年9月19日，××社办公厅对外发布了一份文告，全文内容如下。

××社办公厅公告

最近，有人向××社办公厅反映：一名叫李××的人，以"香港××社亚洲论坛周刊社"社长的名义在境内外从事活动。为此，××社办公厅特公告如下：

1、××社在香港没有"亚洲论坛周刊社"的机构。

2、××社没有办过"亚洲论坛"活动，更没有办过"亚洲论坛周刊"。

我们郑重提醒各界，谨防上当受骗。

××社办公厅

2008年9月19日

请同学们先认真阅读这份文告。在学了"公告"之后，再回头审视这份文告都存在哪些问题。

基础知识与范例

《党政机关公文处理工作条例》规定："（公告）适用于向国内外宣布重要事项或者法定事项。"从这一规定可知，公告发布的范围大，受众面广，面向国内发布的一般公开发布至全国各个地方，面向国外发布的力求信息传播至世界各个角落。用公告发布的内容一般是需要全国范围内或世界范围内的人们普遍知晓，或者是全国或全世界范围内的有关单位、团体或个人需要注意的事项。以上两点决定了公告的使用主体级别较高——公告的使用主体主要为国家权力机关及其职能部门，如全国人民代表大会及其常务委员会，国务院及其各部门，省、市、自治区人民代表大会及其常务委员会等。此外，新华社、司法机关以及其他一些政府部门也可以根据授权使用公告。一般机关和基层单位不能制发公告。

一、公告的分类

根据公告的内容和使用情形来分，公告可以分为以下两大类。

1. 重要事项公告

这类公告所发布的内容主要是有关国家的政治、经济、军事、科技、教育、人事、外交等方面需要告知全民的重要事项。常见的有：国家重要领导岗位的变动、领导人的出访或其他重大活动、重要科技成果的公布、重要军事行动等。如全国人大常务委员会关于确认全国人大代表资格的公告，新华社授权宣布我国将进行向太平洋发射运载火箭试验的公告，都属此类公告。此外，法律法规的颁布也属此类。

范例2-7

关于调整商标注册证发放方式的公告

国家知识产权局公告 第 453 号

为贯彻落实深化"放管服"改革部署，推进商标注册改革，优化营商环境，提高公共服务水平，现对商标注册证发放方式进行调整，公告如下：

一、自 2022 年 1 月 1 日起，公告注册及其他商标申请产生的商标注册证，以纸件形式提交商标申请的寄发《领取商标注册证通知书》，注册人按通知书指定网址和提取码，登录中国商标网获取电子商标注册证；以电子方式提交商标申请的登录商标网上服务系统获取电子商标注册证。电子商标注册证可自行查看和下载打印。国家知识产权局不再发放纸质商标注册证。

二、设立过渡期，2021 年 10 月 15 日至 12 月 31 日期间，公告注册及其他商标申请产生的商标注册证，以纸件形式提交商标申请的寄发《领取商标注册证通知书》，注册人按通知书指定网址和提取码，登录中国商标网获取电子商标注册证，同时寄发纸质商标注册证；以电子方式提交商标申请的发放方式暂时不变。

特此公告。

国家知识产权局
2021 年 10 月 9 日

【提示】这是一则关乎经济发展的重要事项的公告，由国务院职能部门发布，发布范围是全国。这则公告发布主体、公告内容和发布范围都符合"公告"使用的条件。

2. 法定事项的公告

这里所谓的法定事项，是指那些根据法律规定必须使用公告发布的事项。这类公告发布的依据是有关法律和法规。如《中华人民共和国专利法》规定，确认发明专利的，要予以公告；《中华人民共和国商标法》规定的申请注册商标的公告；《中华人民共和国民事诉讼法》规定的权利人登记公告、送达公告、开庭公告、宣告失踪公告、宣告死亡公告等。

二、公告的特点

公告是使用主体和发布内容限定都十分严格的一种行政公文，其特点主要表现在以下

几个方面。

1. 使用主体的限定性

由于公告宣布的是重大事项和法定事项，发文的权力被限制在高层行政机关及其职能部门的范围之内。具体来说，国家最高权力机关（人大及其常委会），国家最高行政机关（国务院）及其所属部门，各省市、自治区、直辖市行政领导机关，某些法定机关，如税务局、海关、铁路局、人民银行、检察院、法院等，有制发公告的权力。其他地方行政机关，一般不能发布公告。党团组织、社会团体、企事业单位，不能发布公告。

2. 发布内容的重大性和法定性

用公告发布的内容都是重大事项或法定事项。其中的重大事项，就全国范围来讲，是全民都应该知晓的重要事情，就世界范围来讲，是能够产生重大国际影响或是全世界都会关注的事情。用公告发布的法定事项，即有关法律法规规定应当用公告告知有关当事人的事项——这其中的一个关键点是当事人有可能身处全国任何一个地方，不用公告发布就可能传达不到位而出现错漏等问题。如《中华人民共和国专利法》第三十九条规定："发明专利申请经实质审查没有发现驳回理由的，专利局应当作出审定，予以公告。"《中华人民共和国企业破产法（试行）》第九条规定："人民法院受理破产案件后，应当在十日内通知债务人并且发布公告。"《国务院公务员暂行条例》第十六条规定，录用国家公务员要"发布招考公告"，等等。

特别应该注意的是，有关法律法规关于公告使用的规定带有或然性，如《城市房屋拆迁管理条例》第十条规定："房屋拆迁许可证一经发放，房屋拆迁主管部门应当将拆迁人、拆迁范围、搬迁期限等以房屋拆迁公告或者其他形式予以公布。"在房屋拆迁时，这一规定中的"其他形式"是最常用的，公告只在非常情况下使用，这一点必须明确。

3. 发布范围的广泛性

公告的发布范围很大，面向国内发布的，一般要发至全国各个地方；面向国外发布的，一般要发至世界各个角落。

三、公告使用的条件

在所有的行政公文中，公告是错用现象比较普遍的一个文种，如下面两则错例：

××传媒集团《今日××》周年报庆公告

今年 5 月 21 日是本报创刊一周年纪念日，自 4 月 21 日报庆活动月启动以来，报庆系列活动得到了广大读者的热忱关注和倾力支持，为答谢读者一年来的关心与厚爱，本报决定于 2011 年 5 月 17 日晚 7 时整，于咸阳××大酒店举办以"感恩、成长、分享"为主题的盛大读者欢庆（抽奖）晚会，现就晚会参与方式公告读者：

一、根据一年来的阅读忠诚度及活动参与度的综合数据资料，本次晚会共邀请 521 名咸阳幸运读者参加；

二、521 名接到本报邀请的读者，请持晚会组委会近日集中发放的蓝色奖牌，并着本报发放的报庆文化衫于当晚提前半小时入场（抽奖牌和文化衫就是你的"入场券"）；

三、凡是接到本报邀请参会的读者，请主动配合工作人员做好个人基本信息登记，以供现场抽奖时核对，如资料不符或恶意编造虚假信息，将被取消抽奖资格；

四、晚会现场注意事项及 521 名幸运读者名单公示详情，请继续关注本报今日将会发布的相关报庆公告。

特此公告。

《今日××》周年报庆组委会

2011 年 5 月 14 日

【提示】这则文告要发布的内容对一个城市的政治与经济生活来讲算不上"重大事项"，也不是法定事项，这是其一；其二，这则文告的发布主体不具备制发公告的资格；其三，这则文告的发布范围也仅限于一个城市的范围。不论从哪个构成要素来看，这则文告都不能使用公告来发布。那么，使用什么文种发布合适呢？可以用启事。

公 告

原××市房产公司经××市×改股字〔2002〕10 号文批准于 2002 年 12 月 29 日改制为"××实业开发股份有限公司"，并于 2003 年 3 月 1 日起正式启用"××实业开发股份有限公司"新印鉴，旧印鉴同时作废。原××市房产公司的债权债务及业务关系全部转由××实业开发股份有限公司负责承担。

恭请社会各界人士知照，特此敬告。

××实业开发股份有限公司

【提示】首先从内容上看，这则文告所发布的内容不能算作"重大事项"，也不是法定事项；其次，从发文主体来看，一个企业是没有资格发布公告的。因此，这则文告文种误用——本应使用启事，错用为公告。

由以上两个错例的分析可知，使用公告这一文种必须同时满足三个条件：一是所发布的内容必须能够真正称得上"重大事项"或者是"法定事项"；二是发文主体必须具有使用公告这一文种的资格或者得到发布"授权"（其中包括法定授权）；三是从发文的范围和受文对象来看，必须是在全国范围内需要家喻户晓、人人皆知的，或者是受文团体遍布世界各地，并且不采用公告发布很难全部送达的。只有同时满足了以上三个条件，才能使用公告这一文种。

写作指导

一、公告的写作要点

公告一般由标题、正文、署名与日期三部分组成。

1. 标题

公告的标题有四种构成形式：第一种是"发文机关＋事由＋文种"，如《民航总局关于禁止旅客随身携带液态物品乘坐国内航班的公告》；第二种是"发文机关＋文种"，如《国务院公告》；第三种是"事由＋文种"，如《国家公务员招考公告》；第四种是单独由文种名

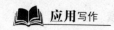

"公告"二字作标题。

公告的标题下有时还有发文字号。值得注意的是，公告一般不用公文的常规发文字号，而是在标题下正中位置标示"第×号"。现在发布的公告有相当一部分不标发文字号。

2. 正文

"公告"的正文一般由引言、正文、结语三部分组成。

（1）引言。引言部分主要写发布公告的缘由，包括根据、目的、意义等。

有的公告没有引言，开篇直入主题。

（2）正文。正文，即主体部分，这一部分集中写公告事项。因每篇公告的内容不同，主体的写法因文而异。有时用贯通式写法，有时需要分条列出。这部分要求条理清楚、用语准确、简洁明了，同时还要不失庄重。

（3）结语。公告常用"特此公告"结束全文，有的公告结尾专用一个自然段来写执行要求。有的公告既不写执行要求，也不用"特此公告"的结语，事完文止，这也不失为一种干净利落的收束方式。

3. 署名与日期

在正文的右下方署上发文机关的名称和日期，也有的公告成文日期写在标题和编号之下。如果发文机关名称已在标题中出现，在落款处也可不写。

二、公告的写作要求

（1）公告是严肃庄重的文告，要求内容准确无误。因此，写作时要注意用词准确，表述清楚。

（2）写作公告要直陈其事，不发议论，不加说明和修饰；语言要朴实无华，简洁明快；行文庄重，结构紧凑。

（3）严格坚持公告使用的条件，在实际应用时要注意全面衡量，不错用、滥用公告行文。

实战训练

本节"话题与案例"中提到的公告，不仅内容既够不上"重大"，也不是全国范围内需要人人知晓的，所以不能使用公告来发布，使用声明来告知是比较妥当的。此外，这则"公告"存在标点使用不当的问题——1和2序数后应使用右下圆点，这里错用成了顿号。请同学们试着修改这份文告。

第七节 通 告

通告

话题与案例

大秦市供水管网改造工程已正式启动，2021年5月5日下午6点至6日上午6点，该市南起文汇路、北至毕原路，西起秦皇路、东至联盟二路区域内停水并接新管道网。现在需要向停水区域内的居民发布一则通告，提醒居民们做好储水工作，以确保日常生活不受影响。这份通告的文稿应该怎么写？

基础知识与范例

通告是一种使用比较广泛的知照性公文，其适用情形是在一定范围内公布应当遵守或者需要知道的事项。说得更为具体一些，通告是党和国家机关、人民团体、企事业单位在一定范围内公布应当遵守或者周知的事项时所使用的下行公文。《党政机关公文处理工作条例》规定："（通告）适用于在一定范围内公布应当遵守或者周知的事项。"其使用主体为各级各类机关、企事业单位和社会团体，即国家权力机关和职能部门可以用，一般企事业单位也可以用，不受使用主体行政级别的限制。通告的内容大多主题集中，并且是一般事项，常常只涉及一个行业、系统或部门，具有专门性和业务性，其受文对象常限于国内某一地区、系统、地段的群众和有关人员。

一、通告的特点

通告的制发机关，没有级别限制。公布的范围是"社会有关方面"，其范围可能广，即向国内外广而告之，如交通部就我国向南中国海域发射导弹试验所发布的通告；也可能局限在某一地区，如某道路维修，过往车辆需改道行驶的通告。发布途径也较多，一般通过新闻媒体公开发布，也可张贴。概括起来讲，通告的特点如下。

（1）告知性。通告的内容要求在一定范围内的人们或特定的人群普遍知晓，以使他们了解有关政策法令，遵守某些管理规定，或知晓有关情况等，具有告知性的特点。

（2）法规性。通告常用来颁布行政法规，这些法规一经颁布，特定范围内的部门、单位和民众都必须遵守、执行。

（3）内容的专门性和业务性。不少通告都具有鲜明的行业性特点，如税务局关于征税的通告、机动车管理部门关于机动车辆年度检验的通告、银行关于发行新版人民币的通告、房产管理局关于对商品房销售面积进行检查的通告等，都是针对专业业务或专门事务发出的通告。

（4）使用主体的广泛性。通告的使用不受单位级别的限制，国家行政机关及其业务部门、企事业单位和社会团体都可以根据自己职权在一定范围内发布通告，其使用主体比较广泛。

（5）受文对象的局限性。使用通告发布的事项一般指向明确，其受文对象一般局限于某一地区、某一系统、某一地段或某一业务的有关单位或相关人群。如《关于文汇路禁止车辆通行通告》只与在此区域内的交通执法单位或通过此区域的司机有直接关系，而对其他人无约束力。

（6）发布方式的多样性。通告的发布方式多样，可通过报刊、广播、电视公布，也可以张贴和发文。

二、通告的种类

（一）根据通告的内容和性质划分

根据通告的内容和性质，通告主要分为告知性通告和规定性通告两类。

1. 告知性通告

在一定范围内公布应当周知事项的通告，如告知发生新的情况、出现新的事物，以及

需要大家知道的新决定等。这类通告大都具有专门性和业务性，虽不具有法规性质，但也有一定的约束力。各专业部门、社会团体和企事业单位都可以发布这类通告。

禁止通行通告

泾太路太平坡底大桥已属危桥，存在重大安全隐患，为此，我局近期对该桥进行加固维修。为保证工程的顺利进行，同时确保行人与车辆安全，从 2021 年 3 月 6 日起，该桥禁止一切车辆通行。禁行给广大群众出行带来的不便，敬请谅解和支持。

特此通告。

泾太县交通局

二〇二一年三月五日

【提示】这是一则告知性通告，通告事项交代得十分清楚，内容层次清晰，言辞得当，既能提醒人们遵守，又可以求得谅解与支持。

2. 规定性通告

规定性通告是指在一定范围内公布应当遵守的事项的通告。这类通告主要用于在一定范围内、面对特定的人群颁布需要遵守的规定，其内容具有法规性和约束力。

国家烟草专卖局　国家市场监督管理总局
关于进一步保护未成年人免受电子烟侵害的通告

2019 年第 1 号

2018 年 8 月 28 日，国家市场监督管理总局、国家烟草专卖局发布了《关于禁止向未成年人出售电子烟的通告》（国家市场监督管理总局　国家烟草专卖局通告 2018 年第 26 号，以下简称《通告》）。自《通告》发布以来，社会各界共同保护未成年人免受电子烟侵害的意识普遍增强，向未成年人直接推广和销售电子烟的现象有所好转。但同时也发现，仍然有未成年人通过互联网知晓、购买并吸食电子烟，甚至有电子烟企业为盲目追求经济利益，通过互联网大肆宣传、推广和售卖电子烟，对未成年人身心健康造成巨大威胁。为进一步保护未成年人免受电子烟侵害，现将有关事项通告如下：

电子烟作为卷烟等传统烟草制品的补充，其自身存在较大的安全和健康风险，在原材料选择、添加剂使用、工艺设计、质量控制等方面随意性较强，部分产品存在烟油泄漏、劣质电池、不安全成分添加等质量安全隐患。按照《中华人民共和国未成年人保护法》的有关规定要求，为加强对未成年人身心健康的保护，各类市场主体不得向未成年人销售电子烟。任何组织和个人对向未成年人销售电子烟的行为应予以劝阻、制止。

同时，为进一步加大对未成年人身心健康的保护力度，防止未成年人通过互联网购买并吸食电子烟，自本通告印发之日起，敦促电子烟生产、销售企业或个人及时关闭电子烟互联网销售网站或客户端；敦促电商平台及时关闭电子烟店铺，并将电子烟产品及时下架；敦促电子烟生产、销售企业或个人撤回通过互联网发布的电子烟广告。

各级烟草专卖行政主管部门、市场监督管理部门应切实加强对本通告的宣传贯彻和执行，保护未成年人免受电子烟的侵害。烟草专卖行政主管部门要加大对电子烟产品的市场监管力度，加强对通过互联网推广和销售电子烟行为的监测、劝阻和制止，对发现的各类违法行为依法查处或通报相关部门。

特此通告。

国家烟草专卖局　国家市场监督管理总局

2019 年 10 月 30 日

【提示】这是一则规定性的通告，其中就各类市场主体向青少年销售电子烟的行为做了具体的禁止性规定。这则通告的发布范围为特定范围，受文对象为特定群体，因此，采用通告发布是正确的。

（二）根据通告的发布目的及其作用划分

根据通告的发布目的及其作用，通告可分为知照性通告、办理性通告和行止性通告三种。

1. 知照性通告

知照性通告即告知应当知道或需要遵守事项的通告。

范例2-10

停 水 通 告

因文汇路地下管线改造，文汇路和毕原路区域内于 2016 年 5 月 10 日 18 时至 2016 年 5 月 11 日 6 时停水。请该辖区内居民做好储水准备。

特此通告。

××市自来水公司

2016 年 5 月 9 日

【提示】这是一则知照性通告，其发布目的是告知一定区域内的居民一个时间段内要停水这件事，提醒大家做好储水准备。

2. 办理性通告

办理性通告即办理一些例行事项的通告，其内容多为注册、登记、年检等。

3. 行止性通告

行止性通告即公布一些令行禁止类事项的通告，其内容如查禁淫秽书画、收缴非法枪支、加强交通管理、查处违禁物品等。

范例2-11

××市人民政府关于严格禁止焚烧农作物秸秆的通告

为防治大气污染，保护生态环境，根据《中华人民共和国大气污染防治法》和《中华人民共和国消防法》以及《××市大气污染防治条例》的有关规定，现将禁止焚烧农作物秸秆的有关规定通告如下：

一、在本市行政区域内禁止焚烧农作物秸秆和进行其他烧荒行为。

二、各县（市）、区及乡镇人民政府要切实加强对秸秆禁烧工作的领导，强化工作指导和监督管理。各村民委员会要全面开展群众性的农作物秸秆禁烧工作，制定秸秆禁烧公约。要层层落实工作责任，切实做好辖区内的秸秆禁烧工作。

三、各级环保、农业、林业、公安等部门要坚持相互配合、齐抓共管、堵疏结合、标本兼治的原则，集中开展联合执法。要以机场周围和主要交通干线两侧为重点，加强巡逻检查，严厉查处秸秆焚烧行为。

四、对违反本通告规定，焚烧农作物秸秆和进行其他烧荒活动的，环保、林业、公安部门要立即责令其停止违法行为；情节严重的，要依据有关法律、法规予以处罚；造成林木毁损的，林业部门要依照有关法律、法规予以处罚；造成重大大气污染事故，导致公私财产重大损失或者人身伤亡严重后果的，公安部门要依法追究刑事责任。

五、本通告自发布之日起施行。

二〇一六年四月二十六日

【提示】这是一则行止性通告，其发布目的是禁止焚烧农作物秸秆和其他烧荒活动。

三、文种区分

（一）通告与公告的区别

公告和通告都是知照性的公文，但二者在使用上有严格的区别。

（1）从宣布的事项上来看，公告是用来宣布重要事项或法定事项的，其内容庄重严肃，体现着国家权力的威严。所谓重要事项，是指国内外普遍关注，具有重大影响的事项。诸如宣布有关国家的政治、经济、军事、科技、文化、教育、人事、外交等方面重要事项，常见的有国家重要领导岗位的变动、国家领导人的出访或其他重大活动、重要科技成果的公布、重要军事行动的公布等，如公布中国科学院院士名单，公布我国向太平洋发射运载火箭试验，公布确认全国人大代表资格，公布中国名酒和中国优质酒的品牌、商标和生产企业，公布国家货币出入境限额等。所谓法定事项，是指根据法律规定必须使用公告发布的事项。如《中华人民共和国专利法》规定，确认发明专利的，要予以公告；再如《中华人民共和国民事诉讼法》规定的权利人登记公告、送达公告、开庭公告、宣告失踪公告、宣告死亡公告等。通告所宣布的只是一些一般性事项，即在一定范围内应当遵守或周知的事项。

通告的事项一般都比较具体，诸如宣布交通、秩序安全方面的事项，行政部门宣布需要遵守公务管理方面的事项，职能部门宣布的业务性事项等。

（2）从使用主体来看，公告的使用主体为国家权力机关及其职能部门，如全国人民代表大会及其常务委员会，国务院及其各部门，各省、市、自治区人民代表大会及其常务委员会等。此外，新华社、司法机关以及其他一些政府部门也可以根据授权使用公告。一般机关和基层单位不能制发公告。通告的使用主体不受级别限制，国家行政机关及其业务部门、一般企事业单位和社会团体都可以根据自己职权在一定范围内发布通告。如金融、政法、公安、交通等部门经常在自己的职权范围内发布通告。

（3）从发布的范围来看，公告是向国内外宣布重要事项或法定事项的公文，其辐射范围很大，受众面广，很多公告不仅在全国范围内发布，而且还授权新华社面向全世界发布。通告是向社会有关方面宣布应当遵守或周知的事项，一般都是针对一定的业务或专门事务发出的，其受文对象一般限定在特定的范围、特定的领域、特定的系统或特定的人群。

近年来，通告与公告不分，错用公告的现象十分普遍，如在报刊上经常看见的"××学院补录公告""××电信局业务公告""鸣谢公告"，随处可见的房屋拆迁公告、机动车辆禁止通行公告，都是错用公告的例子。那么，怎样才能正确判定和使用这两个文种呢？一是从发布事项的重要程度及影响面来判定，据其内容分量来确定；二是对发文主体的资格进行考量，看其有没有发布公告的资格。

（二）通告与通知的区别

通知与通告同属通用公文中的知照类文种。二者的区别主要有以下几点：一是适用情形不同。通告适用于"在一定范围内公布应当遵守或周知的事项"，制成即发，直接公开，不涉及任何秘密；通知适用于"批转下级机关的公文，转发上级机关和不相隶属机关的公文；发布规章；传达要求下级机关办理和有关单位周知或共同执行事项；任免或聘用干部"等，一般按组织系统或行业系统逐级下达，内容很少公开。二是受文对象不同。通知的对象一般是机关或单位，是一种典型的下行文；通告的对象一般是社会公众，行文具有泛向性。三是行文要求不同。通知事项一般需要办理和贯彻执行，而通告事项只需遵守和知晓即可。

写作指导

一、通告的写作要点

通告由标题、正文、发文机关和日期几个部分组成。

（一）标题

通告标题的写法有四种形式：一是由发文机关、事由和文种名三部分构成，如《公安部关于收缴枪支的通告》；二是由发文机关和文种名两部分构成，如《咸阳市电力局通告》；三是由发文事由和文种名两部分构成，如《文汇西路交通管制通告》；四是单独由文种名"通告"二字构成。

（二）正文

通告的正文部分由三部分内容构成：缘由、通告事项和结语。

1. 缘由

缘由部分主要写发布通告的原因和根据，以及通告的发布目的和意义等内容。这一部分提出依据要切实可靠、理由充分，目的交代要清楚，以便顺理成章地引出"应该遵守和执行的事项"。

2. 通告事项

通告事项也就是一定范围内特定的人群应当遵守或周知的事项。这部分内容紧承缘由部分，用"特通告如下"导出。如果通告事项涉及的要求、措施较多，一般按照由主到次、由大到小的顺序，采用分条列项的写法，以做到条理分明、层次清晰。如果内容单一，可以采用贯通式的写法。

3. 结语

结语也就是通告的结尾部分，一般提出要求、希望等，并用"特此通告"作结。这部分有时直接用"本通告自发布之日起实施"或"特此通告"作结，没有要求、希望之类的内容。

（三）发文机关和日期

正文后签署发布通告的机关名称和发布日期，并加盖公章。如果通告的标题是由发文

机关名称加文种构成，正文后也可不再写发文机关的名称。

二、通告的写作要求

1. 发文目的要明确

发布通告的目的或原因，一般要在缘由部分扼要地交代清楚，让人们一看就知道为什么要发布此通告。

2. 通告事项要符合政策规定

通告的事项应该符合法律、法规和有关政策的规定，不能违反法规政策。

3. 要一文一事，突出中心

通告的要求要具体，要明确规定"允许做什么和不允许做什么"，不能含糊其词。

4. 语言要通俗易懂

带有专业性的通告，使用专门术语时要尽量选择大多数人熟悉的词语。通告事项是面对大众的，应简洁明了、叙述清楚、通俗易懂、便于理解。

实战训练

近一段时间以来，泾太县城中小学校周围网吧、浴池、旅店、钟点房、书摊、小卖店、小餐厅、流动摊点较多，这些经营点的业主法律观念淡薄，加之受利益驱动，采用不正当的营销手段对青少年学生加以利诱，他们对学生的不良行为不仅熟视无睹，而且还为其错误的行为提供方便，纵容学生的违规、违纪行为。

针对以上情况，县委、县政府要求公安部门全面清理学校及周边出租屋、网吧、录像厅、电子游戏厅、台球室、旅店业、洗浴业、流动摊贩等，对其中具备资格和条件的经营点依法纳入管理，对没有经营资格或不具备经营条件的经营点，坚决予以取缔。责令文化部门加强对网络文化市场的监管，对证照齐全的经营点，加强日常监管，突出检查重点时段、重点区域、重点经营单位的网吧经营情况，通过宣传教育规范他们的经营行为；对于一些黑网吧，依法查处，坚决取缔。

为了有序、有效地开展此项工作，在清理行动全面展开之前，泾太县公安局、文化局和教育局拟就此次行动联合发布一则通告，其主要目的是让那些具备经营资格和条件的经营点及时开展自查自纠、规范经营行为，责令那些不具备经营资格的经营点立即停止非法经营活动。这则通告该怎样写？

写作提示：要写的通告从内容侧重点来看是一则行止性通告，其发布目的是督促小业主们规范经营行为，或停止一切影响学生身心健康成长的违法、违规行为和非法经营活动，凡在规定期限内停止一切违法、违规经营活动的既往不咎，从本通告发布之日起继续从事危害青少年健康成长经营活动的将从严查处，这些是通告的核心内容。请根据提示完成这则通告的写作。

第八节 意 见

意见

话题与案例

沙湖学院中文系大一学生刘某因对其辅导员陈某的批评不服，在网上发布了诽谤陈某的帖子，一时间点击率很高，对陈某本人和沙湖学院都造成了十分不良的影响。学院领导责令中文系就此事查明原因，采取补救措施，拿出处理意见。中文系按照学院领导的指示对此事进行了认真调查，了解到的基本情况是：网帖发出两天后，学生刘某认识到这一做法是错误的，便删掉了该帖；刘某已向陈某赔礼道歉，并得到了陈某的谅解。鉴于刘某还是一个学生，本着教育的原则，中文系拿出了这样的处理意见：建议给予刘某警告处分，并令其做出书面检查；处分决定在全院范围内张贴。上报学院的这则意见该怎样写？

基础知识与范例

意见是"适用于对重要问题提出见解和处理办法"的一种公文。意见的使用主要有两种情形：一是下级向上级或向平级机关提出解决有关重要问题的见解和处理办法等方面建议时使用；二是在上级发现下级遇到有关重要问题时，提出见解和办法措施，对下级予以指导时使用。

一、意见的特点

1. 指导性

作为下行文使用的意见是上级在发现下级遇到有关重要问题时，提出见解和办法措施，对下级予以指导的文书。这就决定了意见具有指导性的特点。

2. 针对性

意见总是根据现实的需要，针对某一重要的问题提出见解或处理意见的，有着较强的针对性。

3. 原则性

意见通常不是具体的工作安排，而是从宏观上提出见解和意见，要求受文单位结合具体情况，参照文件中提出的精神来办理。下级机关在落实意见精神时，比起执行指示有更大的灵活处理的余地。

4. 行文方向的多向性

意见可以用于上级机关对下级机关提出一些指导性、规定性的意见，作为下行文来使用；也可以用于下级机关对上级机关提出一些建议性见解，作为上行文来使用；还可以用于同级机关之间互相提出建议或意见，作为平行文来使用。它的行文方向比较灵活，能及时反映不同级别的机关对工作的见解和看法。

5. 作用的多样性

意见行文方向的多向性决定了意见具有多种作用，既可以用来指导下级机关的工作，具有指导作用，也可以对上级机关起到建议参考作用，还可以用于平级和不相隶属机关之间提出参考性意见。此外，意见往往是对一些需要解决而还没有掌握规律的问题提出见解和办法，具有一定的探索作用。

二、意见的分类

1. 建议性意见

下级机关就其业务范围之内的某一问题，向上级机关提出建议性意见，供上级机关参考，作为上级机关制定相关政策的依据。该意见一经上级机关批转，就作为上级机关的指

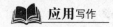

导性意见，具有一定的指导性。此类意见是上行文，类似呈转性报告。

关于老旧小区改造期间物业管理提前介入
暨泽通物业的推荐意见

××区人民政府：

我区老旧小区改造工作已经展开，为了确保改造工作取得尽可能好的效果，我局建议择请管理能力强、社会信誉好的物业公司在改造过程中提前介入物业管理。具体理由如下：

一、物业管理提前介入可以及时发现设计遗漏、布局不合理和设备老化、损坏等问题，既可防止返工和避免遗留问题，又可降低改造后的安全风险。

二、物业管理提前介入，可以对水电管网布局、走向和节点等有一个十分清楚的了解，为日后物业管理的高效运作和提供优质服务奠定基础。

三、物理管理的提前介入，可以根据以往经验对改造工作提出合理建议，使老旧小区改造设计更加合理、更具安全性和更具人性化。因为有经验的物业公司在人车分流设计、消防安全设计、环境美化设计和文化景观设计等方面都有一些专长。

四、物业管理提前介入，可以及时了解业主诉求，广泛征求业主意见，协调业主与政府相关部门及施工单位关系，提高群众对老旧小区改造的满意度。

五、物业管理在改造施工阶段介入，可以监督和检查改造工程的施工质量、参与重大设备的调试等，最大限度地消除各种隐患。

物业管理介入老旧小区改造具有十分重要的意义。经过我局对陕西省内各大物业公司的全面了解和对部分物业公司的实际考察，建议选用西安泽通物业管理公司全程介入我区老旧小区的改造工程。主要理由如下：

一、泽通物业公司成立以来，已对陕西和甘肃多个住宅小区、商业街和旅游景区实施物业管理，具有很强的管理团队和十分丰富的物业管理经验，社会信誉好，业主评价高。

二、泽通物业公司不但切实维护广大业主利益，重视物业管理和环境维护，而且特别重视安防工作，竭力保护业主的人身和财产安全。与此同时，泽通物业重视加强与业主的沟通交流，及时化解邻里矛盾，从根本上维护区域和谐。

三、泽通物业公司是陕西省内唯一一家具有高级文化顾问团的物业管理公司。该公司不仅重视自身的企业文化建设，而且十分重视所管小区的文化氛围营造，充分利用文化的熏陶和感染作用美化人的行为，改善人际关系，使人们以积极乐观的心态生活和工作。

四、泽通物业公司一直重视和街道社区的密切配合，及时、准确、认真地贯彻各级党政机关的指示精神，密切党群、干群关系，使各级党政机关和职能部门的工作能够在所管小区内顺利和有效地开展。

以上意见如无不妥，我局可否付诸实施，请批示。

××区城乡建设局

2020 年 8 月 12 日

【提示】这是一则下级单位向上级机关提出建议的意见。行文者就自己不能直接决定的"择请物业公司介入老旧小区改造工程"及相关问题向上级机关提出建议性的意见，请上级机关决定和指示。

2. 指导性意见

上级机关针对下级工作所出现的问题，阐明基本原则，提出解决办法和执行要求，对下级机关的工作给予指导。此类意见一经下发就会产生一定的法定效力，多属于下行文。

3. 参考性意见

参考性意见是平行机关和不相隶属机关之间就某些工作提出的供对方参考的建设性的见解或可行性方案，多属于平行文。

4. 实施意见

实施意见一般是为贯彻落实某一重要决定或开展某项工作所制定的实施方案，其重在阐发上级的有关精神，使下级单位对上级的文件精神有更深入的理解，同时提出较为具体的行动方案和工作安排。

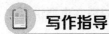 **写作指导**

一、意见的写作要点

1. 标题

意见的标题有两种常见写法：一种是由发文机关＋主要内容＋文种组成，如《陕西省人民政府关于〈中国教育改革和发展纲要〉的实施意见》；另一种由主要内容＋文种组成，如《关于实施城镇居民生活困难家庭救济方案的意见》。

2. 正文

（1）缘由。这是意见的开头部分，主要写发布意见的背景、根据、目的、意义等。文字根据具体情况可长可短，最后以"现提出以下意见""特制定本实施意见"等过渡性语句转入下文。

（2）见解办法。这是意见的核心部分，主要是对有关问题或工作提出相关的见解、建议或处理办法。内容较单纯集中的，主体部分直接写见解即可；内容繁多的，涉及重要问题或全局性工作的，既要提出总的、原则的要求，还要指出具体可行的实际操作办法。

（3）执行要求。一般写清楚意见提出者的要求、希望即可，如"以上意见，望各单位结合本部门的实际情况，制定相应措施，认真贯彻执行"。也可简单明了地说明要求，如"请认真贯彻落实"。

以上是下行意见公文的发文要求，上行意见公文习惯上用"以上意见如无不妥，请批转……执行"来收尾；也可以自然收尾，不加结束语。

3. 发文时间及签署

发文时间可加括号注于标题之下，也可以注于文末右下方；签署一般在正文右下方标注，也可在标题下标注或在标题中出现。

4. 发文字号和主送机关

标注方法与一般公文相同。

二、意见的写作要求

1. 语言平和，态度诚恳

意见的实质是提出切合实际的可行性建议，发挥参谋和指导作用。其态度是诚恳的，

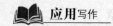

即使是下行文中的"意见"也没有决定或者通知等文种的强制性那样强烈。

2. 知无不言，言无不尽

作为上行文或平行文的"意见"，必须以"知无不言，言无不尽"的态度，对上级或平行机关提交本机关的建设性意见，充分发挥好参谋作用。

思路拓展：阅读《出师表》

【阅读提示】《出师表》实际上就是诸葛亮写给后主刘禅的一份建议性意见，其中就一些重大事项的决策与处理提出了自己的意见和建议，请后主在处理有关问题时参考。

这篇奏表质朴无华、文字简要、明白流畅、恳切周详。可以说，情真意切，坦诚直言，披肝沥胆，是《出师表》的魅力所在；以情动人，每字每句饱蘸深情，是《出师表》成为千古名文的主要原因。朴素无华、简要切实的形式，与充实的内容、强烈恳切的感情结合起来，自有一种撼动人心的艺术力量。这篇应用文给我们的最大启示是应用文也要讲究文采，也要注重情理交融。

实战训练

本节"话题与案例"中，中文系要写给学院的意见是一份建议性意见，其正文部分可以分为三个部分来写：首先简述有关事件的基本情况，特别是事件发生后当事人的悔改表现和中文系的处置情况；其次写清楚建议性的处理意见；最后表明中文系的态度，提出相关建议等。请根据提示完成这份建议性意见。

第九节　通　　知

通知

话题与案例

下面是张贴于一所高校校园内的"通知"。同学们先阅读一遍，等学了"通知"之后再回头来看它存在哪些问题。

通　知

全院师生：

本周三（5 月 7 日）下午第七、八两节课时间，中文系和经管系进行一场篮球比赛。欢迎全院师生前往观看。

特此通知。

学院团委

2016 年 5 月 6 日

基础知识与范例

通知是发文主体向特定的受文对象（一般是其下级机关或下属单位）告知有关事项的知照性公文。它适用于批转下级机关的公文，转发上级机关和不相隶属机关的公文，传达要求下级机关办理和需要有关单位周知或者执行的事项，任免人员等。通知是使用最多、用途最广的一种公文，其写作灵活自由，使用比较方便。

通知的作用主要表现在三个方面：一是上级机关告知下级机关或有关人员应该知道的事情；二是指示下级机关或有关人员办理某些事项；三是同级机关间传递情况。这就决定了通知具有告知、指示、布置三大特性。

一、通知的行文规则

通知作为下行文，只能向本机关隶属的直接下一级机关行文。通知不能用于泛行文和平行文；但办公厅（室）得到机关的授权，或在办公厅（室）的职权范围内，以自己的名义可向机关的直接下级机关〔其级别与办公厅（室）级别相同或高半级〕制发通知，这种通知属于下行文，并非平行文。

二、通知的特点

1. 使用的广泛性

在所有的公文中，通知的使用最为广泛：一是它对发文主体的级别没有要求，上至国家机关，下至基层单位，都可以使用通知行文；二是内容方面没有限制，不论是全国性的大事，还是一个单位的小事，都可以用通知行文；三是行文路线的灵活性，通知主要用作上级机关对下级机关、组织对所属成员的下行文，但平行机关之间，有时也可使用通知知照有关事项。

2. 功用的多样性

上级机关和组织向下级机关、组织用通知行文，都明显体现出指导性。特别是部署和布置工作、批转和转发文件等，都需明确阐述处理某些问题的原则和方法，说明需要做什么、怎样做、达到什么要求等。有的通知对下级或有关人员有约束力，起指挥、指导作用；有的通知则主要起知照作用。

3. 较强的时效性

通知具有较强的时效性，不论是告知事项，还是要求办理事务，一般都有一定的时间要求，如会议通知，其时间要求很明确，也很严格。

三、通知的分类

根据通知的内容性质及其用途，通知可分为以下几类。

1. 发布性通知

发布性通知用于发布行政法规和规章，即领导机关将已经批准或通过的行政法规和规章，如条例、规定、办法等，用"发布""颁发"或"印发"通知的形式发给有关单位。

范例2-13

国务院关于公布《通用规范汉字表》的通知

国发〔2013〕23号

各省、自治区、直辖市人民政府，国务院各部委、各直属机构：

国务院同意教育部、国家语言文字工作委员会组织制定的《通用规范汉字表》，现予公布。

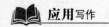

《通用规范汉字表》是贯彻《中华人民共和国国家通用语言文字法》，适应新形势下社会各领域汉字应用需要的重要汉字规范。制定和实施《通用规范汉字表》，对提升国家通用语言文字的规范化、标准化、信息化水平，促进国家经济社会和文化教育事业发展具有重要意义。《通用规范汉字表》公布后，社会一般应用领域的汉字使用应以《通用规范汉字表》为准，原有相关字表停止使用。

国务院

2013 年 6 月 5 日

【提示】这是一则发布性通知，其发布的内容是《通用规范汉字表》，发布的目的是要求社会各界在使用汉字时以《通用规范汉字表》为准。

2. 批转性通知（批转、转发性通知）

这类通知主要用于转发上级、同级或不相隶属机关的公文，以及批转下级机关的公文。这类通知包括批转性和转发性两种。批转性通知适用于上级机关对下级部门的文件加批语下发，需在标题中加"批转"两字；转发性通知是转发上级机关、同级机关和不相隶属机关的有关文件的通知，需在标题中注明"转发"字样。

3. 指示性通知

上级机关对下级机关某一项工作有所指示和安排，而其内容不适宜用"命令""指令"发布时，用指示性通知。

国务院办公厅关于 2022 年部分节假日安排的通知

国办发明电〔2021〕11 号

各省、自治区、直辖市人民政府，国务院各部委、各直属机构：

经国务院批准，现将 2022 年元旦、春节、清明节、劳动节、端午节、中秋节和国庆节放假调休日期的具体安排通知如下。

一、元旦：2022 年 1 月 1 日至 3 日放假，共 3 天。

二、春节：1 月 31 日至 2 月 6 日放假调休，共 7 天。1 月 29 日（星期六）、1 月 30 日（星期日）上班。

三、清明节：4 月 3 日至 5 日放假调休，共 3 天。4 月 2 日（星期六）上班。

四、劳动节：4 月 30 日至 5 月 4 日放假调休，共 5 天。4 月 24 日（星期日）、5 月 7 日（星期六）上班。

五、端午节：6 月 3 日至 5 日放假，共 3 天。

六、中秋节：9 月 10 日至 12 日放假，共 3 天。

七、国庆节：10 月 1 日至 7 日放假调休，共 7 天。10 月 8 日（星期六）、10 月 9 日（星期日）上班。

节假日期间，各地区、各部门要妥善安排好值班和安全、保卫、疫情防控等工作，遇有重大突发事件，要按规定及时报告并妥善处置，确保人民群众祥和平安度过节日假期。

国务院办公厅

2021 年 10 月 25 日

【提示】这是一则指示性通知。主体部分是关于重要节假日"放假调休日期"的具体安排，结尾部分是对"各地区、各部门"做好节假日期间各项工作的指示。整则通知陈述十分清楚，便于贯彻执行。

4. 事务性通知（工作通知）

这类通知主要用于上级机关对下级机关就某一具体事项布置工作，交代任务。除交代任务外，通常还提出工作原则和要求，让受文单位贯彻执行，具有强制性和行政约束力。

5. 知照性通知

这类通知主要用于告知某一事项或某些信息，诸如庆祝节日，成立、调整、合并、撤销机构，启用新印章，更改电话，更正文件差错等，都可用这种通知行文。

6. 会议通知

这类通知主要用于准备召开会议时，告诉受文机关会议的地点、时间、内容、参加人员、会议材料、注意事项等。

范例2-15

关于召开应用写作教学研讨会的通知

各普通高等学校、高等职业院校：

为了提高我省普通高等学校和高等职业院校应用写作教学质量，切实增强学生从事工作的能力，经研究决定，定于8月9日至11日在汉中市南郑区福林大酒店召开应用写作教学研讨会。现将有关事项通知如下：

一、会议内容

1. 关于全省各普通高校和高等职业院校应用写作课开设情况的调研报告；

2. 各普通高校和高等职业院校应用写作课教学经验交流；

3. 应用写作教学观摩；

4. 省教育厅关于进一步加强普通高校和高等职业院校应用写作的意见。

二、参加人员

各普通高等学校、高等职业院校主管教学的领导，教学质量评估办公室负责人，应用写作课教师等。

三、报到时间和地点

与会人员务必于8月8日18:00前到汉中市南郑区天汉大道福林大酒店报到。

（联系人：×× 电话：××××××）

四、食宿费及其他

与会人员会议期间食宿统一安排，费用自理。

　　　　　　　　　　　　　　　　　　　　　×× 省教育厅（盖章）

　　　　　　　　　　　　　　　　　　　　　××××年×月×日

【提示】这是一则会议通知，其中就会议召开的地点、时间、内容、参会对象等都有明确具体的交代。

7. 任免通知

任免通知是指告知有关单位和个人关于人事任免情况的通知。

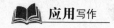

四、文种的区分

通知的使用很广泛，也容易与其他文种相混和错用。通知的错用现象主要集中在两个方面：一是超越职权性错用，即向不是自己下级机关制发通知。错用最多的是：对上级、平级和不相隶属的机关单位本应用函行文，结果错用通知行文。二是混淆周知性通知与公告、通告、启事、广告、海报等周知性文书的界限，把本应用后者来告知的事项，错用了通知行文，而且还在这类周知性事项中写上"请遵照执行"之类的话。

要正确地使用通知，首先要明确通知适用的情形及其与易混文种的区别。

（一）通知和通报的区别

1. 适用情形不同

通报适用于表彰先进、批评错误，传达重要精神或者情况；通知适用面较广，既可用于批转下级机关公文，转发上级机关和不相隶属机关的公文，发布规章，又可传达要求下级机关办理和有关单位需要周知或者共同执行的事项，此外还可用于任免和聘用干部。在传达精神或事项方面，通知多用于方针、政策方面；而通报则多用于比较具体的事件或情况。

2. 行文表达方式不同

通报通常先用叙述的手法将所要表彰或批评的人与事作概要的介绍，然后引出有关的通报决定等内容；通知除在前言部分简要说明发此通知的缘由及有关情况外，一般不需要叙述。

（二）通知和通告的区别

（1）适用情形不同。通知适用于"批转下级机关的公文，转发上级机关和不相隶属机关的公文；发布规章；传达要求下级机关办理和有关单位要周知或共同执行事项；任免或聘用干部"。通告适用于"在一定范围内公布应当遵守或周知的事项"。

（2）从行文方向上看，通告的泛向性质明显不同于通知的下行性质。通知的对象一般是下级机关或单位，受文对象十分明确，且具有直接的隶属关系；通告的对象一般是社会公众，大多没有直接的隶属关系，且受文对象不十分明确。

（3）从行文要求看，通知事项一般需要办理和贯彻执行；而通告事项只需遵守和知晓即可。

写作指导

一、通知的写作要点

通知的写作形式多样、方法灵活，不同类型的通知使用不同的写作方法。

（一）批转性通知（印发、批转、转发性通知）的写法

批转性通知用于批转下级机关的文件或者转发上级机关、同级机关和不相隶属机关的文件，以及下发计划、方案、总结、纪要等。这类通知使用频率高，应用范围广，其标题由发文机关，被印发、批转、转发的公文标题（或文号）和文种组成，也可省去发文机关名称。正文须把握三点：对印发、批转、转发的文件提出意见，表明态度，如"同意""原则同意""要认真贯彻执行""望遵照执行""参照执行"等；写明所印发、批转、转发文件的目的和意义；提出希望和要求。最后写明发文日期。

范例2-16

××市环保局关于转发《××县环保局关于开展环保
自检互检工作的总结报告》的通知

各县（区）环保局，各直属单位：

××县环保局是我省环保工作的先进单位，积累了丰富的工作经验。近年来，他们通过开展环保自检和互检，有效地推动了环保工作的深入开展，并取得了良好效果。他们的经验基本也适于我市。现将《××县环保局关于开展环保自检互检工作的总结报告》转发给你们，望参照执行，以推动我市环保工作的深入开展。

××市环保局

二○一○年×月×日

【提示】这则通知体式规范，措辞严谨，意思表达清楚，行文层次十分清晰。因××县与××市无隶属关系，但××县的环保工作做得好，"他们的经验基本也适于我市"，所以这里用"转发"是正确的。

（二）指示性通知的写法

标题由发文机关、事由和文种组成，也可省去发文机关名称。正文由缘由、内容（包括要求）等组成。缘由要简洁明了，说理充分。内容要具体明确、条理清楚、详略得当，充分体现指示性通知的政策性、权威性、原则性。要求要切实可行，便于受文单位具体操作。

（三）知照性通知的写法

这类通知使用广泛，体式多样，主要是根据通知的内容，交代清楚知照事项。

（四）事务性通知的写法

这类通知通常由发文缘由、具体任务、执行要求等组成。会议通知也属于事务性通知的一种，但写法又与一般事务性通知有所不同。

（五）任免、聘用通知的写法

这类通知一般只写决定任免、聘用的机关、依据，以及任免、聘用人员的具体职务即可。

（六）会议通知的写作要点

会议通知的正文应当包括通知缘由、通知事项和执行要求三项内容。缘由部分说明制发通知的理由、目的或依据，然后用"现将有关事项通知如下"等语句引入对各有关事项的安排和要求；通知事项部分具体说明出席会议人员和会议时间、地点以及其他有关事项；执行要求一般穿插在"通知事项"之中，主要包括会前准备、报名时限、报到时间等。

二、通知的写作要求

（1）通知事项要具体明确。事项是通知的基本内容，特别是指示性通知，要明白无误地提出工作任务和要求，切忌泛泛而言，不得要领。

（2）会议通知应开门见山，直陈其事，不需过多的理论分析或意义阐述。

（3）通知应该文字精练，篇幅力求简短，用词要准确、规范。

（4）该详则详，该简则简。指示性通知和会议通知的内容要尽量详尽周到；发布性通知、批转性通知的内容则要相对简要。

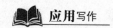

 思路拓展

文帝议佐百姓诏

间者数年比不登[1]，又有水旱疾疫之灾，朕甚忧之。愚而不明，未达其咎[2]。意者，朕之政有所失、而行有过与？乃天道有不顺、地利或不得、人事多失和、鬼神废不享与？何以致此？将百官之奉养或费、无用之事或多与？何其民食之寡乏也？

夫度田非益寡[3]，而计民未加益，以口量地，其于古犹有余，而食之甚不足者，其咎安在？无乃百姓之从事于末[4]、以害农者蕃[5]、为酒醪以靡谷者多[6]、六畜之食焉者众与[7]？细大之义[8]，吾未能得其中。其与丞相、列侯、吏二千石[9]、博士议之[10]，有可以佐百姓者，率意远思，无有所隐。

【注释】

[1] 间（jiàn）：近来。比：连续。登：作物的成熟和收获。

[2] 咎：灾祸、祸根，也可引申为过失。这句是说，不明白它的祸根所在。

[3] 度（duó）田：丈量土地。

[4] 末：古有士、农、工、商的顺序，商排最末尾。有轻视商的意思。

[5] 蕃：繁多。

[6] 醪（láo）：酒。靡（mí）：浪费。

[7] 六畜：马、牛、羊、鸡、犬、豕。

[8] 义：道理，意义。

[9] 二千石：汉代内自九卿郎将，外至郡守，俸禄为二千石，即月俸百二十斛，这里是以禄俸为职务的代称。

[10] 博士：秦及汉初立博士，掌管古今史事待问及书籍典守。到汉武帝时，设五经博士，置弟子员，此后博士专讲经学传授，与文帝、景帝时的博士制度有区别。

【提示】 这则诏书从内容和语气来看，相当于一份安排工作的指示或指示性通知。其内容是就怎样解决老百姓生活困难，要求属下集思广益，提出解决方案。全文语言质朴，感情自然，反复设问，诚意跃然纸上。

实战训练

本节"话题与案例"中的那则"通知"有三处错误：一是发文主体"学院团委"不具备向全院老师发通知的"资格"；二是所发布的内容缺乏通知的"约束"性；三是作为通知的要素不全。就其内容来看，应该用海报才对，请使用海报重新拟写。

第十节 通 报

通报

话题与案例

2016 年 5 月 10 日，长城大学刘阿媛老师在游览八达岭长城时，遇到一位小学生游客不慎滑倒从高处滚了下来，在情况十分危急的时刻，刘阿媛老师奋不顾身地扑倒在地，用自己的身体挡住了滚下来的小学生，使那位小学生避免了更严重的创伤。刘阿媛老师为了救人，膝盖、手臂等多处受伤。长城大学为了表彰刘老师的事迹，号召全校师生学习她见义勇为的精神，决定面向全校师生发一份表彰通报。这份通报应该怎样写？

基础知识

通报是党和国家机关、社会团体、企事业单位用以表彰先进、推广典型经验、批评错误、传达重要精神或通报有关情况的公文。通报的应用也比较广泛，可以用于表扬好人好事、新风尚，也可以用于批评错误，总结教训，告诫人们警惕类似情况的发生，还可以用来互通情况，传达重要精神，沟通交流信息，指导推动工作。

一、通报的特点

1. 典型性

不是任何人和事都可以作为通报的对象来写的。通报的人和事总是具备一定的典型性，能够反映、揭示事物的本质规律，具有广泛的代表性和鲜明的个性。这样的通报发出后，才能使人受到启迪，得到教益。

2. 引导性

无论是表扬性通报、批评性通报，还是情况通报，其目的都在于通过典型的人和事引导人们辨别是非，总结经验，吸取教训，弘扬正气，树立新风。

3. 严肃性

通报的内容和形式都是严肃的。由于通报是正式公文，是领导机关为了指导工作，针对真人、真事和真实情况制发的，无论是表扬、批评或通报情况，都代表着一级组织的意见，具有表彰、鼓励或惩戒、警示的作用，因而其使用十分慎重、严肃。

4. 时效性

通报针对当前工作中出现的情况和问题而发，它的典型性、引导性都是就特定的社会背景而言的。随着客观情况的变化，在当时看来具有典型意义的事实，未必在现在仍具有典型性。因此，通报作用的发挥与抓住时机适时通报是分不开的。

二、通报的分类

根据内容不同，通报可以分为表彰性通报、批评性通报和情况通报三种。

1. 表彰性通报

表彰性通报是指用来表彰先进单位和个人，介绍先进经验或事迹，树立典型，号召大家学习的通报。

2. 批评性通报

批评性通报是指用来批评、处分错误，以示警诫，要求被通报者和大家都吸取教训的通报。

3. 情况通报

情况通报是指在一定范围内传达重要情况和动向，以指导工作为目的的通报。

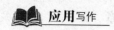

 写作指导与范例

一、通报的结构及写作要点

通报一般由标题、主送机关、正文和落款四个部分组成。

1. 标题

标题通常有两种构成形式：一种是由发文机关名称、事由和文种组成，如《教育部办公厅关于新学期初两起学校食物中毒事件的紧急通报》；另一种是由事由和文种构成，如《近期禽流感疫情通报》。此外，有少数通报的标题是在文种前冠以机关单位名称，如《中共中央纪律检查委员会通报》，有的通报标题只有文种名称。

2. 主送机关

除普发性通报外，其他通报应该标明主送机关。

3. 正文

通报正文通常由开头、主体和结尾等部分组成。开头说明通报缘由；主体说明通报决定；结尾提出通报的希望和要求。

不同类别的通报，其内容和写作要点有所不同，现分述如下。

（1）表彰性通报。表彰性通报一般在开头部分简要介绍被表彰者的基本情况，概述其先进事迹。其中要求把表彰对象的先进事迹交代清楚，而且要注意详略得当、重点突击。主体部分通过对先进事迹的客观分析，在阐明所述事件的性质和意义的基础上写明通报决定。结尾部分明确提出希望和要求，号召大家向先进学习。

在行文结构上，也可以把先进单位或人物的经验提炼出来，明确向他们学习什么，以学习的内容为纲，列出几条来写。对于每一条，先提出先进经验（观点），再摆事实，可以适当地加一些议论。

 范例2-17

××省教育厅关于表彰2019年普通话水平测试工作
先进集体、先进个人和优秀测试员的通报

各市（区）教育局，各高等学校，厅属有关单位：

为进一步推动全省普通话水平测试工作的制度化、规范化、科学化，增强全省普通话水平测试工作服务能力，根据《××省教育厅关于评选表彰2019年度普通话水平测试工作先进集体、先进个人和优秀测试员的通知》，经过各单位、各有关高校推荐，省教育厅审核和研究，决定对××市普通话培训与测试中心等10个先进集体、××等20位先进个人和××等26名优秀测试员（具体名单见附件）进行通报表彰。

希望受表彰的集体和个人再接再厉，积极发挥模范带头作用，在我省普通话水平测试工作中再创佳绩。全省普通话水平测试工作相关单位和个人要向受表彰的先进集体和个人学习，不断提升我省普通话水平测试工作管理水平和服务能力，为全面建成小康社会贡献力量。

××省教育厅

2020年4月10日

【提示】这是一则表彰性通报。第一段写表彰对象、评选过程和表彰决定；第二段提出希望，发出号召。全文内容要素齐全，详略得当，行文层次清晰，语言简洁。

（2）批评性通报。批评性通报分为两种：一种是对个人的通报批评，另一种是对单位或集体的通报批评。对个人的通报批评一般是在陈述事实的基础上，指出错误造成的后果，然后引出批评决定，最后提出希望、要求和发出警示，让大家吸取教训，引以为戒。对单位或集体的通报批评，不仅要陈述错误事实，指出其造成的后果，而且要分析原因、总结教训或提出整改要求，既使被批评的单位或集体吸取教训、改进工作，不再犯同类错误，也使其他单位受到警示。

关于近期几起实验室安全事件的通报

各实验室：

自今年 9 月份以来，我院连续发生实验动物尸体和实验废弃物随意抛弃事件，不仅造成环境污染，而且存在公共卫生安全风险，影响很坏。这几起实验室安全事件分别是：9 月 26 日上午 11 时许，E209 实验室人员在清理完冰箱后将实验后的水产动物尸体、化学试管及部分饲料弃置在 E 座 2 楼和 1 楼的生活垃圾桶内。9 月 27 日下午 3 时许，E228 实验室人员将实验后的废弃试管弃置在 E 座 2 楼生活垃圾桶内。12 月 10 日上午 11 时 35 分，E 座一楼 102 鼠房外其他垃圾桶内发现丢弃实验小白鼠 4 只。

经学院研究决定，对发生以上事件的实验室进行全院通报批评，下达书面整改意见书，责成实验室负责人和相关人员做出书面检查。

请各实验室和全院师生引以为戒，加强实验动物管理，规范实验室垃圾分类行为。与此同时，要加强对师生及保洁人员的安全知识培训，提高安全意识，切实杜绝实验室安全事件的发生。

××大学动物科学学院

2019 年 12 月 10 日

【提示】这则批评性通报的第一段陈述错误事实，指出错误后果和不良影响；第二段写通报批评决定和整改要求；第三段对各实验室和全院师生提出要求，做出警示。

（3）情况通报。这类通报是就某一阶段或某一方面的情况进行通报，让下级单位和群众知道或引起重视，以便统一认识，促进工作的进一步开展或者使相关工作取得更好的效果。情况通报的正文部分主要写两项内容：一是通报有关情况；二是进行情况分析并得出结论。具体写法：有的是先摆情况，然后进行分析得出结论；有的是先通过简要分析得出结论，再列举情况。

4. 落款

落款包括发文机关署名和成文时间两项内容。有的通报在标题中已标明发文机关名称，落款处就不必再写。

二、通报的写作要求

1. 事实典型

无论是表扬或批评，还是介绍经验或教训，事件越典型、越有针对性，就越有通报的

必要。因此，写作通报要注意选择事件，以便更好地发挥通报的引导和教育作用。与此同时，无论是批评还是表扬，事件必须真实准确，不能有一点虚假，也不可随意夸大或缩小。

2. 目的明确

通报要学习什么、警惕什么、知道什么，必须明确。与此同时，分析要中肯，评价要实事求是，结论要公正；否则，通报不但会缺乏说服力，而且有可能产生副作用。

3. 及时迅速

批评、表扬要及时迅速，交流信息、沟通情况更要及时；否则，时过境迁，便失去了意义。

4. 把握语言分寸

不论是表扬还是批评，都应注意用语分寸，同时注意准确和简洁，力求文实相符，不讲空话、套话，不讲过头的话。

实战训练

本节"话题与案例"中要求写的是一则表彰性通报，写作时应注意两点：一是要交代清楚表彰的缘由，即简明扼要地把人物的事迹交代清楚，这一部分写作的关键是行文要详略得当；二是表彰意见要明确，学习号召要切实、恰如其分。请根据提示完成这则通报。

第十一节 报　告

报告

话题与案例

千方职业技术学院院长教育思想偏狭，他认为汽修专业的学生必须看得懂宝马车的英文说明书才行，这一思想导致他对英语盲目热衷，因此，他在自己执掌权柄的高职院校片面强调加大英语教育的力度。这一错误的做法不仅使入学时文化课基础本来就不太好的学生们大为苦恼，而且直接影响了学生专业技能的培养。一些老师、学生和家长先后多次向上级教育主管部门反映情况，请教育主管部门对不切实际开设英语课的偏执做法予以干预。教育主管部门接到老师和家长的投诉后，责令该学院就有关情况做出说明。该学院应该以哪一文种向上级教育主管部门行文呢？

基础知识与范例

报告是下级机关向上级机关报告工作、汇报情况、反映问题的陈述性文件。有时向上级机关报送文件、物件（资料）或答复上级机关询问时，也用报告行文。写报告是为了让上级机关了解情况、掌握下情，以便能够及时接受上级机关指导和督促，以利于正确贯彻执行党的方针、政策，更好地开展工作。

报告的适用情形主要有以下几种：一是按照报告制度规定，下级机关应当定期向上级机关汇报工作；二是工作过程中遇到新情况、特殊问题或者发生意外事故等，应当及时向上级机关汇报；三是如果上级机关有交办的事情，也要及时报告所办事情的结果。另外，向上级机关报送文件、物品等也要呈送报告。

一、报告的特点

1. 行文的单向性

报告是下级机关向上级机关汇报工作、反映情况、提出建议时使用的单向上行文，不需要上级机关给予回复。

2. 表达的陈述性

报告是用于汇报工作、反映情况的，上级机关能否比较全面地了解下级机关的情况，并综合各下属单位的情况对全局工作做出决策，在很大程度上取决于下级机关能否适时地汇报工作，真实、全面、具体地陈述本部门、本单位贯彻执行各项方针、政策的情况。因此，报告的写作重在陈述，具体地说就是将做了什么、怎样做的、结果怎样、有哪些成功之处、还存在什么样的不足等交代清楚，这样才便于上级机关了解下情。

3. 行为的事后性

绝大多数报告都是在某项工作开展了一段时间或完成之后，或是某种情况发生之后向上级做出的汇报，因此报告具有事后性的特点。

二、报告的分类

（一）按报告内容和用途划分

按其内容和用途，报告可以分为工作报告、情况报告、答复报告和报送报告四类。

1. 工作报告

工作报告是指党政机关、企事业单位和社会团体，按照有关规定，定期或不定期地向上级机关或法定对象汇报工作所用的报告。汇报的内容包括过去一段时间的工作情况和下一段时间的工作部署、工作意见，或者是某一专项工作的开展情况等。汇报工作的报告又可分为综合报告和专题报告两类。

（1）综合报告。综合报告是指就一个单位的全局工作向上级机关进行汇报而写的报告，其内容涉及单位工作的方方面面。定期向上级机关汇报工作所用的报告一般都是综合报告，如《××学院2021年第二学期工作报告》。

（2）专题报告。专题报告，是指就某一具体工作，或某一方面的工作，或者关于某一问题的解决过程向上级机关汇报所写的报告。

范例2-19

关于大学语文教材质量抽样分析情况的报告

教育部：

从2016年4月份开始，西安垚鑫语言文字研究所开始对现有的大学语文教材进行抽样分析，到2016年12月，第一阶段工作全部结束。现将有关情况报告如下。

一、大学语文课现状

1. 大学语文课开设现状。只要有一点教育常识的人都知道，语言能力是一个人的核心能力。这不仅是因为语言是思维的工具，语言能力的高下直接影响着人们创造性思维能力的发展，而且决定着人们的工作能力和终身学习能力。因此，每一所高校都应不折不扣地开好大学语文课。然而，现在不仅很多高校砍掉了大学语文课，而且开设的一些院校从课

时分配、师资配备等方面都比较随意，教学效果很不理想。

2. 两大问题。关于砍掉大学语文课的原因，大部分院校的领导这样说：大学语文课上完了，学生的阅读能力和写作能力都没有提高，开与不开没啥两样，还不如不开。对此，老师们主要有两种说法：一种说法是大学语文课的性质没有明确的定位，能力目标不明确；另一种说法是没有统一的教学大纲，教材编写很混乱，选不到真正好的教材。

关于大学语文课的定位问题，语文教育家黄高才先生说："作为基础工具科目，大学语文课必须以培养学生的汉语运用能力为根本。"【见黄高才 刘会芹主编《大学语文》前言(北京大学出版社 2012 年 7 月第一版)】这一观点得到了专家们的普遍认同。看来，问题的症结还是在教材上面。为此，我们对现行的大学语文教材进行了抽样分析。

二、教材质量状况

据不完全统计，截至 2015 年底，仅国家 CIP 数据中心能够查到的各级各类出版社正式出版的大学语文教材就有 1 200 多种。如果加上一些院校自己内部印制（无书号）的，数量更多。数量如此之多，质量究竟如何呢？

（一）样本抽取和分析方法

为了确保分析的客观性，我们从两个大的书城中随机抽取了大学语文教材 20 种，其中属于国家规划教材的优先抽取；从各高校正在使用的大学语文教材中抽取 20 种，也是国家规划教材优先抽取。

样本拿到之后，我们首先进行通读，然后从内容和质量两个方面进行分析。

（二）教材内容与质量分析结果

1. 在抽取的 40 种大学语文教材中，编成纯人文读本的 12 种，偏重于人文性、兼顾工具性的 16 种，编成文学读本的 3 种，偏重于工具性、兼顾人文性的 5 种，其他 4 种。其中，在偏重于工具性的 5 种教材中，能力训练目标明确的只有 1 种。也就是说，真正能够用来培养和提高学生汉语能力的教材只有一种。

2. 40 种样本中，存在明显的语法、修辞、逻辑和标点符号使用错误的 32 种。其中，一本国家规划教材中，发现明显错误 70 多处；一本获得省级优秀教材二等奖的《大学语文》中，发现问题 110 多处。更为严重的是，一本由某师范大学出版社出版的《大学语文》教材，其主编所写不到一千字的"后记"中，仅语法和逻辑错误多达 6 处。

三、几点建议

教材内容决定着教学方向，教材质量影响教学质量。鉴于目前大学语文教材编写出现严重的混乱现象，特提出以下建议：

1. 建议出台部颁大学语文教学大纲，明确课程性质、任务和基本教学内容。

2. 建议出台《大学教材编写与使用条例》，规范大学教材编写和选用行为。其中，要明确教材质量问责制度。

3. 加强大学语文教材的审查工作，尤其是对于拟入选国家规划教材的大学语文教材书稿一定要组织真正的专家进行审读。

4. 制定教材质量等级评定办法，建立教材质量公示制度。

特此报告。

西安垚鑫语言文字研究所

2016 年 12 月 9 日

【提示】这是一份专题报告，其内容是就大学语文教材抽样分析工作及其结果进行报告。

这份报告首先陈述了工作起因，接着讲了工作的基本方法和工作的结果，最后提出了几点建议。全文简明扼要，层次清楚。

2. 情况报告

情况报告即反映情况的报告，主要用于汇报工作中遇到的重大情况、特殊情况、新情况等。其中也包括工作进展报告、今后工作意见报告、经验总结报告。

关于我公司发生的一起重大安全事故的情况报告

××市政府：

依据市政府关于安全事故报告制度的相关规定，现将我公司发生的一起安全事故报告如下：

我公司是一家有着二十多年历史的建筑安装公司，具有国家一级资质。多年来，我公司一直十分重视安全生产与安全教育，定期对公司员工进行安全培训，多年来未发生过一起重大安全事故。但是，由于受台风影响，8月21日，我公司正在进行施工的一处建筑工地发生了一起吊塔倒塌事件，造成一人死亡。事故发生后，公司领导迅速赶到现场进行了处理，一方面安抚死者家属，处理善后，另一方面召开现场安全教育会议，对员工进行安全教育。目前事故已经基本处理完毕。

特此报告。

××建筑工程公司

××××年×月×日

【提示】这是一份情况报告。其内容是就因受台风影响吊塔倒塌造成人员伤亡一事，以及善后处理等情况向市政府进行报告。

3. 答复报告

即答复上级机关询问的报告。它实际上也是一种情况报告，在写法上与情况报告相同，侧重点应是上级问什么，回答什么，一般不涉及询问以外的情况。

××公司办公室关于××同志职称评定的报告

市政府办公室：

接到市办八月十日对我公司××同志职称评定情况的查询后，我们立即进行了调查，现将有关情况汇报如下：

××同志是我公司的技术员。该同志于1963年下半年至1966年上半年在××工学院受过三年函授教育，学习了有关课程。因"文革"到来，未能取得学历证明。今年上半年评定职称时，根据上级有关文件精神，因缺乏学历证明，决定暂缓评定他的工程师职称，待取得证明后补办。该同志认为这是刁难，故向市政府写了申诉。接到市政府办公室质询函半个月，我们派人去××工学院查到了有关材料，他们已出具了该同志的学历证明。现在，我公司已为××同志补办了评定工程师的手续。并向本人说明了情况，他表示满意。

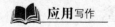

特此报告。

××公司办公室（公章）
××××年×月××日

【提示】这是一篇答复报告。正文的缘由部分先简要介绍接到上级部门的查询情况，然后以惯用语衔接导出下文。事项部分具体介绍对上级机关查询问题的具体调查和处理结果，有理有据，简洁明确。

4. 报送报告

即向上级机关报送文件或物件时随文、随物而写的报告。在实际工作中，视情况也可以用"函"行文。

范例2-22

××市人民政府关于呈送
《××市城镇职工基本医疗保险办法》的报告

自治区人民政府：

根据国务院《关于建立城镇职工基本医疗保险制度的决定》和自治区人民政府《关于建立城镇职工基本医疗保险制度的实施意见》精神，我市制定了××市城镇职工基本医疗保险办法》，并已经市政府2000年第一次常务会议讨论通过，现随文呈上，请予批示。

二〇〇〇年三月八日

××市城镇职工基本医疗保险办法（略）

【提示】这是一篇向上级机关报送文件资料的报告，全文只有四句话，写法非常简单，这在报送报告中很常见。

（二）按报告性质划分

按性质，报告可分为呈报性报告和呈转性报告两类。

呈报性报告以汇报工作、反映情况、答复询问为主要内容。由于向上级机关呈报工作情况涉及的内容十分广泛，呈报性报告又可分为工作报告（含综合报告、专题报告）、情况报告、答复报告、报送报告等。呈报性报告是不要求转发的报告，主要供上级了解掌握情况用。如《××省人民政府关于工业生产情况的报告》就是一份呈报性报告。

呈转性报告是下级机关把工作情况、意见、建议呈报上级机关后，请求批转有关部门参考执行的报告。如《财政部关于开展税收、财务大检查的报告》就是一份呈转性报告，由国务院批转各省、市、自治区执行。这类报告中的工作安排和问题处理办法等，一般超越了发文机关或部门的职权范围，只能报送上级机关批转。上级机关批转（转发）之后，报送者的意见也就是上级机关的意见了，所属管辖范围的单位和个人都要贯彻执行。

三、报告与请示的区别

1. 适用情形不同

《党政机关公文处理工作条例》中明确规定："（报告）适用于向上级机关汇报工作、反映情况，回复上级机关的询问"；"（请示）适用于向上级机关请求指示、批准"。凡是向上级汇报工作、反映情况、答复上级询问事项，应该用报告行文；凡是下级请求上级审核、答复、指示、批准的事项，均应以请示行文。

2. 行文目的不同

请示大多是为了解决本部门、本单位的问题，向上级机关请求指示、批准，而报告大部分是为了让上级机关了解情况，掌握全局，以便其正确决策。这就是说，"请示"重在"己明"，"报告"重在"人知"。

在行文重点上，请示的重点在于为所提出的要求陈述充分理由和说明所提要求的可行性，是请求性公文，要求回复；而报告的重点则是如何把所做的工作或所发生的重大情况陈述清楚，以供上级及时掌握，用作参考，属于陈述性公文，无须回复。

3. 行文时机不同

请示必须在事前行文，待上级批复之后才能着手办理；而报告可在事前行文，也可在事中行文，甚至在事后行文，不需上级批复。

 写作指导

一、报告的写作要点

报告由标题、主送机关、正文、落款和日期几个部分构成。

（一）标题

报告的标题主要有两种构成形式：一种是由发文机关、事由、文种三部分组成，如《××省人民政府关于工业生产情况的报告》，"××省人民政府"是发文机关，"工业生产情况"是事由，"报告"是文种；另一种是由事由和文种两部分内容构成，如《关于企管专业外出进行专业实习的报告》。如果是情况紧急的报告或几个单位一并呈报的报告，则要在标题中写明"紧急"或"联合"的字样。

标题拟写的关键是事由部分，要求准确、简要地概括报告的主要内容。

（二）主送机关

在标题下、正文前顶格写受文对象。主送机关一般是发文者的上级机关或业务主管部门。

（三）正文

不同类型的报告，正文部分的内容要点各异，写法不尽相同。但其写作总要求是一致的，即叙述情况要真实客观，具体明确；分析问题要深入细致；报告制发机关对有关工作要有自己的态度或看法。与此同时，不同类型的报告有一个大致相同的正文内容框架：一是报告的缘由部分，即为什么报告。这部分说明报告的目的，要写得集中、概括，简要直陈。二是报告的事项部分。具体写报告的主要内容，要求详写，条理清楚，层次分明。三是尾语。尾语常用"特此报告"或者"以上报告如有不当，请指示""以上报告如无不妥，请批转各地执行"等习惯语。

具体到每一类来讲，其正文的写作要点如下。

1. 工作报告

第一，首先讲清楚报告的是什么工作，进展到什么阶段，做到什么程度，要报告哪些问题；其次写报告的主要事项，要比较具体地、分条分项地陈述所取得的成绩，分析取得成绩的原因，包括做法和体会；最后说明工作中存在什么问题和今后的打算。其中，综合报告开篇应提纲挈领地进行概括叙述，把要点或结论提出来，这样使阅读者对问题有一个总的全面的印象。第二，对于报告所涉及的情况，要善于分清主次，突出那些影响全局的问题或对本地区、本部门具有普遍指导意义的经验。第三，综合报告既要概括性地反映全

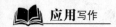

面情况，又要有重点事例，力求做到点与面的有机结合。要在全局中发现新情况，提出新问题，总结新经验，科学地预测发展新趋势，这样才能为上级机关制定决策、指导工作提供有价值的参考。专题报告，内容比较单一，写作要求是一事一报，要自始至终叙述和说明某一项工作或某一个问题。

工作报告的结束语一般为"以上报告如有不当，请予指正"或"特此报告"，也可以不写这类结束语，正文写完自然结束。

2. 情况报告

首先概述事情发生的基本情况，包括时间、地点、事情经过及前因后果；其次对事情做出准确的分析评价，指出其性质并表明本单位的看法；最后说明处理的结果或提出处理意见。

有些突发事件，在处理过程中出现了新问题，下级机关拿不准，请求上级机关给予指示时，要对发生情况后采取的措施、处理的结果进行清楚的陈述，报告结束语使用"特此报告，有何指示，请告知"或"以上报告妥否，请指示"等。

3. 呈转报告

呈转报告的正文，重点不是报告工作情况和反映存在的问题，而是向上级机关提出意见或者建议。报告中提出的建议应是建设性的，否则请求上级机关批转就失去了意义。

呈转报告的结束语一般使用"以上报告如无不妥，请批转有关单位（地区、部门）贯彻执行"。这个结尾是不能省略的。

4. 答复报告和呈送报告

答复报告的正文只需针对上级机关的询问或要求将有关工作和情况回答清楚即可，不应涉及其他问题，一般分条列项写。呈送报告的正文只要写清楚报送文件或物件的名称和数量即可。

（四）落款和日期

在正文后面写上发文机关和日期。

二、报告的写作要求

1. 实事求是

向上级机关汇报情况一定要属实，既不能夸大，也不能缩小。要客观、真实、确切地陈述事实。对有关材料，要反复鉴定，对证查实，不能有丝毫的虚假。

2. 迅速及时

向上级机关报告工作、汇报情况、答复询问、提出工作建议，一定要及时，否则事过境迁，既没有报告的意义，也会给工作造成损失。

3. 要具有典型性

反映的问题，无论是成功的经验或者是失败的教训，都要有"典型"意义，这样才有助于上级机关指导工作。

4. 不可夹带请示事项

报告是下级机关向上级机关汇报工作、反映情况、答复上级机关询问时使用的公文，上级机关收到后一般不作批复，因此如有请示事项，需另文写"请示"，切不可在报告中夹带请示事项，以免耽误工作。

5. 中心突出

要坚持一文一事的制度，围绕报告的中心内容收集材料和组织文字，抓住报告的主要方面，详略得当。

6. 文字要精练

尽可能以极简短的文字，反映更多的内容，把可要可不要的材料全部删去。

思路拓展

请禁伐桑枣奏

〔五代〕陶谷

窃以稼穑[1]为生民之天，机杼[2]乃丰财之本。是以金根在御，王者用三推之仪[3]；鞠衣载陈，后妃有躬桑之礼。则知自天子至于庶人，不可斯须忽于农桑也。又司马迁著书曰："齐、鲁之间千亩桑，安邑千树枣，其人与千户侯等。"

伏见近年以来，所在百姓，皆伐桑为柴。忘终岁之远图，趋一日之小利。既所司不禁，乃积习生常。苟桑柘渐稀，则缯帛须阙[4]。三数年内，国用必亏，虽设法课人种桑，且无及也。旧木已伐，新木未成，不知丝绵，欲凭何出？若以下民方困，不可禁之，倘砍伐一空，所在如是，岁或不稔，衣食尽亡，饥冻逼身，须为群盗。图难于易，哲王令猷[5]，作事谋始，有国常务，乞留睿览，询访辅臣。欲望特下明敕，此后不得以桑枣为柴，官场亦不许受纳，州县城门不令放入，及不得囊私置卖，犯者请加重罪。

【注释】

[1] 稼穑：种植与收割。

[2] 机杼：一般是指织布机，这里指纺线和织布。

[3] 三推：古代帝王亲耕之礼。天子于每年正月亲临藉田，扶耒耜往还三度，以示劝农，称三推。

[4] 缯：古代对丝织品的总称。

[5] 猷（yóu）：计划、谋划。

【提示】 这篇奏议从实质上讲，是一份情况报告。该文首先陈述"所在百姓，皆伐桑为柴"这一情况，然后讲这一情况将导致的后果的严重性，最后提出解决问题的建议。全文层次清晰，意思表达清楚。

实战训练

本节"话题与案例"中，上级主管部门要求千方学院写的报告属于情况报告，其内容包括三个部分：一是不切实际、盲目拔高英语教学要求的基本情况；二是对造成不良后果的原因和相关责任做出准确的分析；三是明确的处理意见和改进措施。请根据提示写作这份报告。

第十二节　请　示

请示

话题与案例

随着人们物质生活水平的不断提高，人们精神生活的需求也随之增加，其中对中国书画的消费需求迅速增长。中国书画装裱人才的培养一直处于一种师傅带徒弟的零散教育状

态，致使高水平的书画装裱技师奇缺。鉴于此，西咸大学人文学院决定开设中国书画装裱专业。开设新专业要征得上级教育主管部门的同意，应该向上级教育主管部门写一个请示。这个请示应该怎么写？

 基础知识与范例

请示是下级机关或部门向上级机关或部门请求批示、批准等事宜，并要求予以答复的公文。该文种应用广泛，使用频率较高，凡是下级请求上级审核、答复、指示、批准的事项，均应以请示行文。

请示的适用情形主要包括以下几个方面：一是涉及方针、政策等方面的重大问题，请示者把握不准，请求上级机关给予明确批示；二是在工作中遇到疑难问题，请求上级机关答疑解惑；三是工作中遇到了困难，需要上级机关帮助解决；四是工作中遇到新的情况、新的问题而无章可循或办理某些事项无政策依据，需要上级机关给予把握；五是本单位情况特殊，难以执行统一规定，需要变通处理而又必须请求批准；六是超出本机关职权范围或本机关无权决定的一切事项（如设立机构、增加编制、调整区划、人事任命、企业重组、资源分配、外事处理、重要活动等）；七是本机关、本单位意见分歧，无法统一，要求上级机关裁决的问题；八是其他按上级机关有关规定应当请示的问题。

一、请示的特点

1. 求助性

请示是发文者遇到难以解决的问题或无法克服的困难时，请求上级机关给予政策上或物质上的帮助而写的文书，其写作目的是向上级机关求助。因此，求助性是请示最大的一个特点。

2. 受理的回应性

请示是要求受文者必须给予回应的文种，即上级机关对呈报的请示事项，无论同意与否，都必须给予明确的"批复"。

3. 内容的单一性

请示写作要求一文一事，专文专请，不允许在一篇请示中同时请示若干个不同性质、不同类别的问题。

4. 行为的前置性

请示都是事前行文，待上级机关批准后，才能处理有关请示事项或问题。

5. 行文的严格性

请示行文的规则十分严格，主要表现在三个方面：一是请示的主送机关必须是与发文机关有直接隶属关系的上级机关。虽是上级机关但不是直接隶属关系的不应直接请示，否则为越级请示。二是坚持逐级请示的原则，不得越级请示。三是受双重领导的单位，应向请示事项关涉比较紧密的一个上级机关主送行文，向另一个上级机关抄报，不能"多头"请示。

6. 时效性

请示是针对本单位当前工作中出现的情况和问题，求得上级机关指示、批准的公文，必须及时发出，尽快求得问题的解决。

二、请示的分类

（一）按照内容性质来分

1. 政策性请示

对党和国家的方针、政策、法律、法规和上级的指示等有不明确或不同的理解，或者在工作中遇到了无章可循的新情况、新问题，以及由于本单位情况特殊需要对上级机关普遍性要求加以变通，这些都要写请示，请求上级机关指示。这类请示即政策性请示。

范例2-23

关于对张××高职低聘的请示

××省教育厅：

我校中文系教师张××，系20世纪80年代中国古代文学"唐宋文学"方向硕士研究生，现职称为教授。该同志虽是研究生学历、教授职称，但实际上学养浅薄、教学能力低下，在其本专业范围内，无论教哪门课，学生普遍反映很差。其中，该同志在上"唐宋文学"专题课时，因讲课水平差，学生没人听，于是在课堂上给学生大讲《武则天传》，时间长达四周，在学生和教师中造成了极坏影响。中文系的老师普遍反映，该同志还骄傲自大，经常拿自己是教授压制年轻教师。

为了整肃教学纪律，树立良好的教学风气，营造有利于年轻教师健康成长的学术氛围，同时确保育人质量。经我校校长办公会议研究，决定对张××实行高职低聘，同时调离教学岗位。妥否，请批示。

特此请示

××大学（印章）

二〇一四年三月八日

【提示】这是一则政策性请示。请示单位因为吃不准对德才均不佳的教师实行高职低聘是否符合国家有关政策而向上级有关部门做出请示。

2. 事务性请示

下级机关准备办理按规定需要上级机关批准的事项，或者既需要上级机关批准又需要上级机关帮助的事项，或者虽然不需要上级机关批准但需要上级机关帮助的事项，如增设机构、增加编制、上项目、列计划、申请经费、购置设备等，都应当写请示，请求上级机关批准或拨款等。这类请示即事务性请示。

范例2-24

关于举办节日商品展销会的请示

市经贸委：

为了繁荣节日市场，满足居民的消费需求，拟于2021年12月25日至2022年1月5日在体育场举办商品展销会。参展单位由我公司负责联系，经费自理。

妥否，请批示。

××公司

××××年×月×日

【提示】这是一则事务性请示，行文的目的是请市经贸委批准"举办节日商品展销会"。

（二）按照请示的目的来分

1. 请求批准的请示

根据管理权限、职责范围或有关规章，下级机关、单位就某个问题、某项工作无权直接做出决定时，需要请示上级机关对此问题给予做出审定、核查并明确的批准答复。

2. 请求帮助的请示

下级机关、单位工作中遇到如人力、物力、资金，以及其他不能解决的困难，请求上级机关给予帮助解决，需要以请示的形式上呈，这类请示即属于请求帮助的请示。

3. 请求指示的请示

下级机关在工作中遇到新情况、新问题，遇到困难或出现不曾预料的情况需要解决和变通；对上级机关下达的指示不是很明了，或对某些政策在看法上出现偏差，请求上级机关给予明确指示，这类请示就是请求指示的请示。

三、文种的区分

（一）请示与报告的区分

1. 请示和报告的写作目的不同

请示的目的是请求上级机关对某项事宜给予批准或对某一问题给予明确答复；报告的目的则是向上级机关汇报工作，反映情况，让领导了解"下情"。

2. 请示和报告的要求不同

请示需要上级机关给予明确答复，所以上级机关收到请示后，不管对请示事项同意与否，都要认真研究，及时批复；而报告，则无必须答复的要求。

3. 请示和报告的行文时间不同

请示必须在事前行文，绝不能"先斩后奏"；报告则可根据不同需要，在工作发生之前、发生之后或进程中行文都可。

（二）请示与函的区分

《党政机关公文处理工作条例》规定，请示适用于向上级机关请求指示、批准；函适用于不相隶属机关之间商洽工作、询问和答复问题、请求批准和答复审批事项。这就是说，请示与函都有请求批准的功用，但二者的使用情形不同，不能互相替代。当发文者与受文者具有直接的上下级关系时，提出请求事项应用请示行文；当发文者与受文者无行政隶属关系，提出请求事项应该用函行文。

📋 写作指导

一、请示的写作要点

一份完整的请示包括标题、主送机关、日期、正文和落款五个部分。

（一）标题

请示的标题主要有两种构成形式：一种是由发文机关、请示事项和文种名三部分组成，如《×××化工厂关于贯彻按劳分配政策两个具体问题的请示》；另一种是省略发文机关，由请示事项和文种名两项内容构成，如《关于二〇一〇年国债发行工作的请示》。

请示标题要突出请示事项，使人一看就知道请示的主要内容。标题中揭示事项的字数不宜过多，力求高度概括、鲜明、简洁。

（二）主送机关

主送机关一般写在标题与正文之间，单独一行，顶格书写。

受双重领导的发文机关写作请示时，唯一的主送机关要选准。

（三）日期

发文日期的书写位置由发文机关的位置来定。如果"发文机关"出现在标题中，则发文日期就写在标题下面；如果"发文机关"在正文之后右下方的位置，则发文日期就写在发文机关名称的下面。

（四）正文

请示的正文一般分为三部分：第一部分是缘由，即请求理由；第二部分是请示事项，即请求事项；第三部分是意见，即请求事项的解决办法。

1. 缘由

缘由主要写提出请求指示或批准的事项的理由或根据。请示的缘由是请示的依据和出发点，是请示能否得到满意批复的关键。陈述缘由时，要真实地反映工作中存在的问题，以党的路线、方针、政策为依据，用科学的道理进行阐释，力求做到理由充分，根据可靠，情理交融。这一部分的结尾常用"特请示如下""请示如后"等承启用语。

2. 请示事项

这部分主要写请求什么、具体有什么要求。写请示事项要突出关键问题，要人，要写清楚要几名、要什么专业或掌握什么技术的人；要钱，要写清楚准确的数目；要物，要写清楚物的品名、品牌、规格、型号、数量等。同时要进行必要的分析，做到实事求是、言简意赅。最后提出切实可行的、具有说服力的解决问题的意见与办法，便于上级机关考虑审批。

3. 意见

一般使用惯用语作结。如"以上意见妥否，请批示""当否，请批示""以上意见如无不妥，请批转"等。请示的语气要谦和得体，符合自己的身份。

（五）落款

在正文右下方标明发文机关。如果标题中已出现发文机关，则落款可省略。

二、请示的写作要求

写作请示，要力求做到情况明确、意见具体、主旨专一、语言谦和。在此基础上，还要满足以下几点要求。

1. 要"一文一事"

一份请示只能提出一件请示批准的事项，或提出一个请求解决的问题，这样便于上级机关处理。

2. 不能"多头"请示

请示的主送机关只能是一个。受双重领导的单位，应向请示事项关涉比较紧密的一个

上级机关主送行文，向另一个上级机关抄报，以免两个上级机关互让批复权谁也不批而贻误时机，或者谁都批而意见又不一致，致使难以执行。

3. 坚持逐级请示的原则，不得越级请示

请示要根据各个机关的隶属关系和职权范围来确定，要向直接的领导机关请示。有些问题，虽然明知直接的上级机关无决定权限，而须由更高的领导机关来解决，也应坚持逐级上报，不能越级请示。

4. 切忌滥用请示

凡属本机关职权范围内，已有明确的方针、政策和规定能够自行处理的，尽可能不要向上级机关请示。

5. 事前请示

要"事前请示，事后报告"，不能"先斩后奏"。

实战训练

本节"话题与案例"中需要写作的请示是一份请求批准的请示，其正文由三部分内容构成：一是请示的缘由，这一部分应简要地写增开新专业的背景、缘由、意义等；二是写清楚请示事项；三是明确表示请求批准的意愿。请根据提示写作这则请示。

第十三节 批 复

批复

话题与案例

近年来，由于高校数量增加，同时很多高校办学规模扩大，高校招生人数大幅增加，而高考生源连年递减，而且大量考生对学校的选择更加实际和理性，选择技师学院深造的考生逐年增加，因此，××省已连续两年没有完成高招计划，尤其是高职院校缺额很大。鉴于此，××省教育厅经过研究后，向省政府请示在全省5所重点高职院校进行中等学校毕业生免试注册升学试点，即凡是具有中等文化程度者，不需参加考试，凭中等学校毕业证书注册即可进入高职院校读书，修完教学计划规定的课程即可获得大专毕业证书。××省人民政府接到请示后，及时召开省长办公会议研究决定：同意省教育厅的请示。现在需要写一份给省教育厅的批复，该怎么写？

基础知识与范例

《党政机关公文处理工作条例》规定：（批复）适用于答复下级机关请示事项。这就是说，批复是上级机关答复下级机关请示事项时所用的文书，具有明确的针对性和指示性。

一、批复的特点

1. 行文的被动性
批复是用来答复下级请求事项的，下级有请示，上级才会有批复。

2. 针对性
批复都是针对下级机关的请示而发的，下级机关请示什么事项或问题，上级机关的批

复就指向这一事项或问题，即批复只对来文中的事项或问题进行表态、指示和回答，请示什么批复什么。

3. 集中性和明确性

由于下级机关的请示是一事一报，请示内容十分集中，相应的批复也是一文一批，答复的内容也十分集中。

4. 鲜明性

批复中答复下级机关的问题应当态度明确、旗帜鲜明，以便下级机关执行时准确把握。

二、批复的种类

批复是用于答复下级机关请示事项的，根据下级机关请示事项的不同，批复分为批准性批复和指示性批复两种。

（一）批准性批复

批准性批复也叫审批性批复，是指针对下级机关所写的"请求批准"的请示而作的批复，其核心是就下级机关请示中请求批准的事项进行审核或研究后做出批准与否的答复，如是否同意机构设置、是否批准项目立项等。

范例2-25

国务院关于同意设立"全国科技工作者日"的批复

国函〔2016〕194号

中国科协、科技部：

你们《关于建议设立"全国科技工作者日"的请示》（科协发组字〔2016〕85号）收悉。同意自2017年起，将每年5月30日设立为"全国科技工作者日"。具体工作由你们商有关部门组织实施。

国务院

2016年11月25日

【提示】这是一则批准性批复，批复的事项是"同意自2017年起，将每年5月30日设立为'全国科技工作者日'"。这份批复意见明确，条理清楚，语言简明扼要。

（二）指示性批复

指示性批复是指发文主体针对下级机关请示中要求上级机关给予指示的有关问题所做的政策性答复。

范例2-26

关于咸阳文保中心藏秦宫殿、唐昭陵壁画保护修复方案的批复

文物博函〔2006〕1212号

陕西省文物局：

你局《关于咸阳文保中心所藏秦宫殿、唐昭陵陪葬墓等壁画保护修复方案的请示》（陕文物字〔2006〕56号）收悉。经研究，我局批复如下：

一、原则同意所报方案。

二、对该方案提出以下意见：

（一）应明确该项保护技术的实施单位。

（二）应明确改扩建壁画库的方案和措施。

三、请你局组织有关单位根据上述意见对方案进一步补充、完善，由你局核准后实施。请加强文物修复管理，确保修复质量和文物安全。

四、该项目预算偏高，应适当压缩，预算控制数为90万元。

五、根据《国家重点文物保护专项补助经费使用管理办法》（财教〔2001〕351号）规定，你局可在提出地方配套经费落实意见后，在本批复预算控制数以内，按照国家专项补助经费的申请程序和修复进度申请补助经费。

二〇〇六年十月九日

【提示】这是一则批准性和指示性兼具的批复，其中指示的成分更多一些。正文部分批复的内容共五条，其中四条都是"指示"的内容。

三、批复与批示的区别

批复与批示，从概念的内涵到外延都有很大的区别。首先，批复是专用性很强的下行公文，是针对下级机关的请示而做出答复所使用的文书；批示则是处理公文的一道程序，或者是一个行文环节，体现为一段文字，即有关负责人表明意见、决定和具体安排的书面文字。其次，批复只在答复下级机关请示时使用；批示不仅可以在处理请示时使用，还可以在处理其他公文时使用，甚至在处理机关日常工作时也常使用。最后，批复的内容对受文者有较强的约束力和强制性，而批示的内容对受文者往往只起知照或参考的作用。

写作指导

一、批复的写作要点

（一）批复的标题

批复的标题一般采用公文标题的写作模式，常用的有两种形式：一是"完全式"标题，由发文机关＋批复事项＋受文机关＋文种四个部分构成，如《国务院关于同意陕西省撤销榆林地区设立地级榆林市的批复》《国务院关于××市私人建房问题给××省人民政府办公厅的批复》等；二是由发文机关＋批复事项＋文种三部分内容构成，如《国务院关于同意将南京海关驻禄口机场办事处调整为南京禄口机场海关的批复》。

（二）批复的主送机关

批复的主送机关，一般只有一个，即发出请示的下级机关。

（三）批复的正文

批复的正文由三部分组成：批复依据、批复事项、执行要求。

1. 批复依据

批复依据主要写两个方面的内容：一是针对下级机关哪一份请示给予批复的。对方的请示是批复的主要依据，要完整引用请示的标题并加括号注明其请示的发文字号，如"你省《关于变更××市行政区域范围的请示》（×政〔1999〕49号）收悉。"二是写与请求事项有关的方针、政策和上级机关规定。批复的政策性非常强，对下级机关的请求是同意还是不同意，一定要依据有关方针政策、具体的规章制度或有关会议精神等来答复，必要时要把有关政策条文或上级要求等内容直接引用到批复中去（可标引文件名、文件编号和条款序号）。这部分内容可表述为"根据××关于××的规定，现作如下答复。"如果下级机关请示的事项在上级机关文件和规定中找不到依据，这样的文字便不需出现了。

2. 批复事项

针对下级机关请示所发出的指示、做出的批准决定，以及补充的有关内容，都属于批复事项。如果内容复杂，可分条表述，但必须坚持一文一批的原则，不得将若干请示合在一起用列条的方式分别给予批复。

3. 执行要求

所谓执行要求，就是从上级机关的角度提出一些补充性意见，或是表明希望、提出要求。如《国务院关于同意陕西省撤销榆林地区设立地级榆林市的批复》的结尾："榆林市的各级机构均应按照'精简、效能'的原则设置，所需人员编制和经费由你省自行解决。"如果只是批准事项，无须提出要求，此段可免。

（四）结语

批复一般以惯用语作为结语，如"特此批复""专此批复""此复"等。但也有批复不用任何惯用语的。

二、批复写作的要求

1. 批复应当一事一批复

批复是针对请示的，既然请示要求一事一文，批复也应一事一批复。

2. 态度和意见明确

批复是指挥性公文，下级机关接到批复后要照此办理，因而答复的意见和态度一定要明确。如果同意下级机关的意见，要直接给予肯定的答复。如果不同意或者部分同意部分不同意，要明确表态。对否定的部分，要事先有周密的思考和研究，并有简要的说理分析。

3. 批复一定要符合实际

批复意见要坚持"三个依据"，即依据党和国家的方针、政策和有关规定批复，依据发文机关的请求事项批复或批答，依据实事求是的原则批复。

4. 批复一定要及时

批复发文机关请求批准事项，是主送机关的职责所在。一般情况下，发文机关是遇到无法自行解决的问题才写请示的。因此，在收到请示后，主送机关无论同意与否，都应及时予以批复。

此外，批复的语言要严谨，用词准确，语句严密，字斟句酌，不可产生歧义。

思路拓展

唐太宗的批示

唐贞观时期国家富强，社会安定，百姓安居乐业，呈现出路不拾遗、夜不闭户的大好局面。然而，就在这样的形势下，有一个叫做段元冲的书生却上书朝廷，批评吏治，指责唐太宗。一时间朝野震惊，很多文人学士和文武百官等联名上书唐太宗，要求拿段元冲问

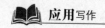

罪。唐太宗思忖再三，在上书的奏折上做出了批示："其言若是，是其忠也；其言若非，是其狂也；忠不必究，狂不足较，譬如寸云点日，无损于明；尺雾障天，无损于大。段元冲之罪，不问可也。"

【提示】唐太宗的批示显示了他博大的胸襟、宽广的胸怀，以及平心静气的处事态度。从其批示中可以感悟到：应用文的语言以语气平和为佳。

实战训练

本节"话题与案例"中提到的××省人民政府要写给省教育厅的批复，是一份批准性批复。这份批复的正文部分首先要表明同意进行试点的态度，其次对进行这项试点提出一些原则性的要求和建设性的意见。请按照批复写作的要求试写这份批复。

第十四节 议　案

议案

话题与案例

山西省稷山县是中国农耕文化的一个重要发源地。4 000多年前，农耕始祖后稷在这里发现粒食，树艺五谷，教民稼穑，写下了中国农耕文化的精彩篇章。稷山县境内的稷王山承载着许多关于农耕始祖的美丽传说，坐落于稷山县城内的稷王庙是人们纪念和拜谒农耕始祖的地方……为了将稷山县打造成后稷文化名城，稷山县人民政府决定建设一个既能弘扬和传承后稷文化，又能带动现代农业和旅游业发展的后稷文化博览园。现需要向稷山县人民代表大会提交一个议案，这个议案应该怎么写？

基础知识与范例

议案是各级人民政府按照法律程序向同级人民代表大会或人民代表大会常务委员会提请审议事项时所使用的一种公文，其内容实质是有关国家及地方性重大事项的建议和方案。

一、议案的特点

1. 制作主体的法定性

按国务院办公厅的规定，只有各级政府才能向同级人民代表大会提出议案，政府的职能部门无权制发。《中华人民共和国全国人民代表大会组织法》和《地方组织法》规定，党团组织、社会团体、政府各部门、企事业单位等，都无权提出议案。

2. 内容的特定性

宪法和人民代表大会组织法规定，议案的内容，必须是属于人民代表大会及其常委会职权范围之内的事项。超出人大职权范围的议案，不会被大会接受。议案的内容也应是各级人民政府无权决定，需要依法提交人民代表大会审议决定的重要事项。

3. 时效性

各级人民政府的议案，应当而且必须在同级人民代表大会或其常务委员会举行会议规定的限期前提出，否则不能列为议案。超过期限提交的议案一般改作"建议"处理，或移交下次人大会议处理。提交大会审议的议案，必须限期审议表决或提出处理意见。

4. 行文的定向性

议案只能由各级人民政府向同级人民代表大会或其常务委员会行文，不能向其他部门或单位行文。主送机关也只有一个。

5. 必要性和可行性

议案提交人大审议的事项，必须是重要事项，必须符合人民群众的意愿和要求。议案中提出的方案、办法、措施，必须是切实可行的。

二、议案的分类

1. 立法性议案

立法性议案主要在两种情况下使用：一是政府机构制定了某项法律或法规之后提请人大审议通过时；二是建议、请求某行政机构制定某项法规时，如《国务院关于提请审议〈中华人民共和国著作权法（草案）〉的议案》。

2. 决策性议案

关于财政预算决算、城乡发展规划、重大工程上马以及政治、经济、文化、教育、科技、卫生领域中的重大事项的决策，需要提请人民代表大会审议批准时使用的议案，就属于重大事项决策性议案。

范例2-27

咸阳市人民政府关于提请审议建立咸阳历史博物馆的议案

咸阳市人民代表大会：

咸阳是举世闻名的中国历史文化名城，文物资源十分丰富。据不完全统计，咸阳市境内有古遗址一千多处，古陵墓数以万计，地下文物藏量为全国之最。其中，境内现有历代帝陵27座，埋葬着28位皇帝，这些帝陵全部是国家重点保护文物。在众多的古遗址中，秦咸阳城遗址、汉甘泉宫遗址为国家重点文物保护单位；位于秦都区西南的尹家村遗址，是陕西省最大的新石器时代仰韶文化半坡型原始村落遗址，总面积约150万平方米。在这些古遗址、古陵墓之下，埋藏着难以数计的珍贵文物。仅目前已出土、收藏于各文博单位的文物数量十分客观，其中的精品难以胜举。

咸阳境内的可移动地面文物数量多、品位高。例如，西汉霍去病墓前的17件大型汉代石雕作品，有12件被评定为国宝级文物，其中的"马踏匈奴"为驰名中外的雕塑名作，唐太宗昭陵的"昭陵六骏"驰名海内外。大量的地上石刻文物使咸阳享有"中国古代石刻艺术博物馆"的美誉。

在认真调研和广泛听取各方面意见的基础上，市政府认为，如果能够将分散、尘封于各文博单位，以及大量放置在野外的石刻文物集中起来，建设一座现代化、高规格的博物馆，不仅有利于文物保护和研究，而且可以促进××市旅游业的发展，同时带动第三产业的发展。

市政府常务会议经过认真讨论，初步达成建设××历史博物馆的意见。××历史博物馆从设计到建成，大约需要三年的时间，总投资预计10亿元人民币，市财政每年需要拿出

专项建设资金三亿多元，约占市财政年收入的3%，不会对财政造成压力，不影响各项事业发展的财力支持。

请审议。

咸阳市人民政府

2021年1月9日

【提示】这是一份决策性议案。主体部分首先对××市的文物资源情况进行了概括介绍，突出了亮点；接着就建设××历史博物馆的重要意义进行了简要说明；最后就建设××历史博物馆的可行性问题，从资金保障的角度进行了说明。

3. 任免性议案

行政机关向权力机关提请任命、免去或撤销行政机关工作人员职务，请求人民代表大会审议的议案，就是任免性议案，如《国务院关于提请××等同志职务任免的议案》。

 写作指导

一、议案的写作要点

1. 标题

议案的标题一般由发文机关、事由（提请审议事项）、文种三部分构成。如《国务院关于提请审议〈中华人民共和国劳动法（草案）〉的提案》，发文机关是国务院，"事由"是"关于提请审议《中华人民共和国劳动法（草案）》"，"文种"即"提案"。议案标题有时也可以采用发文机关＋文种或者只有文种的写法。

2. 正文

议案的正文由案据、方案和结语三个部分构成。

（1）案据。议案的第一部分，说明提出议案的根据和理由，即回答为什么提出议案。案据要求写得概括准确，说明提请审议事项的意义、作用及有关背景。由于内容不同，这部分的篇幅长短在不同议案中会有很大差异。

（2）方案。方案部分就是对提请审议的事项或问题提出解决的途径、方法。如果是提请审议已制定的法律法规，解决问题的方案就在法律法规之中，这部分只需写明提请审议的法律法规的名称即可，但要把法律或法规的文本作为附件一并提交。如果是任免性议案，要将被任免人的姓名和拟担任的职务写明。如果是提请审议重大决策事项，要把决策的内容一一列出，供大会审阅。如果是建议采取行政手段解决某方面问题，要把实施这一行政手段的方案详细列出，以便于审议。不能只指出问题，而没有解决问题的方案。

（3）结语。结语是议案的结尾部分，主要用于提出审议请求。结语一般都采用模式化写法，言简意赅，如"现提请审议""请审议决定""现提请审议，并请做出决定"等。

3. 签署和日期

一般行政公文，最后签署的都是发文机关的名称，而议案有所不同，要由政府首长签署。国务院提交给全国人大的议案，要由总理签署；各省、市、自治区提交给同级人民代表大会的议案，要由省长、市长或自治区主席签署。

日期格式与一般行政公文相同。

二、议案写作的基本要求

（1）必须言之有据、论之有理，内容重大而务实，建议具有可行性。

（2）语言精练、庄重。议案篇幅不宜过长，缘由简明扼要，不必展开论述。同时，议案是人民政府提交同级人大或人大常委会的，所以要求语气庄重。

实战训练

本节"话题与案例"中要求拟写的议案是一份决策性议案，其写作目的是请人民代表大会对建设后稷文化博览园这一项目进行决策。这份议案的题目可拟为《稷山县人民政府关于提请审议建设后稷文化博览园的议案》。议案的正文部分集中写好三项内容：一是对稷山县后稷文化资源情况进行概括介绍，突出其中的亮点；二是就建设后稷文化博览园的重要意义进行详细说明；三是就建设后稷文化博览园的可行性进行简要分析。

请根据上面的提示，查阅相关资料，写出这份议案。

第十五节　函

函

话题与案例

××学院现有在校学生一万两千多人。该院地处城市郊区，至今没有一条直达公交线路，师生出行不太方便。该院经过调研发现，终点站距学院正门两公里多的 880 路公交起点站在市中心广场。如果这条公交线路能向前延伸一站至学院正门口，师生出行难的问题就解决了。于是，学院决定与公交公司交涉，二者之间应该怎样行文？

基础知识与范例

函是党政机关、人民团体、企事业单位处理公务时经常使用的一种公文。《党政机关公文处理工作条例》规定：（函）适用于不相隶属机关之间商洽工作、询问和答复问题、请求批准和答复审批事项。这就是说，不相隶属机关之间商洽工作，询问和答复问题，甚至请求批准和答复审批事项，一律用"函"。函的适用情形主要有三种：一是相互商洽工作，如调动干部，联系参观、学习，联系业务，邀请参观指导等；二是询问和答复问题；三是向有关主管部门请求批准。这里的"有关主管部门"是指与发文方没有直接的行政隶属关系，但其业务管辖范围涉及发文方的"有关"业务，因而受文方成为发文方的"有关主管部门"。

一、函的特点

1. 具有公文的法定效力

作为公文使用的函与一般书信有着本质的不同，主要体现为其具有公文的法定效力。

国务院办公厅关于同意河北、浙江、湖北省
开展行政备案规范管理改革试点的复函

国办函〔2021〕68号

河北、浙江、湖北省人民政府：

你们关于申请开展行政备案规范管理改革试点的来函收悉。经国务院同意，现函复如下：

一、国务院同意河北、浙江、湖北省（以下称三省）开展行政备案规范管理改革试点。试点期限为1年，自2021年7月1日起至2022年6月30日止。试点范围为省级、设区的市级、县级人民政府部门实施的全部行政备案事项（参加试点的设区的市级、县级人民政府由省级人民政府确定）。原则同意三省有关试点方案，请认真组织实施。

二、试点工作要坚持以习近平新时代中国特色社会主义思想为指导，全面贯彻党的十九大和十九届二中、三中、四中、五中全会精神，落实党中央、国务院关于深化"放管服"改革、优化营商环境的决策部署，完善行政备案管理制度，全面梳理、严格规范行政备案事项，确保事项合法、程序规范、服务优质，进一步减轻企业和群众办事负担，更大激发市场主体活力，为全国行政备案规范管理改革积累可复制可推广的经验。

三、三省人民政府要精心组织实施试点工作。一是深入研究行政备案管理面临的突出问题，有针对性地制定本省行政备案管理具体办法。二是全面梳理行政备案事项，编制并公布覆盖省、市、县三级的行政备案事项清单，没有法定依据的，原则上要全部取消，实现清单之外无行政备案事项。对以备案之名行许可之实的，要坚决清理纠正。三是分类规范行政备案事项。列入行政备案事项清单的，要严格依照清单规定实施备案，推进减环节、减材料、减时限、减费用；可以通过信息共享实现管理目的的，原则上不再要求备案。四是依托全国一体化政务服务平台等系统，推进行政备案网上办理、一网通办，聚焦一批企业和群众办事高频事项探索实施智能备案。制定行政备案信息的数据标准，打通有关信息系统之间的数据接口，推动行政备案信息归集、共享、运用。五是鼓励三省根据本省经济社会发展需要，探索有本地特色的试点举措。

四、国务院有关部门要按照职责分工，积极支持三省开展试点工作。国务院办公厅、司法部要加强跟踪指导，积极协调解决试点中的难点问题，及时总结推广实践证明行之有效的典型做法和有益经验。

五、试点过程中需要暂时调整实施相关行政法规、国务院文件和经国务院批准的部门规章的部分规定的，按规定程序办理；经全国人大常委会授权，可暂时调整实施有关法律规定。试点中的重大问题，三省人民政府、国务院有关部门要及时向国务院请示报告。

国务院办公厅

2021年6月28日

【提示】这份文件的内容对河北、浙江、湖北省人民政府和国务院有关部门都有法定的约束力，受文方均应按函中的要求办事。由此可见，函不同于一般书信，它具有与其他公文相同的法定效力。

2. 平等性和沟通性

函主要用于不相隶属机关之间互相商洽工作、询问和答复问题，体现着双方平等的关系，这是上行文和下行文所不具备的特点。即使是向有关主管部门请求批准，在双方不是隶属关系的时候，也不能使用请示和批复，只能用函，并且姿态、措辞、口气也跟请示和批复大不相同，也要体现平等性和沟通性的特点。

3. 灵活性和广泛性

从使用主体来看，函对发文机关的资格要求很宽松，高层机关、基层单位；党政机关、社会团体、企事业单位，均可发函。从受文对象来看，公函对上级，对下属，对兄弟单位，对不相隶属的任何单位都适用。函的内容和格式也比较灵活，而且不限于平行行文，所以运用得十分广泛。

4. 单一性和实用性

函的内容必须单纯，一份函只能写一件事情。

二、函的分类

按照行文主体的主动性和被动性，以及发函目的来划分，函可分为两种：发函和复函。

发函也叫去函，是发文主体主动向受文者商洽工作、询问问题、知照有关情况或向有关主管部门请求批准事项所发出的函。

范例2-29

×××市人民政府关于扩建×××火车站候车室的函

×政〔2021〕86号

×××铁路分局：

×××市火车站候车室始建于1961年，建筑面积1545平方米，其中旅客候车厅面积为1100平方米，最大容量为1000人。随着经济、社会的不断发展，出行旅客迅速增多，客运列车不断增加。近年来，先后增加了××至北京、××至大连、××至包头等6对列车12个车次。目前，×××市火车站日接送旅客列车16个车次，日均上车旅客达3500人左右，高峰时每日上车人数超过5000人，加上送站旅客，日出入候车室的旅客超过万人以上。节假日和旅游"黄金周"期间客流大幅度增长，还要增加临时旅客列车。现有火车站候车室的使用功能和技术要求均不能适应和满足客流量的需要，扩建候车室已刻不容缓。

为了能够给旅客提供方便、舒适的候车条件，使我市大交通格局科学合理，有利于提升×××市的城市形象，促进全市经济发展，急需对×××市火车站候车室进行改造扩建。

我市经论证，拟新建×××市火车站候车室建筑面积4500平方米，最大候车容量2500人，并同时完成站前广场改造。

市委、市政府对扩建候车室工程非常重视，在财力十分困难的情况下，决定自筹资金2000万元，并给予一些必要的优惠政策，恳请×××铁路分局立项并部分投资。

请函复。

×××市人民政府

二〇二一年九月六日

【提示】这是一份商请性的去函。正文第一、二段先交代发函的背景和缘由，第三段提

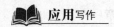

出具体设想，第四段表明"合作"意愿。最后用惯用语"请函复"收束。

复函是受文者收到来函后，就来函中有关问题做出答复的函。

按功能划分，函可分为商洽函、询问函、告知函、请批函、复函。其中前四种为发函，后一种为复函。

三、文种区分

（一）函与批复使用方面的区别

函具有"答复问题"的功能，但不能代替批复。函与批复是两种根本不同的公文文种。批复"适用于答复下级机关的请示事项"；函复只能答复不相隶属机关所提出的问题。

（二）函与请示使用方面的区别

函具有向有关主管部门（无隶属关系）"请求批准"的功能，但不能和请示互相代替。请示是上行文，向隶属的上级机关请求指示或批准，就应用请示。函"请求批准"的对象是"不相隶属的有关主管部门"。对发函单位而言，这里的"主管部门"是与自己没有直接隶属关系而只有业务管理关系的某职能机构或某业务机构。换一角度说，主送机关为上级机关时用请示，主送机关为"不相隶属的有关主管部门"时用函。

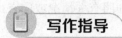 写作指导

一、函的写作要点

一份完整的函一般由标题、主送单位、正文和文尾几个部分构成。

（一）标题

发函的标题有两种形式：一种是发文机关名称、事由和文种构成，如《国务院办公厅关于羊毛产销和质量等问题的函》；另一种是事由和文种构成。复函的标题也有两种形式，一种是四项式，即由复函机关名称、事由、来函机关的名称和文种构成，如《国务院办公厅关于县以上地方各级人民政府悬挂国徽和挂机关名称牌子问题给湖北省人民政府办公厅的复函》；另一种是三项式，即省略四项式中的复函机关的名称。

（二）主送单位

主送单位即受文单位。一般情况下，函的主送单位，只有一个的情况较多，要求写明受文单位的全称或规范简称。但有时也出现多个主送单位的情况，这就要求一定要写得明确、具体，并且不能遗漏。

（三）正文

函的正文主要由缘由和事项两部分构成。其写作要点，发函与复函略有不同。

1. 发函

发函的缘由一般交代商洽、请求、询问或告知事项的目的、依据、背景、原因等。事项部分写清楚商洽、请求、询问或告知事项的主要内容，并向对方提出希望或要求，即或希望对方协助解决某一问题，或希望对方给予合作支持，或请求对方提供情况，或请求对方给以批准等。

2. 复函

复函正文的开头先引述来函，写明回函的缘由，核心部分主要针对来函提及的事项，作具体、明确的答复，回答对方的要求和希望。结尾一般可写上"特此函复""此复""特

此回复"等。复函的用语要求朴实，不用便函的"此致敬礼"或其他祝颂语作结语。

（四）文尾

文尾部分除了与其他公文一样要有成文时间、加盖公章以外，如果是"请求批准"的函，应该在主题词之上、落款年月日之下加上"附注"，标注联系人姓名和电话。以便受文机关遇到问题时方便联系。"函"文尾处的其他内容，如主题词、抄送机关、印发机关等，与其他公文相同。

二、函的写作要求

（1）要一函一事，切忌一函数事。

（2）文字恳切得体、简洁朴实，用语谦和有礼。特别是发"函"，或商洽工作，或询问问题，或请求批准，语言要朴实，语气要恳切，态度要谦逊。

（3）函的内容必须真实、准确。

（4）函的写法以陈述为主，只要把商洽的工作、询问和答复的问题、向有关主管部门请求批准的事宜写清楚就行。

实战训练

本节"话题与案例"中，因为职业学院与公交公司是两个不相隶属的单位，所以学院应该写一份《恳请 880 路公交线路向前延伸至××职业学院的函》发往公交公司；公交公司接函后，应向学院发出《关于 880 路公交线路向前延伸至××职业学院问题的答复函》。

第十六节 纪　　要

话题与案例

纪要是根据会议的指导思想和目的要求，把一次会议的主要议程和主要精神，作重点、概要记录的一种公务文书。这种公文不仅经常以正式文件的形式下发，向有关单位通报会议情况，传达会议精神，让有关方面及时了解政策动向，明确工作任务，发挥指导和推动工作的作用，而且还以新闻报道的形式发布，发挥宣布和传达政策法令的作用。

基础知识与范例

纪要是根据会议的宗旨及其主要内容，把一次会议的主要议程、基本精神和讨论的事项择其要点进行归纳整理的一种应用文书，即纪要主要用于记录会议的主要情况和反映会议的主要精神。纪要的作用主要表现为以下几点：一是以正式文件的形式下达，向有关单位通报会议情况，传达会议精神，让有关方面及时了解政策动向，明确工作任务，发挥指导和推动工作的作用；二是以新闻报道的形式发布，发挥宣布和传达政策法令的作用；三是记录会议议定的重要事项和主要精神，作为与会单位共同遵守、执行的书面依据。

一、纪要的特点

1. 纪实性

纪要必须实事求是地反映会议的实际，不能按主观意图随意增减或更改内容，不能借

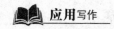

题发挥、添枝加叶，更不能歪曲事实或篡改内容。对会议中出现的重大分歧，也应如实记载和反映。

2. 择要性

纪要必须按会议的主题，对会议的发言和其他有关材料进行分析、加工整理，进而"提纲挈领"地择要记录，即它以明确的会议宗旨作为取舍的衡量标准，然后按类别加以概括归纳，分层次、条理清晰地将会议的主要精神记录下来。

3. 表述角度的独特性

纪要的表述一般都采用"会议认为""会议指出""会议决定""会议要求""会议号召"等作为段首词，意见有分歧的，可用"部分代表认为""一些代表认为"等。

二、纪要的分类

（1）纪要是以具体的会议为反映对象的，因此，依据会议类型对纪要进行分类是最常用的一种分类方法。根据会议类型，纪要主要可分为工作会议纪要、代表会议纪要、座谈会纪要、联席会议纪要等，会议的性质不同，写作重点各异。

（2）根据纪要内容与表达形式，纪要可分为三种：第一种是以概括反映与会者意见为基本内容的意见式纪要；第二种是以摘要编发与会者发言为基本内容的摘编式纪要；第三种是以综合反映会议共识与决策为基本内容的决议式纪要。

（3）根据会议性质，纪要可分为两类：一是决定性会议纪要。决定性会议纪要对与会单位具有指示和指导作用，其内容主要是反映会议的结论性意见，具有较强的政策性。二是情况性会议纪要。情况性会议纪要主要反映会议的基本情况，使人们了解有关会议信息，知晓会议的基本精神。

三、纪要与会议记录的区别

纪要与会议记录虽然都是党政机关、企事业单位、社会团体会议活动所产生或形成的文字材料，但二者有着明显的区别。

（1）纪要是一种法定公文，具有公文的法定效力，而会议记录只是一般的事务文书。

（2）从时间上看，会议记录是会议进行过程中由负责记录的人员当场记录下来的书面材料；纪要是会后根据有关材料（如会议记录、会议文件、中心议题等）进行去粗取精、分析、整理出来的。

（3）从内容上看，会议记录要求将会议进程、会上发言和决定事项等内容如实、完整地记录下来，凡是会议关涉的内容事项，事无巨细，一律予以记载，目的在于完整、准确地反映会议原貌。纪要有很强的概括性，它要求把会议的基本精神、重要或主要内容、做出的决定等整理、概括、提炼出来，着笔的重点是会议做出了什么决定、得出了什么结果，而少写或不写做出决定与产生结果的过程。

（4）处理程序和方式不同。纪要从授权撰稿到领导签发，要遵循公文拟制程序；从正式印发到周转使用，要遵循公文运转程序；从文件收缴到归档立卷，要遵循公文管理程序。会议记录的处理则相对简单。每次会议召开后，记录人员只需进行一些技术性的整理，如对记录不全的地方进行适当补记；对个别文字差错、标点差错予以订正；对其中某些字迹模糊、表意不清的地方及时加以整理，等等。经过整理后的记录要达到完整、准确、清晰、整洁的要求，经领导核准后可按规定入档，确保其发挥可靠的凭证作用。

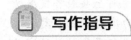 写作指导

一、纪要的写作要点

（一）纪要的标题和成文日期

1. 纪要的标题

纪要的标题主要有两种形式：一种是由会议名称＋"纪要"二字构成，如《2010年全国教育工作会议纪要》；另一种是由（会议的）主要内容＋"纪要"二字构成，如《关于保护省级文物崇文塔问题的会议纪要》。

2. 纪要的成文日期

纪要的成文日期一般加括号标写于标题之下正中位置，以会议通过日期或领导人签发日期为准，也有出现在正文之后的。

（二）纪要的正文

纪要的正文分为前言、主体、结尾三大部分。

1. 前言

前言部分简要介绍会议概况，其中包括会议召开的背景，会议的指导思想和目的要求，会议的名称、时间、地点、与会人员、主持者，会议的主要议题或解决什么问题，对会议的评价等几个方面的内容。

2. 主体

主体是纪要的核心部分，会议的主要精神、会议议定的事项、会议上达成的共识、会议对与会单位布置的工作和提出的要求、会议上各种主要观点及争鸣情况等，都在这一部分有重点地予以反映。其写作要点如下。

（1）概括会议主要内容。写作会议纪要要在忠于会议实际的基础上，围绕会议的主题，重点突出、条理清晰地反映会议的基本情况和关键点。

（2）着重写会议的结论和决议，点明会议的议定事项和主要精神。

（3）分门别类、集中概括，对需要通报或须贯彻执行的问题加以叙述说明。如果纪要中涉及问题较多，则采用加小标题或编排序数的方法，以确保叙述条理清晰。

3. 结尾

结尾部分一般比较简短，内容因会议重点的不同而各有差异：有的提出希望、发出号召；有的强调贯彻会议精神的要求；有的突出强调贯彻、落实会议精神的关键问题；有的是对会议做出简要评价。

 范例2-30

××县人民政府第十八次常务会议纪要

一、××县人民政府第十八次常务会议于2014年5月9日上午八点半至十二点在县政府二楼会议室召开。会议由县长×××同志主持，出席会议的同志有副县长×××、副县长×××、副县长×××和县政府办公室主任×××等六位同志，另有教育局局长×××、财政局局长×××、人事局局长×××等三位同志列席。

二、会议听取了主管教育的副县长×××关于我县高职院校毕业生对全县经济发展所作贡献的情况汇报，讨论了进一步加大高职院校毕业生就业安置工作力度的基本方案。

三、会议原则同意县教育局《关于对考入职业院校的高中毕业生进行学费补助的实施方案》。

四、会议要求县教育局、县属各高中、职业学校切实做好毕业生报考高职院校的引导工作，为全县经济的发展积蓄力量。

××县人民政府办公室

【提示】这则纪要就会议的组织情况、主要议题、会议要求等做了十分清楚的交代，篇幅虽然短小，但堪称会议纪要写作的典范。

二、纪要的写作要求

（1）突出会议重点，体现会议精神，讲求内容的纪实性和择要性，这是对纪要写作的基本要求。会议纪要必须紧紧围绕会议的基本精神，突出重点，把会议的基本情况和主要精神反映出来，并充分揭示会议主题。

（2）要善于归纳和提炼。撰写会议纪要一定要抓住"要"字，对会议材料去粗取精。一次会议，尤其是大型的会议，有用的材料十分丰富，要善于对这些有用的材料进行归纳和提炼，将其中最本质的东西提炼出来。

（3）实事求是，忠实会议内容。会议纪要是会后形成的文件，是对会议情况实事求是的反映，一定要保证内容的真实性。在综合会议内容时，只能进行必要的归纳、概括和提炼，不能随便增减内容或篡改原意。

实战训练

根据下面这份会议记录写一份会议纪要。

××学校教育委员会2021年第三次会议记录

时间：2021年9月8日

地点：校会议室

出席人：校教育委员会委员

列席人：张××（校党委副书记）、赵××（人事科长）

缺席人：李××（基础教研室主任，公出）

主持人：胡××（主任委员、校长）

记录人：傅××（校办公室秘书）

议题：（1）教育委员会如何开展工作。

（2）教育委员会如何参与职称评审工作。

主持人发言：（谈了这次会议的中心议题，略）

讨论：（按发言顺序摘要记录）

×××：教育委员会是一个参谋咨询机构，在参与职称评定时，只能做一些审议工作，没有评定权和决定权。

×××：教育委员会对准备申报审批的高级讲师、讲师的审议，要客观公正和慎重，实事求是地评价他们的水平和资格。

×××：对教师教学水平的衡量、科研成果的鉴定、教学效果的结论，我们可以提出看法和意见，再呈交校领导作决定。

×××：中专层次对教师业务能力的衡量，应以教学为主，不应过分强调专著和论文，这是一个导向问题。

×××：这了对晋升高级讲师、讲师人员的业务水平的审议有统一尺度，教育委员会应制定一个审议方案。

决议：

（1）各教研室对拟晋升高级讲师、讲师人员的业务考核，应在本人写出材料的基础上做出鉴定，再报教育委员会审议。

（2）由副主任×××草拟一个《教育业务水平审议方案》，打印成文，分发各委员审阅，在下次委员会上讨论定稿。

（3）校职称评定委员会和教育委员会的职责和分工问题，请校领导决定，并予明示。

（4）教育委员会的日常事务，由校教育研究室负责办理。

上午11时30分散会。

主持人：×××（签名）

记录人：×××（签名）

写作要求：① 要认真研究各种意见，并根据会议确定的宗旨进行综合归纳，特别要提炼出"会议"讨论中各位发言者的主要意见；② 把会议讨论情况及其结论写清楚、确切，充分揭示会议主题；③ 内容要有条有理；④ 文字要简洁明快，不拖泥带水。

第三章 >>>

规章制度应用文

规章制度应用文是指制定人们的行为准则和行为规范时使用的，在特定范围内具有法规性、制度性与约束力的一类文书。规章制度应用文广泛应用于社会生活的方方面面，是社会各阶层、各部门实施管理的有效工具。

第一节　规章制度应用文概述

规章制度是机关、团体、企事业单位出于管理的需要，依照国家的方针、政策或有关法律、法规，在自己的权限范围内制定的具有法规性与约束力，要求特定范围内的人群必须遵守的规范和准则。记载、发布和告启规章制度的文书统称为规章制度应用文。

一、规章制度的特点

1. 法规性

规章制度应用文是为了加强管理、维护社会生活秩序而制发的，其内容实质上是人们的行为准则与规范，因此具有法规的性质。

2. 约束性

规章制度应用文属于管理类文书，一经公布实施，就要求有关人员遵照执行，具有一定的强制性和约束力。

3. 规范性

规章制度应用文是出于规范人们的行为而制发的，一般就某一方面的工作或事务对有关人员的行为、工作流程、工作秩序等做出统一要求，即对于人们的行为具有规范的作用。

4. 层次性

规章制度应用文的制发者必须依据有关法律、法规的规定，在自己的职权范围内制定相应层次的规章制度，这就决定了各类规章制度应用文在内容、有效范围及约束力等方面具有明显的层次性。

5. 程序性

规章制度应用文的制发有严格的程序要求，即通过法定程序讨论通过，然后按照一定的程序发布实施。

6. 周密性

规章制度应用文的内容实质上是人们的行为准则与规范，其制发目的是维护稳定与和谐，使人们的行为趋于一致。要达到这样的目标，规章制度应用文中的规定必须细致而周到，既不能有遗漏和疏忽，也不能含混不清，更不能有歧义。在语言表述上，要力求做到表意准确、无懈可击。

7. 广泛性

规章制度应用文广泛应用于社会生活的方方面面：上至国家最高领导机关，下至企事业单位，都需要用规章制度应用文规定有关人员应该遵守的事项、职责或应该达到的工作要求等，以保证工作、学习或生活的有序、有效与和谐。

8. 条款性

条款性是就规章制度应用文的表现形式而言的，即规章制度的主要内容几乎全部是以条款罗列的。规章条款的安排要有层次性，其层次应根据具体文种的内容需要而设置，可多可少。国家标准公文格式要求不超过四级，即章、节、条、款，少则只有条（项）一级。

二、规章制度应用文的分类

规章制度应用文属于广义公文的范畴，其中一部分是法定公文。根据内容与作用的不同，规章制度应用文可分为行政法规、制度、章程、公约四大类。行政法规类主要有条例、规定、办法、细则四种；制度类主要有制度、规则、规程、守则和须知五种；章程和公约分别自成一类。不同的类别，反映不同的需求，适用于不同的范围，发挥着不同的作用。

规章制度的
一般写法

三、规章制度应用文的一般写法

从内容上讲，规章制度应用文一般可分为三个部分来写：一是制定规章制度的"根据和目的"；二是"具体条规"；三是规章制度的"实施说明"。"根据和目的"带有导言性质，是制定规章制度的原因与根据。通常可以把这一内容作为规章制度的第一段，最后写上"特制定本规定（或条例、守则、办法等）"，也可以是"具体条规"中的第一条。"具体条规"是规章制度的主体内容，应分条写清楚条规的各项内容。"实施说明"常用来叙述规章制度的生效时间和要求，有关部门制定实施办法或有关人员在执行该规章制度时的注意事项。

规章制度的种类不同，内容各异，但一般的格式是相同的，都包括标题、正文、落款三部分。

（一）标题

规章制度的标题，常用的有以下几种形式：由发文单位名称、事由、文种三项构成，如《国务院关于进一步扩大国营工业企业自主权的暂行规定》；由事由、文种两项组成，如《工伤保险条例》；由发文单位名称、文种两项组成，如《中国应用写作学会章程》；由适用范围、事由、文种三项构成，如《陕西省人民调解工作规定》；由适用对象、文种两项构成，如《中学生守则》；单独由文种名构成，如《公约》。

如果制定的规章制度是草案或暂行、试行的，可在标题内写明，也可在标题后加括号注明"暂行""试行"字样。

（二）正文

规章制度的正文一般采用章条式或条文式结构。

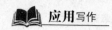

1. 章条式

章条式结构适用于表述内容比较复杂的规章制度，如条例、章程、办法等。其内容可分为总则、分则、附则三部分，每一部分均可按内容多少分列若干章或若干条款，用序数标明。

总则着重说明制定规章制度的原因、依据、目的、任务、适用范围等，带有整个规章的"序言"性质，放在正文的第一条或头几条。

分则着重阐明规章制度的具体内容，如办法、要求、措施等，如果涉及面较广，则可以采用分章立标题的方法逐条说明。这部分一般是规章制度的核心部分。

附则一般用于说明通过、公布、施行的时间和有关权限等。

2. 条文式

条文式结构适用于表述内容相对简单的规章制度及非权力机构制定的规章制度，如规则、守则、公约等。条文式不分章，而是分条列项阐述。条文式可分为两种形式。一是主体条文式，这种形式分前言和主体两部分。前言不设条，只用简明扼要的文字概述制定该规章制度的目的、依据、性质、意义。主体部分则分若干条款写作。二是条文到底式，是将前言、主体、结尾都用条款标示出来。

（三）落款

在正文的右下方写明制定规章制度的单位名称和日期。如果在标题中已出现或在标题下面已注明，就无须再写。由上级领导机关随公文发送的规章制度也可省略。

四、规章制度的写作要求

1. 要合法

规章制度是为了加强管理、维护社会秩序而制定的，从一定意义上讲是对法律、法规的一种补充，因此规章制度的制定必须符合党和国家的有关方针、政策和法律、法规，尤其是不能与相关法律、法规相抵触。

2. 要切合实际，符合情理

任何机关或企事业单位制定规章制度都是为了维护本单位的正常工作、学习或生活秩序，这就要求规章制度的内容必须符合本单位的实际情况，因为只有符合实际才能很好地发挥其现实效用。与此同时，一切规章制度都要符合情理，使大部分人都能认同和接受，尤其是不能有过高的要求，说得通俗一些就是不能用圣人的标准来要求普通人。

3. 条理要清晰

规章制度的内容一般都是采用条文罗列的形式来表现的，除了体现主次、轻重等逻辑关系外，不论是章条式还是条款式，都要做到条理清晰。

4. 语言规范、严谨

规章制度是用来规范人们的行为的，首先必须使人们正确把握其要旨。这就要求其内容应具体明确，语言表达应严谨、准确、简洁、规范，不能有歧义，更不能含混不清、前后矛盾。

准则

第二节 准 则

近一段时间以来，中国移动××分公司有关部门不断接到群众投诉，反映该公司员工的各种服务质量问题，尤其是对顾客态度不好的问题。为了从根本上解决这些问题，总经理让秘书小王起草一份《中国移动××分公司员工行为准则》，用以规范员工的服务行为。这份准则应该写些什么内容呢？

 基础知识与范例

准则，从广义上讲，是指言论、行动等所依据的原则；从狭义上讲，是指由企事业单位根据自身实际情况制定的关于群体或个体行为的原则性要求和综合评价标准，是约束主体行为的一系列原则和规范的集合。例如，一个企业的行为准则是企业在经营活动中应遵循的基本原则；员工行为准则是企业要求员工在日常工作中应遵循的基本原则，同时也可作为企业评价员工的一个标准。

我们平时所讲的准则主要指行为准则，具体包括群体行为准则和个体行为准则两种。群体行为准则，如企业行为准则，其内容是对企业经营的整体目标、经营理念和操作规范等做出具体的规定；个体行为准则是对个体的道德修养、业务素养和履行职责等方面所做的原则性规定。一般来讲，准则具有以下几个特点。

1. 原则性

准则对于群体或个体行为的规范主要着眼于大的方面，一般不涉及其行为细节，因此具有原则性的特点。例如《中国电信企业行为准则》中的"恪守承诺""诚信合作"等都是一些基本原则，具体包含哪些内容没有一一罗列，如何操作则由主体在不违反这些原则的前提下根据个人的工作思路与方法做出安排。

中国电信企业行为准则

1. 恪守承诺，为客户提供卓越服务。
2. 诚信合作，在共创中寻求共赢。
3. 稳健经营，持续提升企业价值。
4. 精确管理，科学配置资源。
5. 关爱员工，让每块金子发光。
6. 回报社会，做有责任心的企业公民。

【提示】这则行为准则规定了企业行为必须遵循的六项基本原则，内容涉及行为目标（持续提升企业价值）、行为理念（关爱员工、回报社会）和行为规范（恪守承诺、诚信合作）等。

2. 全面性

准则的内容涉及群体或个体行为的方方面面，使群体或个体在行为实施过程中随时随地都有章可循，明确行为的方向性，从而保证整体行为目标的实现。例如《中国电信企业行为准则》对企业经营活动中所涉及的几个大的方面的内容都做了原则性的规定。

3. 概括性

对于同一件事情，不同的行为主体，其处理方法不同。在确保行为方向一致的情况下，应该允许不同的个体充分发挥个人的主观能动性，因此准则的条文一般都是概括性的。

4. 特定性

不论是群体行为准则，还是个体行为准则，都是根据特定的人群制定的，其适用范围和适用对象都是特定的。

 写作指导

一、准则的写作要点

准则一般由标题、正文和落款三个部分构成。

1. 标题

准则的标题一般有两种构成形式：一种是由适用范围＋适用对象＋文种构成，如《西安邮电大学教师行为准则》；另一种是由适用对象＋文种构成，如《员工行为准则》。

2. 正文

准则的正文一般采用两种写法。

（1）条款式写法。这种写法的要点是将准则所涉及的内容进行归类后分为若干条，然后按照一定的逻辑顺序来写。准则条款的安排顺序一般依据其重要程度来确定，采用由重到轻的顺序来安排，如范例3-2就是将道德方面的要求置于业务工作规范之前。

 范例3-2

员工行为准则

1. 主动、热情、敬业、友善：努力完成本职工作，无须他人催办。办事要有激情，全力投入，不受他人情绪影响。完成当天工作，不拖延至第二天。赞美同行和朋友，用真情对待同事，在良好氛围中工作。

2. 勤学、善思、合作、能干：学习专业知识，掌握专业技能，用知识武装自己。在工作中善于思考，善于发现问题、解决问题，不放过问题。同事之间、同行之间要相互支持、共同进步。在自己的岗位上用实际行动来体现自己的工作能力。

3. 整洁、执着、节俭、明辨：工作环境良好，杜绝脏、乱、差。敢于克服困难，不畏艰辛，有不达目的誓不罢休的精神。不浪费财物，节约用电、用水和办公用品，不搞虚假之事，不做无意义工作，办好每件事。尽职尽责，坚持原则，不伙同他人做有损企业利益之事。

4. 诚信、责任、文明、奉献：不说假话，不办假事，不搞欺骗，不谎报费用，不欺上瞒下。保守企业秘密，敢于批评和自我批评，不推卸责任。努力提高自身文化素质，待人诚实，用自己的良好形象展现企业的风采。勇于开拓，做与时俱进的人，用自己的业绩来体现自己的价值。

【提示】这是一则个体行为准则，对一个人的工作态度、工作方式和方法、工作责任心等方面提出了原则性的要求，全面、具体。

（2）引言加条款式写法。这种写法的主体部分与条款式相同，只是前面有一段没有列入条款的引言，一般用来交代准则制定的根据、目的、意义等。

××学院教师行为准则

为了进一步规范学院教师行为，树立教师的良好形象，加强教育行风建设，根据《关于进一步加强作风建设的实施意见》（×院总支委〔2008〕2号）文件精神，结合我院实际，制定本准则。

一、爱党爱国，依法从教。维护祖国统一和民族团结，爱护党旗、国旗、党徽、国徽，会唱国歌，按时参加升国旗仪式。杜绝背离四项基本原则及党和国家方针政策的言论和行为。全院教师要遵守国家法律法规、方针政策，遵守社会公德，遵守学校规章制度。不传播有害学生身心健康的思想，不散布唯心主义、封建主义和伪科学，维护社会稳定，在涉外活动中不做有损国格、人格的事。

二、思想端正，热爱集体。全面贯彻教育方针，认真执行教学计划，面向全体学生，坚持以人为本，以德育为首，以教学为中心，积极推进素质教育。关心学校发展，维护学校声誉，不做有损学校利益的事，保护学校财产，服从学校工作安排。

三、团结协作，敬业奉献。顾全大局，严于律己，关心他人。谦虚谨慎，尊重同志，不说不利于团结的话，不做不利于团结的事。不嫉贤妒能，不散布有损他人名誉的言论。热爱教育事业，树立献身人民教育事业的志向和爱岗敬业精神，维护教师职业尊严和教师崇高形象。认真备课，按时上、下课，不随意停课、缺课和调课，不断堂、拖堂和在课堂上闲聊。认真批改作业，尽心辅导学生学习，保证教学时间。严格考试纪律，不敷衍塞责，不擅离职守。

四、积极进取，严谨治学。积极参加各种政治、业务学习和各种形式的继续教育，不断提高思想觉悟和政治理论水平，更新教育观念和专业知识，提高教书育人的技能。加强自身修养，保持身心健康。力戒不思进取、满足现状、自以为是等不良思想情绪。

遵循教育规律，积极参加教育科研，开展教育改革。认真执行教学常规，一丝不苟，精益求精，努力创新，不断提高教育教学质量。

五、廉洁从教，关爱学生。坚持高尚情操，自觉抵制社会不良风气影响，不向家长索取或变相索取钱物，不利用师生关系、家校关系和职务之便谋取私利，并自觉接受群众和社会的监督；不得对学生、家长的批评和投诉置若罔闻，甚至打击报复。关心爱护学生，保护学生身心健康，维护学生合法权益，培养学生健康心理和高尚情操，同一切侵犯、威胁学生合法权益的人和事作斗争。不与在校学生恋爱和为之介绍恋爱对象。尊重学生人格，关心学生，特别关心残疾学生和学习困难的学生。不歧视、不体罚或变相体罚学生，严禁强迫或变相强迫学生转学、退学。

六、仪表端庄，言行文明。穿戴符合教师身份，衣着得体，不着奇装异服，仪容整洁。不在工作期间浓妆艳抹和穿透、露的衣裙，不染红、黄等奇异发色。语言文明，礼貌待人。坚持用普通话讲课和使用规范文字。讲究公共卫生，不在教学区吸烟，保持办公室的整洁优雅。

七、尊重家长，提供热情有礼的服务。按照文明礼貌的要求积极主动为单位、为学生、家长办事，热情接待来访家长、学生，虚心听取家长对学生教育的意见和建议，如实向家长介绍学生情况，不训斥、刁难家长。认真接听咨询电话，并将咨询事项中属于本职工作范围的办事程序、方法和要求一次性完整告知咨询人。不属于本职工作范围的，指引到相关部门，告知联系方法或联系人。切实做到来电必接、有问必答。

八、讲求服务效率，注重服务质量。面对学生和家长反映的困难和问题，全院教师要认真倾听，详细记录，迅速调查了解，及时解决或答复。在不违反法律、法规和有关政策的前提下，积极采取措施，简化办事程序，缩短办事时间，提高办事的效率，务必做到件件有落实。

【提示】这是一则教师行为准则，其中就教师工作涉及的方方面面提出了详细、具体的要求，既是教师的行动指南，同时又可作为评价教师工作的标准。

3. 落款

准则的落款可写可不写，绝大多数准则不写落款。凡是写落款的，一般都是写清楚制发机关和制发日期。

二、准则的写作要求

准则是用来规范特定人群的行为的，是对特定行为主体做人、做事的原则性要求，在拟写时应注意以下几个问题。

1. 原则性

准则对行为主体的要求都是原则性的，或者说只做一些大的层面上的规定，一般不涉及具体的操作方法和行为细节，因此在拟写时要从大处着眼，注意点到为止。

2. 关涉性

准则所写内容必须与行为主体的特定身份相适应，不涉及行为主体特定角色以外的行为。

3. 适度性

准则所规定的内容必须符合特定人群的实际，以绝大多数人都能够做到为宜。

4. 概括性

准则的内容必须具有高度的概括性，力求将一切可能出现的情况包含在内。

 思路拓展

百字敕[1]

耕夫役役[2]，多无隔宿[3]之粮；蚕妇婆婆，少有御寒之衣。日食三餐，当思农夫之苦；身穿一缕[4]，每[5]念织女之劳。寸丝千命，匙饭[6]百鞭；无功受禄，寝食不安。交有德之朋，绝无益之友；取本分之财，戒无名之酒。常怀克己之心，闭却是非之口。若以朕之斯言[7]，

富贵功名长久。

【注释】

[1] 这是唐太宗李世民在贞观十四年（640 年）视察南山防务、返回京城长安途中，夜宿蓝田官驿所作。敕：告诫，吩咐。这里特指皇帝的命令或诏书。

[2] 役役：形容劳苦不休。

[3] 隔宿：隔夜。

[4] 缕：丝，线，泛指线状衣物。

[5] 每：每每，经常。

[6] 匙饭：一小勺饭。

[7] 斯言：斯，此。斯言，此言。

【提示】敕是指帝王所发布的命令、法令。唐太宗的这则百字敕是写给朝中大臣的，其实质是大臣们应遵守的行为准则。这则百字短文要求为官者要体恤百姓的艰辛，关心百姓的冷暖，做到慎言、慎友、克己、清廉。从这则短文中可以看到，中国古代的应用文写作十分重视语言的平和与情理渗透，即使皇帝的诏令也不例外。

实战训练

本节"话题与案例"中要写的是一则行为规范，写作时应根据自身企业的性质、业务范围及其具体内容，把一切可能出现的情况都估计到，这样写起来就有针对性。参照范例 3-2 完成这份准则。

第三节　守　则

守则

话题与案例

××学院大一新生张三和李四入校后参加了学院统一组织的军训，军训过程中教官教他们学唱了《三大纪律八项注意》这首歌。由此，他们想到作为中国人民解放军士兵守则的三大纪律和八项注意——

三大纪律：一切行动听指挥，不拿群众一针一线，一切缴获要归公。

八项注意：说话和气，买卖公平，借东西要还，损坏东西要赔，不打人骂人，不损坏庄稼，不调戏妇女，不虐待俘虏。

基础知识

守则是国家机关、社会团体、企事业单位为维护正常的工作、学习及生活秩序而制定的要求所属成员遵守的规章，其内容以纪律要求为主，兼及作风、态度等其他方面。

守则是适用性十分广泛的一类文种，对制发机关没有严格的限制，机关、团体、企事业单位及其下属部门都可以根据需要制定要求所属成员遵守的守则，如保卫处可以制定《保卫处人员守则》，大会组委会可以制定《大会工作人员守则》。

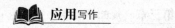

一、守则与准则的区别

就适用对象而言，准则不仅适用于个体行为，而且适用于群体行为，守则只适用于个体；就内容的侧重点而言，准则侧重于职业道德、行为方式、行为目标及其评价标准，而守则侧重于纪律方面的要求，兼及作风和态度等；就其作用而言，准则要求人们具备良好的职业道德、职业素养，强调行为方式及行为效果，守则要求人们对待本职要有积极的态度、良好的作风，强调纪律意识。

二、守则的特点

1. 全面性
守则对特定人群的要求以其身份为基础，从各个方面提出要求，涉及的内容比较全面。例如范例 3-4《国务院工作人员守则》从工作作风、工作态度和工作纪律等各方面对国务院工作人员提出了相应的要求。

2. 适应性
守则的具体内容与其要求遵守的人的身份相适应，如《中学生守则》中规定的"按时到校，不迟到，不早退，不旷课"等内容只适合学生这一群体；范例 3-4《国务院工作人员守则》中规定的"树立全局观念，同兄弟单位主动配合，团结协作，不扯皮，不推诿，共同搞好有关工作"适合机关工作人员这一群体。

3. 务实性
守则的内容讲求实效，哪些条文写得概括一些，哪些条文写得具体一些，根据实际需要而定。如《中学生守则》中的"不吸烟，不喝酒，不随地吐痰"就写得很具体；范例 3-4《国务院工作人员守则》中的"注重调查研究，一切从实际出发，实事求是地反映情况和处理问题"就写得比较概括。

4. 简洁性
守则一般篇幅都比较短小，条目清晰，逻辑严谨，语言简洁、质朴。

写作指导与范例

一、守则的写作要点

守则一般只有标题和正文两部分，有的标题下加注制发机关或发布日期等。

1. 标题
守则的标题由适用对象和文种构成，如果是试行的，则在标题下用括号注明"试行草案"；有些守则需要在标题下方正中间加括号标注制发日期或制发机关等，如《全国人民代表大会常务委员会组成人员守则》标题下加注"1993 年 7 月 2 日第八届全国人民代表大会常务委员会第二次会议通过"字样，《国务院工作人员守则》标题下加注"国务院一九八二年七月八日发布"字样。

2. 正文
守则的正文一般没有序言和结尾，通常采用通篇条文式，以序码标明条项，多用一句话加以表达。

守则条文的排列顺序一般按照其内容的轻重、主次来排列，有关政治纪律和公共道德的条文排在前半部分，与其身份相应的其他事项排在后半部分。

守则正文的要点包括两点：一是依据守则的特点确定内容范围；二是根据相应人群的身份特点确定条款的具体内容。

国务院工作人员守则
（国务院一九八二年七月八日发布）

一、拥护中国共产党的领导，努力学习马克思列宁主义、毛泽东思想，坚持人民民主专政，坚持社会主义道路，全心全意为人民服务。

二、模范执行国家的宪法、法律、法令和行政法规，严格遵守纪律，廉洁奉公，不徇私情，勇于同不良倾向作斗争，特别要同官僚主义作斗争。

三、注重调查研究，一切从实际出发，实事求是地反映情况和处理问题。

四、办事认真、负责、准确、迅速，注重质量，讲究效率。自己职责内的事或上级交办的事，要按规定的时限完成；紧急的事，及时处理。

五、坚持民主集中制，服从组织领导，密切联系群众，虚心倾听人民群众和下级机关的意见和建议。

六、树立全局观念，同兄弟单位主动配合，团结协作，不扯皮，不推诿，共同搞好有关工作。

七、努力学习文化科学知识，积极钻研业务，不断提高知识水平和工作能力。

八、生活艰苦朴素，遵守社会公德，讲究文明礼貌。

九、谦虚谨慎，不骄不躁，坚持真理，修正错误，经常开展批评与自我批评。

十、提高革命警惕，严守国家秘密，维护祖国的尊严和荣誉。

【提示】该守则就国务院工作人员的工作作风、工作态度和工作纪律等提出了比较全面的要求，要求相关人员严格遵守。

二、守则写作的基本要求

（1）要有针对性。在遵守国家法律、法规的前提下，结合本地区、本系统、本单位的实际情况，有针对性地拟定具体条文。

（2）要切实可行。守则内容要实在，既要高度概括又要具体可行，使所属成员觉得应该做到；所规定的条文、所提出的要求，要实事求是，不提过高要求，使人们通过努力可以做到。

（3）语言要流畅、易懂，提倡什么、反对什么，应明确、具体、扼要；条文不可过多过长，篇幅要短小。

（4）拟定条文应集思广益，且满足绝大多数人的意愿，这样写出来的守则才有广泛的群众基础，才能很好地贯彻和落实。

（5）条与条的前后顺序要符合逻辑规律，做到条理清楚、层次分明。

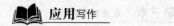

思路拓展

全国职工守则

一、热爱祖国，热爱共产党，热爱社会主义。

二、热爱集体，勤俭节约，爱护公物，积极参与管理。

三、热爱本职，学赶先进，提高质量，讲究效率。

四、努力学习，提高政治、文化、科技、业务水平。

五、遵守纪律，廉洁奉公，严格执行规章制度。

六、关心同志，尊师爱徒，和睦家庭，团结邻里。

七、文明礼貌，整洁卫生，讲究社会公德。

八、扶植正气，抵制歪风，拒腐蚀，永不沾。

【提示】这则守则的内容是对职工思想、工作、学习、生活等各方面的基本要求，全部内容可以概括为讲公德、遵守公共秩序这样一个主题。

实战训练

请根据以下情形，加上自己的补充，写一则"大学生守则"。

镜头一：

教学楼旁边，几个学生在吸烟；戴着"值周"袖标的老师走过来，那几个学生赶忙将烟头踩在脚下。

镜头二：

一个学生架着一个喝醉的学生从大门外进来，打着酒嗝，做了个敬礼的动作，对站在门口戴着"值周"袖章的老师说："老师好！"老师向架着他的那个同学说："怎么喝成这样？先送回宿舍休息，回头再说。"

镜头三：

教室里，老师正在上课，一学生在下面偷看小说《×××》；一个学生在嗑瓜子，桌上一堆瓜子皮；一个学生趴在桌上睡觉。

镜头四：

课间，几个学生站在教室门口，一个学生懒洋洋地靠在墙上，一学生问："昨晚又通宵上网了？"靠在墙上的学生说："小声点，别让辅导员听见。"

第四节 规 则

规则

话题与案例

××学院为了丰富校园文化生活，同时培养大学生的思辨能力，拟举办一场全校性的辩论赛。为了保证本次辩论赛和谐有序地进行，同时确保评分的公平和公正，现需要拟订一个竞赛规则。这个竞赛规则应该怎样拟订？

基础知识与范例

规则是指规定出来供大家共同遵守的东西。规则有广义与狭义之分：广义的规则不仅指一切写在纸上的规则，而且指纸上没有但存在于人们心中的规则，其中包括技术规则、游戏规则、道德规则等一切人们做事的行为准则及其行为结果评价标准；狭义的规则特指行政机关、社会团体、企事业单位为了有序地开展工作或确保某项活动有序地进行而制定的人们必须共同遵守的一种规范性文书。

这里所讲的规则，是指狭义的规则。其作用主要表现为：协调人们的行动，规范人们的行为，维护正常的工作或活动秩序，确保工作或活动的正常开展；就某一工作或活动所涉及的问题进行全面、具体的约定，制定相应的评判标准，以便对人们行为的对错及其结果做出公正的评价。如举办各种大型的运动会，特别是像奥运会那样大规模的运动会，之所以能够紧张而有序地进行，很少有纠纷与争议，主要是各种规则在发挥着作用。

狭义的规则主要可分为两大类：一类是工作规则，其内容主要是就某一行业、某一单位或某项工作的工作原则、工作纪律、工作程序、工作方法等做出明确的规定，以规范和协调人们的行为，确保工作有序、有效地开展；另一类是活动规则，主要就某项活动的参与办法、评判标准等做出明确具体的规定，以保证活动的顺利进行。

由于工作规则和活动规则的适用对象、内容性质都存在较大差异，其内容要点也不尽相同，现分述如下。

一、工作规则的内容要点

工作规则是就一个行业、一个单位或某项工作的工作原则、工作纪律、工作程序、工作方法等做出明确规定的一种规则，其内容主要包括以下几个方面。

1. 规则制定的依据

这一项内容是工作规则和活动规则都必须具备的内容，一般作为规则的"第一条"，旨在说明规则制定的"合法"性，如《国务院工作规则》："……根据《中华人民共和国宪法》和《中华人民共和国国务院组织法》，制定本规则。"

2. 工作的指导思想

这一项写本部门开展工作的总的指导思想，以及部门工作的基本宗旨。

3. 工作准则

工作规则从实质上讲就是一个行为准绳，因此"工作准则"是工作规则中必不可少的一项内容。

4. 工作内容

工作内容是工作规则主体部分的核心内容之一，具体规定特定部门必须发挥的职能及其工作人员必须履行的职责。

5. 行为原则与工作纪律

从实质上讲，工作规则是特定的人群在一定的工作中应当遵守的行为规范，因此行为原则与工作纪律是工作规则的重要内容。

6. 工作程序与工作方法

工作规则的作用主要在于约束和引导特定的行为，使群体行为目标趋于统一，以保证

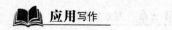

特定的工作或活动有序、有效地开展。因此，工作规则的一项重要内容是比较具体、全面地对特定工作的工作程序和工作方法做出具体规定。

二、活动规则的内容要点

活动规则不仅是为了保证活动和谐有序地进行，而且也是为了保证活动的公平与公正。因此，活动规则一般由规则的制定依据、活动的基本设计、参与办法、评判标准和特别约定等内容组成。

需要说明的是，活动规则主要由以上几个部分构成，但在实际写作时可根据活动内容的不同灵活掌握。与此同时，各部分内容的前后顺序、表述方法都不必拘于程式。例如，下面这则规则采用条款式的写法，既简明扼要，又不失严谨。

 范例3-5

××知识竞赛规则

一、基本规则

1. 组委会聘请知识渊博、熟知竞赛规则的3名专家组成仲裁组。主持人无法评判时由仲裁组评判；主持人评判有误时，仲裁组可予以更正。

2. 每场竞赛由6个代表队参加，每个代表队由3名参赛选手组成；各代表队在比赛开始前10分钟通过抽签确定队次；比赛选手一经坐定顺序不得更改，即观众左侧为1号选手，右侧为3号选手。

3. 各代表队基准分为100分，在此基础上通过竞赛答题增减，比赛结束依据各队得分高低排定名次。

4. 选手答题须起立作答，答题完毕后须说"答题完毕"后方可坐下，在规定时间之外回答的内容无效。

二、个人必答题规则

1. 个人必答题分3轮，每轮6题，共18题；每题10分，答对加10分，答错不扣分。

2. 第一轮由各代表队的1号选手首先回答，第二轮由各代表队的2号选手回答，第三轮由各代表队的3号选手回答，即第一轮的1~6题由1~6号代表队的1号选手回答，第二轮的1~6题由1~6号代表队的2号选手回答，第三轮的1~6题由1~6号代表队的3号选手回答，其他队员不得代为作答或提示，否则不得分。

3. 选手答题时间不得超过30秒，超过时间视作答错。

三、小组必答题规则

1. 小组必答题分两轮，每轮6题，共12题，每题10分，答对加10分，答错不扣分。

2. 每轮的1~6题分别由1~6号代表队作答，答题时选手可以相互讨论，由一名队员起立作答，其他人可以在规定时间内补充。

3. 小组必答题答题时间不超过30秒，超过时间视作答错。

四、抢答题规则

1. 抢答题共21题，每题10分，答对加10分，答错扣10分。

2. 主持人念完题目，说"开始"后，各代表队方可抢答，否则视为犯规，犯规代表队扣 10 分。

3. 抢答题答题时间不得超过 30 秒，超过时间视作答错，扣代表队 10 分。

五、风险题规则

1. 风险题分为 10 分、20 分、30 分三类，各代表队可视自身积分自由选题或弃选。

2. 各代表队按 1～6 号顺序统一在风险题比赛开始前选题，题目一经选定便不得更改；已选过的风险题后选的代表队不得重选，答对加相应分数，答错扣相应分数。

3. 代表队内部可在相互讨论后，选派一名选手起立作答，其他选手亦可在规定时间内补充。

4. 10 分、20 分、30 分风险题各代表队讨论和答题时间分别不得超过 30 秒、60 秒、90 秒，否则视作答错。

六、附加赛规则

1. 风险题比赛结束后，如果有两个以上代表队积分相等，则积分相等的代表队进行附加赛。

2. 附加赛题型为抢答题，规则同前。

3. 若两队进行附加赛，加赛 3 题；若三队进行附加赛，加赛 5 题；若四队进行附加赛，加赛 7 题；依次类推，直到决出名次为止。

××知识竞赛组委会

二〇二二年九月十日

【提示】这份规则就竞赛的基本设计、参赛办法、评分标准和胜出规定等进行了具体的说明，内容要素齐全。就表述的方法来看，这份规则的最大特点是将各部分内容综合起来，既把各项内容都交代得清清楚楚，同时又使全部内容浑然一体。

📋 写作指导

一、规则的基本结构

规则一般由标题、题下标示、正文和落款几个部分构成。

1. 标题

规则的标题一般有两种结构形式：一种是由制发机关或适用范围＋基本事项＋文种组成，如《咸阳市仲裁委员会仲裁暂行规则》《国务院工作规则》；另一种是由事由＋文种组成，如《双色球游戏规则》。

必要时可以在文种前加"试行"二字，也可在标题后加括号标明"试行"。

2. 题下标示

题下标示由制发依据和制发时间两部分构成，一般加括号标注于标题之下正中位置，如"（国家税务总局 1999 年 9 月 23 日印发）"。制发依据可以是通过会议的名称、批准机关的名称或制发机关的名称。如果是随正式公文发布的规则，可以不单独注明日期，以发布规则的正式公文的发文时间为准。

3. 正文

规则的正文主要有以下 3 种写法。

（1）章条式写法。这种写法适用于内容复杂的规则，按总则、分则、附则三大块来写。

总则为第一章，主要写制定规则的指导思想、缘由和依据等内容。分则根据情况由一章或若干章构成，写规则的实质性内容，其中包括具体方法、措施、处罚手段、生效日期、解释权、实施对象及实施项目等内容。附则为最后一章，主要写实施要求等内容。

（2）条款式写法。这种写法直接分条，适用于内容比较简单的规则，如《考试规则》。

（3）引言加条款式写法。与通篇分条式写法比较相似，只是前面有一段引言，一般用来交代规则制定的依据、目的、意义。

4. 落款

签署制发机关、日期。

二、规则的写作要求

1. 要符合实际

制定规则的目的是更好地开展工作或者活动，因此规则的条文要符合实际。符合实际主要指两个方面：一方面是指要为其所涉及的人群普遍接受，没有苛刻要求；另一方面是指符合其所涉及的工作或活动本身的实际，具有极强的针对性，没有多余的或难以实现的规定。

2. 规定事项要明确、具体

规则是从事某项工作或活动的有关人员必须遵守的规范和准则，其内容必须就某项具体工作或活动提出具体详尽的规范化要求，即旗帜鲜明地告诉人们应该怎样做、不应该怎样做及违反规则应受到的处罚等。

3. 态度要明朗、措辞要准确、语气要肯定

规则是人们行动的准则，要求用准确的词句明确地表达出倡导、允许、禁止、限制的内容，其语气要坚决。

4. 规则事项要周密、精当、具体，内容排列符合事物本身的逻辑

规则的层次和章、条、款之间应当有序地排列，不可缺漏或重复，整个规则应是一个严密、有机的整体。

实战训练

　　课余时间，同学们经常会开展一些体育活动，如踢毽子、跳绳等。为了增加活动的娱乐性，同学们还经常开展体育活动比赛。要比赛，就得约定比赛规则。请选择自己最熟悉的一项体育活动，拟写一份简明扼要、具有实际应用价值的比赛规则。

第五节　规　　程

规程

话题与案例

　　××职业学院烹饪专业毕业生赵六，毕业后凭着过硬的烹饪技术应聘到一家大饭店工作。因为技高一筹，加之年轻，有点沾沾自喜，甚至骄傲，对一些"规矩"满不在乎。有一次，赵六正要煎鱼，锅里已经加了宽油，放在了火上。这时，接到了女朋友打来的电话，

他顺手拿起电话就接。还没等电话接完，锅里的油就猛烈地燃烧起来。由于锅里加的油多，火来得快且大，赵六被烧得面目全非。事后，赵六被解雇，原因是违反操作规程。

 **基础知识与范例**

规程是就相互关联或前后相继的一系列工作或活动的基本要求、执行程序、操作规范、衡量标准等做出规定的规章制度文书，其作用是规范人们的操作行为，以确保工作或活动有序、有效地开展或进行。

一、规程的特点

1. 系统性

规程对于相互关联或前后相继的一系列工作或活动所涉及的方方面面都制定出相应的规则，具有全面、系统的特点。

2. 提示性

开展某项工作或参与某项活动应注意的事项是规程的主要内容之一，这就决定了规程具有提示性的特点。

3. 指导性

规程既规定了开展工作或活动应遵守的基本规范，同时又说明了工作内容和工作的一般程序及方法，因此具有指导性的特点。

4. 约束性

规程的基本内容是规定人们从事某项工作或参与某项活动应该遵守的规则，因此具有一定的约束性。

二、规程的分类

1. 工作规程

工作规程是对内容比较复杂的工作所涉及的方方面面做出具体规定的规程，其内容包括工作内容、工作要求、工作制度、工作程序和工作方法等。例如，《幼儿园工作规程》就幼儿园的设施要求、人员素质要求、工作内容及工作要求等事项都做了明确、具体的规定。

2. 操作规程

操作规程是就操作某种设备或从事某个工种应该遵守的操作规范、操作程序、操作要求及其安全事项等做出具体规定的规程。

范例3-6

一般钳工安全操作规程

1. 所用工具必须齐备、完好、可靠，才能开始工作。禁止使用有裂纹、带毛刺、手柄松动等不符合安全要求的工具，并严格遵守常用工具安全操作规程。

2. 开动设备前应先检查防护装置、紧固螺钉以及电、油、气等动力开关是否完好，并空载试车检验。操作时应严格遵守所用设备的安全操作规程。

3. 设备上的电气线路和器件以及电动工具发生故障，应交电工修理，不得自行拆卸，不准自己动手敷设线路和安装临时电源。

4. 工作中注意周围人员及自身的安全，防止因挥动工具、工具脱落、工件及铁屑飞溅造成伤害。两人以上一起工作时要注意协调配合。工件堆放应整齐，放置平稳。

5. 起吊和搬运重物，应遵守起重工、挂钩工、搬运工安全操作规程，与行车工密切配合。

6. 登高作业应遵守高处作业的有关规定，工作前应检查梯子、脚手架是否坚固可靠及有防滑措施。工具必须放在工具袋里，不准放在其他地方。安全带应扎好，并系在牢固的结构件上。不准穿硬底鞋，不准打闹，不准往下面扔东西。

7. 使用手持式电动工具，必须经过安全检查，符合有关安全规定：使用Ⅰ类工具，必须使用绝缘手套，站在绝缘干燥的场地上或者使用漏电保护器；在金属器内及潮湿、狭窄环境内工作应使用Ⅱ类工具，并应配用安全隔离变压器或配用漏电保护器。手持电动工具使用期每达 3 个月时，应送交有关责任电工检查登记。

8. 使用手提照明灯应采用安全电压，禁止直接使用 220V 电压。电气设备插头、插座破损，应请电工及时更换，不得侥幸使用或直接用线头插入插座内。

9. 操作台钻作业，工件应压紧，不得用手拿工件进行钻、铰、扩孔。

10. 清除铁屑必须使用工具，禁止手抓嘴吹。

11. 工作完毕或因故离开工作岗位，必须将设备和工具的电、气、水、油源断开。工作完毕，必须清理工作场地，将工具和零件整齐地摆放在指定的位置上。

【提示】这则规程就一般钳工操作工艺流程中各个环节应该注意的事项、应遵守的操作规范等进行了详细、具体的规定和说明，对于操作者安全操作具有指导性、提示性和约束性。

3. 竞赛规程
竞赛规程是就某项竞赛的比赛程序、比赛规则、参赛要求等事项做出具体规定的规程。

4. 会议规程
会议规程是就会期较长、内容较多、规模较大的会议的议程、议题、参会者应做的工作和应遵守的纪律等做出具体规定的规程。

 写作指导

一、规程的写作要点

规程一般由标题和正文两个部分构成，确有必要时还可以加上落款和日期。

1. 标题
规程的标题一般由适用对象、分类和文种名三个部分构成。例如《幼儿园工作规程》中，"幼儿园"是适用对象，"工作"是分类，"规程"是文种名。

2. 正文
规程的正文一般按一定的"程序"对某个工作或活动所涉及的方方面面做出详细具体的规定，使参与者明确应该干什么、怎样干、干时要注意什么等，做到有序、有效、有章可循。例如，《叉车安全操作规程》就是按照行车前、行车中和行车后这样的程序来对叉车的操作做出具体规定的。

规程的正文结构一般采用两种形式：一种是章条式，另一种是条款式。

章条式写法适用于内容较多的规程，一般按照总则、分则、附则三大部分来写。总则主要说明制定规程的依据、目的、指导思想等。总则一般排为第一章，分若干条。分则是规程的主体部分，分若干章，每章再分若干条。分则部分对相关事项做出详细、具体的规定，使参与者明确工作内容、工作要求及注意事项等内容，使其有章可循。附则主要就规程实施与执行做出说明。

条款式写法不分章，直接列条，适用于内容较简单、篇幅较短的规程。

二、规程的写作要求

（1）要结合实际，切实可行，要对于人们更好地开展工作和参加活动等具有实际指导意义。

（2）内容要具体，表述要准确，不能产生语言歧义；语言要通俗易懂，使人一看就明白，并且知道应该怎么做。

（3）要注意"程序"，要按照事物的本来规律层次清楚、条理清晰地进行表述。

实战训练

小汽车的普及率越来越高，驾驶小汽车已成为现代人的一项基本技能。实际上，驾驶小汽车不仅要技术熟练，而且要遵守操作规程，如点火时要踩住刹车、停车要拉上手刹等，这样才能确保安全。请查阅有关资料，把一切可能发生安全事故的情况都考虑到，写一则《小汽车驾驶操作规程》。

第六节　须　　知

须知

话题与案例

××学院中国文化课老师星期一上午带领学生去参观××省历史博物馆，等到了博物馆门口才知道——全国的历史博物馆大部分都是星期一闭馆整理（不开放），于是老师便向学生们做检讨。这时，一个学生站出来说："您不必自责，白跑一趟这种事经常发生，我前几天到车管所补驾驶证，就因为没带身份证白跑了一趟。"

不论是参观博物馆白跑一趟，还是补办驾驶证白跑一趟，都是可以避免的。因为不论是全国的历史博物馆，还是各地的车管部门，都会发布相关的"须知"，只要在网上查阅相关的"须知"，白跑的事情就不会发生。

基础知识与范例

须知是告诉人们办理某项事务、参与某项活动、参观某个展览或从事某项工作时必须知道的事项的告知性文书。须知大多具有一定的警示性。

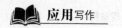

一、须知的特点

1. 发布形式的特殊性

须知大多张贴在有关场所的醒目位置，使人们很容易看到，以便于人们遵照执行。例如，"参观须知"一般都张贴或悬挂在景点或展览场所入口处的醒目位置。

2. 使用的广泛性

须知的发布者和适用范围都比较宽泛，机关、团体、企事业单位因业务需要都可以使用须知告知业务对象应该知道和必须遵守的具体事项。

3. 提示性

须知的主要作用是告知人们有关规定或提示人们注意有关事项，具有提示性和警示性。例如，《购房须知》就是提示人们在购房时应注意哪些事项。

4. 指导性

须知所写的内容有相当一部分是人们办理某事或参加某个活动等需要注意的事项，对于人们具有方向性的指导意义。

二、须知的分类

须知的使用范围很广泛，相对来说种类也比较多，常见的须知主要有以下几类。

1. 办理须知

这类须知是就办理某项事务应该注意的问题进行详细、具体的说明，其中包括办理的程序、办理的手续、办理的方法等，其作用主要在于指导和提示，如《投稿须知》。

范例3-7

人工存包须知

1. 存包处免费为您提供存包服务。

2. 请您先存包及物品，然后进入卖场购物。

3. 请您在当日营业结束前取回您所寄存的物品。

4. 请勿寄存现金、手机、金银珠宝、有价证券、证件等贵重物品。贵重物品请您妥善保管，若有丢失，本商场概不负责。

5. 请勿寄存玻璃器皿、易碎易烂物品等；请勿寄存宠物。

6. 请勿寄存易燃、易爆、有毒等危险违禁物品，一经发现将交由当地公安机关处理，并要求存放者给予赔偿。

7. 寄存的食品、饮料若当日未取，次日将清理掉，本商场不负任何责任。

8. 隔日取包者，需凭存包牌办理相关手续后取包。

9. 寄放的物品若三日未取，本商场有权自行处理。

10. 如因工作人员的原因造成您的财物丢失，则按财物的总价值予以赔偿。

11. 请妥善保管存包号码牌，若因号码牌丢失而造成的财产损失本商场概不负责，且您需向本商场缴纳10元号码牌赔偿金。

【提示】这则须知详细地说明了存包应注意的各类事项，以及代存服务的相关约定等，提请存包者注意，以免发生不愉快的事情。

2. 参观须知

这类须知主要说明参观需要注意的事项和必须遵守的规定，其作用主要在于提示和警示，如《动物园游人须知》。

3. 活动须知

这类须知主要就参加活动的条件、活动前应做的准备、活动中应注意的问题等进行详细说明，目的在于提示和指导。

阅 览 须 知

一、本室采用开架阅览方式。教师凭本人工作证，学生凭 ID 卡或本人学生证，一次一册。

二、本室图书只准室内借阅，不准带出室外；对于批评教育仍不改正者，取消阅览资格。

三、所借图书要在当日归还；逾期不还者，除扣留证件一周外，还要给予批评教育。

四、借阅图书时，请认真检查，如有破损，预先声明；否则，借阅者要承担损坏赔偿责任。

五、要爱护图书，不要弄脏、剪裁、勾画和折叠；违者，按有关规定进行赔偿。

六、主动维护室内秩序，保持清洁卫生；不准大声喧哗、聊天、吃零食、吸烟。

七、禁止穿拖鞋、运动短裤和背心进入阅览室。

八、不准在桌面和墙壁上乱写乱画；禁止利用各种物品占座位。

九、阅览完毕离开时，请将椅子轻轻放在桌下。

【提示】这则须知就读者在阅览室应遵守的纪律和应注意的事项做了具体的说明，以确保正常的阅览秩序和维护良好的阅览环境。

4. 购物须知

这类须知主要是就购物中应该注意的事项进行说明，其目的是指导和提示注意，如《购房须知》。

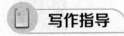

一、须知的写作要点

须知一般由两部分内容构成：一是标题，二是正文。

1. 标题

须知的标题有三种写法：第一种是由须知的适用对象、须知内容和文种三部分构成，如"新生报到须知"；第二种是由适用对象和文种两部分构成，如"参观者须知"；第三种是由须知内容和文种两部分构成，如"购房须知""投稿须知"。

2. 正文

须知的正文一般就办理某事、参加某个活动或参观某个展览应当知道的事项、应当注

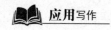

意的问题或者应当遵守的规定进行详细、具体的说明，使当事者心中有数。

从写作目的的角度看，须知的写作与发布，或在于提示，或在于指导，或在于警示，或兼而有之，写作时应当依实际需要而定。

须知的正文一般采用条文式的结构，或由重到轻，或按照办理、参观的先后顺序，依次排列下来。

二、须知写作的基本要求

（1）须知应该就事论事，把相关事宜交代清楚即可。

（2）语言通俗易懂，使当事人能够准确理解和把握。

（3）条理清楚，简明扼要，使当事者易于记住要点。

实战训练

下面是××学院阅览室里发生的事情，请根据这些事情，加上自己的补充，拟写一则"阅览须知"。

镜头一：

一个学生在阅览室的报纸上读到一篇文章，感觉很好，便用笔尖将那篇文章从报纸上"割"了下来，夹进自己的书里。

镜头二：

一个学生阅读阅览室收藏的杂志，边看边在杂志上用红颜色的笔做"批注"，精彩处批个"好"字，写得不好处批个"臭"字，还用大圈圈起来，十分醒目。

镜头三：

两个学生在阅览室相邻而坐看杂志，突然一个学生拿起杂志对另一个大声说："哎！这上面说凤凰传奇有一首《荷塘月色》可火了，你会唱吗？"另一学生回答道："会呀。我唱给你听⋯⋯"

镜头四：

一个看杂志的学生，边看杂志边嗑瓜子，桌上一堆瓜子皮。

镜头五：

一个学生要将杂志拿出阅览室，被阅览室管理员叫了回来。

第七节　制　　度

制度

话题与案例

××学院的很多学生不按时休息，晚睡现象十分普遍，这不仅严重影响了身体健康，而且还影响了教学秩序和学风建设，广大教师、学生家长和一些同学强烈要求学校采取措施改变现状。

本着以学生为本的原则，学校在广泛调研的基础上，投入大量资金对学生宿舍的电路进行了改造，以保证实行统一定时熄灯制度后宿舍内的空调、卫生间电器、楼道照明设施等继续供电。在此基础上，学校决定制定和实行学生宿舍定时作息制度。

基础知识

制度是党政机关、社会团体、企事业单位为加强管理和严格组织纪律而制定的要求有关人员明确办事程序、遵守办理纪律的规章，常常兼有办事规程或行为准则双重属性，如《民事调解工作制度》。

在现代管理中，制度是实现程序规范化、职责明确化、质量最优化和管理科学化的重要保证。

制度的使用范围十分广泛，凡是要求有关人员明确办事程序、遵守办理纪律的，都可以使用制度这一文种。

一、制度的分类

根据内容的不同，制度可分两种：一种是岗位性制度，这类制度就某一岗位的岗位职责、工作要求、工作纪律等做出明确的规定，如《财务工作制度》《档案管理制度》；另一种是法规性制度，这类制度是针对某方面工作制定的带有法规性质的规定，如《职工休假制度》《廉政制度》。

二、制度的特点

1. 规范性

制度的主要内容是关于办事程序和行为要求的，这就决定了制度具有规范性的特点——既是做事规范，又是做人的标准和要求。正是这样，制度对实现工作程序的规范化、岗位责任的明确化、管理方法的科学化才具有极其重要的意义。

2. 指导性

制度规定了做事的程序、做事的要求，即具体规定了有关人员应该做什么、应该怎么做，这对有关人员如何开展工作具有指导作用。

3. 约束性

制度不仅规定了有关人员应该干什么、应该怎么干，而且明确规定了不能干什么及违反制度规定应该受到的惩罚等，对于特定人群具有一定的约束力。

4. 程序性

制度必须以有关政策、法律、法规为依据，按照一定的程序来制定。与此同时，制度本身也具有程序性，能为人们的工作和活动提供可供遵循的依据。

5. 灵活性

制度涉及的对象及层面可大可小，十分灵活，大到一个机关、单位的整体工作，小到门禁、图书借阅等，都可以制定相应的制度。

 写作指导与范例

一、制度的写作要点

制度的内容包括标题、正文和签署几个部分。

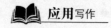

（一）标题

制度的标题主要有两种形式：一种是由适用对象＋文种构成，如《财务工作制度》《校园管理制度》；另一种是由单位名称＋适用对象＋文种构成，如《陕西航空职业技术学院人事管理制度》。

（二）正文

制度的正文主要有三种结构形式。

1. 引言–条文–结语式

这一结构形式的特点是先写一段用来阐述制定制度的根据、目的、意义、适用范围等内容的引言，接着将有关规定分条一一列出，最后写一段结语，强调有关执行的事项。

2. 单一条文式

这种写法的特点是将全部内容分条列项，包括开头部分的根据、目的、意义，主体部分的种种规定，结尾部分的执行要求等，然后按照一定的逻辑顺序逐条罗列。

3. 复合条文式

这种写法一般用于涉及问题较多、内容较复杂的制度，其特点是将全文分为多层序码，按照各层内容的内部逻辑关系条理清晰、层次清楚地进行排列。

（三）签署

制度一般不需签署；确有必要签署时，可在标题下方正中间加括号注明制发单位名称和日期，也可以在正文之下，相当于公文落款的地方注明。

范例3-9

文秘人员校对工作制度

为了确保机关文秘工作的有序性和有效性，最大限度地发挥机关办公室在现代化管理中的协调和服务功能，特制定本制度。

一、校对工作程序

（一）文件发排时，必须达到以下三点要求。

1. 卷面整洁，字迹清晰。在文件发稿前，凡发现字迹、修改标志不够清楚的，应视具体情况，进行誊清或重新加注修改标志，务必使发排的稿件字迹清晰、卷面整洁。

2. 行文要规范。发稿前，要认真检查稿件标题、主送和抄送机关、主题词、数字用法、落款等是否规范。如有不当，及时改正，然后填上文件的文号、签发日期、印刷份数，确定密级及年限和缓急程度等。

3. 登记发排。将稿件的文号、标题、份数、签发人、签发时间登记在《发文登记簿》上。

（二）稿样排出后，必须进行"三校"。

1. 一校。对照原稿，逐字（包括标点符号）逐段读校，力求把与原稿不符的漏段、漏字、错字全部校改出来。

2. 二校。除了继续校核错漏的文字外，还要检查有无不准确的提法或不通顺的句子。发现文理不通或明显笔误的地方，应立即提出意见，经起草人或领导同意后，进行文字上的修改。

3. 三校。检查文稿版面的字体、间隔、标题排列等格式是否合规范，校对改动的文字和标志是否清晰无误。经全面核对无误后，方可填写印发日期，并在《付印文件通知书》上签名付印。文件付印后，将文件底稿注明发出日期后送往存档。

（三）文件印好发出前，要再检查一遍，如发现错漏，应立即向领导汇报，以采取补救措施。

二、校对工作要求

（一）要切实保证校对工作的质量。力求校对差错率全年不超过万分之一。

（二）要提高校对排印工作的效率。凡是印发的文件，一般从稿件发排到印好发出，应在三天内完成。部分急件，要加班加点，保证按时发出。

（三）文件印好后，再进行一次检查，确认无误后方可盖印、封装、发出。

××办公室

二〇二〇年×月×日

【提示】这则制度就文件的印前发稿、印中校对、印后复核等做了明确具体的规定，具有规程和准则的双重属性。

二、制度的写作要求

制度写作的基本要求是各项规定具体准确、切实可行，内容详尽，逻辑严密，语言通俗易懂，叙述条理清楚。写作制度时应注意以下几点。

（1）制度内容不能同党和国家的有关方针、政策、法律、法规相抵触；要明确权限，不能越权制定制度。

（2）制定的制度应在一定范围内进行讨论，反复修改，使制度的各项规定更符合实际。

（3）制度的条与条、款与款之间应考虑主次顺序和逻辑联系，做到条理清晰。

（4）制度的内容要明确具体，符合工作实际，便于遵守执行。

实战训练

请根据以下情景，加上自己的补充，写一则校园门禁制度。

镜头一：

一个人走到大门口。保安：您有啥事？来人：我找黄教授。保安：请登记一下。

镜头二：

一个人扛着东西要从大门出去。保安：请出示您的身份证。扛东西的人出示身份证，保安查验。保安：请登记一下。保安看着那人登记，提示：把您的身份证号码、要拿出去的是什么东西，都写清楚。

镜头三：

一人提着一篮水果，拿着一杆秤，要进大门。保安：你干啥？提篮人：卖苹果。保安：对不起，卖东西只能在小区外面，不能进去。

镜头四：

一小汽车出门，保安查验出入证。

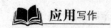应用写作

第八节 章 程

章程

话题与案例

大学生们思想活跃、兴趣广泛，大多数同学在大学期间都会根据自己的兴趣和爱好参加各种社团，有的还发起成立社团。加入社团，首先要承认和遵守社团的章程，而发起成立社团还需自己拟定章程。那么，章程都包括哪些内容呢？

 基础知识

章程是党派组织、社会团体等为保证其组织活动的正常运行，系统阐明自己的性质、宗旨、任务，并规定成员的条件、权利、义务、纪律及组织结构、活动规则，要求全体成员共同遵守的一种规则性文书。

章程是有关组织或团体的纲领性文件，有明确的范围、宗旨，具有鲜明的目的性和较强的针对性，对该组织或团体的成员有较强的约束力。一个正规的政党、社会团体、学术组织，都应该有自己的章程。

一、章程的作用

章程是一个组织进行活动和对本组织成员进行管理的基本规则。章程具有以下几个方面的作用。

1. 统一思想和行动

每个组织都有自己的性质、宗旨和基本任务，它的成员必须就这些内容达成共识，继而在思想和行动上保持一致。

2. 理顺内部关系

章程要明确组织内部的机构设置及领导者产生办法，明确内部关系，以保证组织内部的管理正常进行。

3. 明确成员的权利和义务

参加任何一个组织，都要为这个组织尽一定的义务，同时也享有这个组织所规定的权利。章程的一个重要作用就是明确成员的权利和义务，并对成员的权利起到保障作用。

4. 规定组织纪律

章程还要对成员的行为提出种种规范，并且规定成员应遵守的组织纪律及违犯这些组织纪律时要受到的处分。

二、章程的分类

章程依其内容可分为两类：一类是党团组织或社会团体章程，这类章程用来规定组织或团体的性质、任务、宗旨等，让成员共同遵守，如《中国共产党章程》《中国科技协会章程》；另一类是企事业单位章程，用于规定其业务性质、业务范围和员工的行为规范等，如《中国人民保险公司章程》。

三、章程的特点

1. 共识性

章程反映了一个组织全体成员的共同意志，体现了全体成员的共同利益，必须在全体成员达成共识的基础上才能建立起来。因此，章程的制定和修改必须经过充分的讨论，并且要在代表大会上表决通过。没有达成共识的内容不能写进章程。

2. 准则性

一个组织的章程，就是这个组织的"根本法"，也是这个组织所有成员的思想准则和行动规范，所有成员都必须按照章程规定规范自己的行为。违背章程的规定，就要受到组织的处分，甚至被组织开除。

3. 纲领性

章程规定一个组织的组织规程和办事规则，具有纲领的性质，属于本组织的分支机构和成员都必须承认和遵守。

4. 制定的程序性

章程必须通过合法的程序制定，才能被下属机构和所有成员认可，才能要求下属机构和成员遵守。章程的制定程序是先成立起草小组，拟出草案，然后征求意见，最后由该组织的最高会议——代表大会通过，成为正式章程。

 写作指导与范例

一、章程的写作要点

1. 标题和日期

章程的标题，一般由组织或社团名称加文种构成。标题下面写明什么时间由什么会议通过，加上括号。如果是尚未经代表大会通过的章程，在标题末尾要加上"草案"字样。

在标题下方正中间加括号标明通过日期，一般有三种写法：一是由会议名称、通过日期组成，如"中国应用写作学会全体会员代表大会 2009 年 9 月 8 日通过"；二是由通过日期、会议名称组成，如"2009 年 9 月 8 日中国应用写作学会全体会员代表大会通过"；三是只写明通过日期，如"2009 年 9 月 8 日通过"。

2. 正文

章程的正文包括总则、分则和附则三部分。总则又称总纲，主要是从总体上说明组织的性质、宗旨、任务等。分则一般规定以下内容：组织成员应具备的条件、享有的权利、应尽的义务和应遵守的纪律；组织的组织机构，代表大会制度，理事会、常务理事会的组成情况等；经费来源和使用管理等。附则主要是附带说明制定权、修改权和解释权等。

 范例3-10

中国应用写作学会章程

（2009 年 9 月 8 日中国应用写作学会全体会员代表大会通过）

第一章　总　则

第一条　本会是我国高等院校从事应用写作教学和应用写作学科研究的教师，以及从

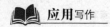

事与应用写作学科有关的党政机关、新闻出版等方面工作的人员，在中国共产党的领导下，根据国家有关法律法规的规定，自愿组织的群众性学术团体。

第二条　本会的宗旨是以科学的态度和求实的精神不断探索应用写作的基本规律，促使应用写作学科的健康发展。本会坚持四项基本原则，贯彻"百花齐放，百家争鸣"的方针，团结和组织应用写作学科的教学和研究力量，为进一步完善应用写作学科的基本理论体系和基本训练体系、提高应用写作教学和科学研究水平、普及应用写作知识而不懈努力。

第二章　任　务

第三条　本会的基本任务：

1. 制订应用写作学研究计划，征集和发布年度研究课题，申报国家级研究课题。

2. 组织编写各类院校的应用写作教材，交流教学经验。

3. 组织年会和其他教学和学术活动；推荐会员的科研成果。

4. 保护会员从事本会业务活动的正当权益。

第三章　会　员

第四条　凡我国高等院校从事应用写作教学、具有中级以上专业技术职称，或从事与应用写作学科有关的党政机关、新闻出版等方面工作、具有中级以上专业技术职称的人员，承认本会章程，均可申请入会。会员有退会的自由。

第五条　会员的权利：

1. 有选举权和被选举权。

2. 有参加本会学术活动的权利。

3. 对本会工作有建议和批评的权利。

第六条　会员的义务：

1. 遵守本会章程，执行本会决议，完成本会交给的任务。

2. 向本会介绍教学经验。

3. 向本会提供科研成果。

第四章　组　织　机　构

第七条　会员代表大会是本会最高权力机构，每三年召开一次。必要时，经常务理事会决定，可提前或推迟召开。

会员代表大会的任务：

1. 审查理事会的工作报告。

2. 制订学会的工作计划。

3. 修改本会章程。

4. 改选理事会。

第八条　理事会是会员代表大会闭会期间的执行机构，由会员代表大会选举理事若干名组成，任期三年。理事会成员可连选连任，但每届理事须更新三分之一。理事会会议可单独召开，亦可结合学术年会召开。

第九条　由理事会推选会长一名、常务副会长一名、副会长若干名、秘书长一名、常务理事若干名，组成常务理事会，代表理事会主持学会的日常工作。会长负责学会的全面工作，常务副会长协助会长主持学会的全面工作；副会长协助会长主管某一方面的工作，秘书长负责处理学会日常事务；秘书长可根据工作需要，聘请副秘书长若干名，副秘书长协助秘书长分管某一方面事务。常务理事会下设秘书处、教学研究委员会、学术委员会和编辑委员会。

第十条　本会对下设的各省、市、自治区应用写作学会和其他专业研究会，负有业务指导的责任。

第十一条　本会聘请名誉会长、总顾问及顾问若干名，任期与各届理事会相同。

【提示】这则章程因为内容丰富而采用了分章式写法。这种写法的特点是篇下分章、章下分条，层次清晰，条理清楚。

二、章程的写作要求

1. 内容要完备

章程不仅是一个组织成员的行为规范，更重要的是阐述了组织的性质、宗旨、任务等，使组织及其成员的活动和行为有章可循，这就要求其内容必须完备。说得具体一点就是，组织及其成员应该干什么、不应干什么、应该怎么干、不得怎么干，都应规定得清清楚楚，不能有疏漏。

2. 结构要严谨

章程要有合理的顺序。章程的条款，意思要完整和单一：一条表示一个意思，不要把一个完整的意思分成几条表述，也不要把几个意思揉在一条之中。这样，既便于说清楚，又便于实施和执行。

3. 语言要简洁

章程的表述要明确、简洁，要用很少的字句把意思明确地表达出来。章程的语言多用词语的基本意，语义毫不含糊，没有歧义；一般不用比喻、比拟、夸张和婉曲等修辞手法。

在整体安排上，章程用条文表达，句与句、段与段之间有一定的跳跃性，一般不用"因为……所以……""虽然……但是……"等关联词语。

实战训练

××学院大一学生于晓光入校后发现本校没有大学生摄影协会，通过调查得知和自己一样爱好摄影的同学不少，于是决定发起成立学院大学生摄影协会。把这件事和学院社团管理处一讲，社团管理处很支持，让其尽快将社团章程拟出来，和成立社团申请等材料一同交上来。请你帮助于晓光拟写这个章程。

第九节　公　约

公约

话题与案例

为了齐心协力打造一个和谐、文明、学风良好的班集体，××学院中文系2020级汉语言文学专业1班的同学经过集体讨论，决定制定一份班级文明公约，以协调和规范全班成员的行为。这份公约应该怎么写？

基础知识

这里所讲的公约是指某一社会组织或行业的成员为了维护公共利益,保证正常的生活、工作或学习秩序,在自觉自愿的基础上经过集体讨论,达成一致意见后共同约定大家都要遵守的行为规范。

公约是参与制定的单位和个人共同信守的行为规范,它对于维护社会秩序、促进安定团结、加强社会主义精神文明建设有着重要的作用。

平常听到的"国际公约"中的"公约"与这里所讲的公约虽然文字相同,但其内容实质差异很大。"国际公约"中的"公约",通常指国际间就政治、经济、文化、技术等重大国际问题举行国际会议,最后由若干国家共同缔结的多边条约。公约通常为开放性的,非缔约成员可以在公约生效前或生效后的任何时候加入。这是一种用来维护国际正常秩序和国与国之间正常关系的国际性文书,与这里所讲的公约是两个完全不同的概念,在这里对其不做讨论。

一、公约的特点

1. 约定性

公约是由同一行业的各单位或者同一集体的个人为了维护大家的共同利益而约定的,其中应该遵守的事项都是经过讨论和协商后一致认同的。

2. 自律性

公约不是由权力机关或管理部门规定的,而是由角色相同或相近的社会组织或个人根据特定圈子的实际情况约定的,表达了大家共同的意愿,有一定的民间特色。公约不是法律和法规,对参与者只有道德约束力,没有法律效力。

公约是在集体监督和相互监督之下发挥作用的。公约一经订立,就是订约人的行为和道德规范,每个人都有履行公约的义务,违反了就要受到大家的谴责。与此同时,每个人都有以公约为准则监督他人的义务,以保证公约发挥应有的作用。

3. 认同性

公约的条款必须经过大家的一致认同,不能获得大家一致认同的条款不能写进公约。

4. 灵活性

公约的条款涉及哪些具体内容,要根据实际情况灵活掌握,以真正能够发挥作用为前提。

5. 普遍的适用性

公约的适用范围十分广泛,大到一个行业,小到一个班组,甚至是住在同一宿舍的几个人,都可以根据需要制定大家应该信守的公约。

二、公约的分类

常见的公约大致可以分为两类:一类是行业公约,即一个行业为了加强对本行业的管理,保护公平竞争,由行业协会出面主持制定的公约,如《北京市建筑装饰协会行业公约》;另一类是基层单位公约,是指各类社会基层单位的成员集体议定、相约共同遵守的一些约定,如一个班级的成员或一个宿舍的成员共同约定的公约等。

写作指导与范例

一、公约的写作要点

公约由标题和正文两个部分构成。

1. 标题

公约的标题有三种写法：一是由适用范围＋文种构成，如《班级公约》；二是由适用范围+适用对象+文种构成，如《首都市民公约》；三是由适用对象＋文种构成，如《村民公约》。

2. 正文

公约的正文一般采用两种写法：一种是直接采用条文式写法，将具体内容一一列出；另一种是引言加条文式写法。引言主要用来写明制定公约的目的、意义，常套用"为了……特制定本公约"的固定格式；引言之后采用条文式写法，将具体内容一一列出。

公约一般不写署名和日期，部分基层单位公约有时注明集体讨论通过的时间。

 范例3-11

××市建筑装饰协会行业公约
（2021 年 11 月 3 日第二届会员代表大会通过）

1. 认真贯彻执行党和国家的各项方针政策，模范遵守国家法规、规章，合法经营，照章纳税。

2. 爱岗敬业，诚实守信，积极进取，勇于开拓，不断提高行业素质。

3. 精心设计，精心施工，严格管理，优质服务，保质、保量、保安全，便民不扰民，重合同，守信誉，树立良好的职业形象。

4. 企业之间要团结互助，交流经验，合法竞争，共同提高。

【提示】这则行业公约以树立本行业的整体对外形象、合法经营、有序竞争等关乎本行业共同利益的重要事项为基础，就大家应该共同遵守的事项做了约定。

 范例3-12

首都市民文明公约

一、热爱祖国，热爱北京，民族和睦，维护安定。

二、热爱劳动，爱岗敬业，诚实守信，勤俭节约。

三、遵守法纪，维护秩序，见义勇为，弘扬正气。

四、美化市容，讲究卫生，绿化首都，保护环境。

五、关心集体，爱护公物，热心公益，保护文物。

六、崇尚科学，尊师重教，自强不息，提高素质。

七、敬老爱幼，拥军爱民，尊重妇女，助残济困。

八、移风易俗，健康生活，计划生育，增强体魄。

九、举止文明，礼待宾客，胸襟大度，助人为乐。

【提示】 这则公约以营造良好的社会氛围、使首都和谐有序为宗旨，就首都市民应该遵守的社会公德做了明确的约定。

二、公约写作注意事项

公约是为了维护正常的秩序、维护大家的共同利益而制定的。制定公约时应注意以下几点。

（1）公约的内容必须符合普遍的社会道德规则。

（2）公约的确定以现实存在的问题为着眼点，以促使问题的解决为最终目的，具有明确的针对性。

（3）公约是要大家来共同遵守的，公约的内容必须为大家普遍认同；存在异议的内容不要写进公约。

思路拓展

张天翼制定的《写作公约》

抗日战争期间，著名作家张天翼为初学写作者制定的《写作公约》共有十条，其内容是：

一、多看多写，每周写作一篇，绝不可少。

二、参加讨论，要多发言，不要害羞，不要怕说错，不怕人笑。

三、提高写作的自信心和勇气，不怕幼稚，不迷信"天才""灵感"，不抱"不鸣则已，一鸣惊人"的观念。

四、人家批评我文章的缺点，不脸红生气；人家说我好，也不骄傲。

五、不写我所不知道的、没有研究过的东西；不抄袭或模仿人家的东西。

六、要有耐心，不惮再三再四地修改与重写。

七、写文章不是为了出风头，写了的不能投稿或投稿而被退回不要生气，更勿气馁。

八、对人家的优点不妒忌，虚心学习。

九、投稿登载了的，不要自命为"文豪"。

十、要浏览文艺部门以外的书籍，要多观察书本以外的人物及生活。

【提示】 这则公约实际上是对文学青年的基本要求，也可看作是一种行为规范。

实战训练

以下列材料为基础，拟写一份宿舍文明公约。

某学院一学生宿舍住着赵一、王二、张三、李四、钱五和孙六六位同学。这六位同学的学习成绩都比较好，在尊敬师长方面也无可挑剔。但是，他们在安排自己的生活方面似乎有些欠缺。就拿他们的集体生活来说吧——

1. 赵一很懂事，能体谅父母的艰辛，经常利用周末休息时间出去打零工，以减轻家里的经济负担。上周周末，赵一在一个建筑工地干了两天小工，星期天晚上回到宿舍又看了一个多小时的书，然后上床睡觉。也许是由于在工地上干活出汗多的缘故，赵一扔在床下穿脏的袜子味儿特别大，熏得一宿舍的人叫苦，尤其是对面床上的王二实在受不了。于是，王二将赵一的臭袜子扔到了宿舍外面的楼道里。

2. 周一晚自习后，张三由于当天的两节高数课没听懂，让赵一给自己讲讲。正讲到关键处，对面楼上有人唱歌，这下钱五来劲了，拿过吉他一阵猛弹狂吼，张三的鼻子差点气歪了。

3. 周二中午，王二的妈妈来看王二，带了一些水果。吃完晚饭后，同宿舍的几个人一起把这些水果解决了，香蕉皮、核桃壳扔了一地。王二让张三把地上的果皮收拾了，张三说："今天赵一值日，等赵一回来收拾吧。"恰巧赵一这天出去带家教带得有点晚，被好心的主人留下来了。半夜，李四起来上厕所，踩到一块香蕉皮上滑了一下，头磕在了床上。

4. 周三下午没课，孙六到表姐家去玩儿，回来时带了一只小猫，说是玩两天，周末再给表姐送回去。也许是小猫到了一个陌生环境不习惯，一晚上叫个没停，害得一个宿舍的人晚上没睡好。

5. 周四下午，王二上完体育课后回宿舍洗了洗，走时忘了关卫生间的水龙头。等下午放学回来，宿舍被水淹了个一塌糊涂，大家放在床底下的鞋子全湿了。

周五晚上，同宿舍的人坐在一起，就一周来发生的事情做自我检讨。最后，李四提议拟一份《宿舍文明公约》，大家一起来遵守。对此，大家都表示赞同。可公约由谁来拟呢？大家你推我、我推你，都说拟不了。没办法，最后集体决定：每人掏五元钱，请人拟。

写作提示：

（1）阅读时，注意材料内容细节，如"赵一在一建筑工地干了两天小工，星期天晚上回到宿舍又看了一个多小时的书，然后上床睡觉"中的"又看了一个多小时的书"就是重要的细节——由此可知赵一完全有时间将脏袜子拿去洗一洗，但他却没有做。这样一思考，写什么就清楚了。

（2）所给的材料实际上只是实际生活的一部分，写作时可以此材料为基础，结合自身生活实际进行补充。

第十节 职 责

职责

××学院中文系毕业生王五，毕业后到一家杂志社工作。因为刚走上社会，又从事一份自己热爱的工作，所以工作热情很高，不论分内分外的工作都抢着干。结果，不仅没受到领导的表扬，而且还遭到了训诫："干好自己的本职，不要越职侵权。"对此，王五一时想不通。王五真的错了吗？

基础知识与范例

职责是用于明确特定职能部门应尽的责任或规定身处特定职位的个人应当完成的工作任务的应用文种，属规章制度一类。这一文种属于典型的应用实践先于理论的应用文种，其实际使用相当广泛。尽管长时间以来关于职责的写作理论未做系统的概括并未影响到这一文种的正常使用，但根据实践与理论的相互关系来看，对其写作理论知识进行系统、全面的概括无疑有利于这一文种更加规范、合理和有效的使用。下面就职责这一文种的特点、分类、内容要素及写作要求等进行介绍。

一、职责的分类

根据内容及其适用对象的不同，职责可分为部门工作职责和个人岗位职责两类。

1. 部门工作职责

部门工作职责是用于明确特定职能部门的工作内容的应用文书，其适用对象为承担各项具体工作的职能部门。其内容主要是写明特定的职能部门应当做、必须做的各项具体工作。

范例3-13

（××局）办公室工作职责

一、负责局政务工作的组织协调、工作安排及对外联络、接待工作。

二、负责公务文电收发和传阅、局发文件审核、信息纪要、编发行政保密文件和印章管理工作。

三、负责全局基础工作管理，不断完善全局各项规章制度，推进基础工作上台阶。

四、负责人大建议、政协提案的办理工作。

五、负责统计整理各单位工作情况，搞好调查研究，为领导决策服务。

六、负责局决定、决议及领导批办事项的督办和局务会议的组织工作。

七、负责局机关办公自动化管理、固定资产（台账）、低值易耗品和办公用品的采购、领用和管理工作。

八、负责全局的综合治理（签订目标责任书）、治安保卫、消防安全、安全生产、交通安全（责任书）、计划生育、防汛和爱国卫生管理工作。

九、负责局机关档案管理并对基层单位档案管理工作进行指导。

十、负责全局工作计划、总结、工作目标文字上报工作。

十一、负责局机关事务工作及办公场所物业管理的监督检查。

十二、完成局领导交办的其他工作。

【提示】从这则例文可以看到，部门工作职责用于明确特定部门在自己的职权范围内应该做、必须做的具体工作，并且只讲工作内容，不涉及工作要求、工作纪律等方面的内容。此外，职责的写作直接说事，不绕圈子，没有导语之类的文字。

2. 个人岗位职责

个人岗位职责也叫岗位工作职责，是用于明确身处某一工作岗位的行为个体应当做、必须做的具体工作的应用文书。

范例3-14

（××学院）办公室主任岗位职责

一、协助领导了解、掌握学院各部门贯彻执行党的路线、方针、政策和国家法律、法规及学院规章制度的情况，以及党纪、政纪方面的重大问题。

二、组织和参与院内外调查研究，为领导科学决策提供可靠的专题或综合信息。

三、负责主办的会议组织、准备、记录，督察督办会议决议（决定）。

四、负责组织起草、审核各种公文，把好文字关和政策关。

五、协助领导或代表领导协调各部门的工作，难以协调的提出解决问题的意见、建议。

六、负责对外沟通、联系、汇报、约请等，安排或代表领导参加公务接待和公务活动。

七、负责公文的批转、传递、保密等工作，落实领导批示，并及时反馈落实情况。

八、负责学院重要来访来宾的接待、安排，代表学院领导做好一般来信来访接待工作。

九、负责学院外事办公室工作。

十、负责办公室制度建设。负责制订本室年度工作计划，并组织实施。负责本室人员的工作安排、业务学习、培训和考核。

十一、组织完成上级有关部门及学院领导交办的其他工作。

【提示】这是一则个人岗位职责，其内容紧扣行为主体所在的工作岗位展开，将身处办公室主任这一职位的行为主体应该做的各项具体工作一一列举出来。

二、职责的特点

作为一种使用十分广泛的规章制度类应用文，职责具有以下几个特点。

1. 特定性

每一份职责的制定都是基于一个特定的部门或特定的工作岗位的，也就是说，每一份职责的适用对象是特定的。说得更具体一些，就是职责与其适用对象是一一对应关系，在一个单位内部，适用于这一部门的工作职责不能用于其他任何部门，适用于这一工作岗位的职责也不能用于其他工作岗位。

2. 明确性

职责的写作目的是让行为主体明确自己应该干什么、必须干什么，因此其条款所写内容一般比较具体和明确。

3. 单纯性

相对于其他规章制度类文书而言，职责的内容比较单纯，不论是用于特定职能部门的工作职责，还是用于特定职位的岗位职责，都只写应做的工作内容，不涉及工作质量等方面的要求。与此同时，将应做内容按照由主到次的顺序排列，不加"导语"和"附注"之类的条文。

4. 限定性

职责的制定不仅是为了明确工作任务，使行为主体各司其职，确保全局工作有条不紊地进行，同时也是为了防止职务重叠而发生工作扯皮现象。因此，职责在明确行为主体工作内容的同时，对行为主体的职权范围也起到一种限定作用。

写作指导

一、职责的内容要素及其表现形式

职责在古代称作"职分"，如《三国志·蜀志·诸葛亮传》："此臣所以报先帝而忠陛下之职分也。"顾名思义，职分即身处某一职位应尽的本分。也就是说，职责就是个人身处某一职位应该做、必须做的事情，或者说一个单位中具体的职能部门应该做的工作。

作为应用文体的职责，其写作目的是以书面的形式将身处某一职位的个人或一个单位

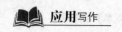

中具体的职能部门应当做、必须做的工作明确下来，以便行为主体明确自己的工作内容，做好本职工作。

职责的内容比较单纯，只写身处具体工作岗位的个人应当完成的本职工作或特定职能部门应该做的具体工作，不涉及有关工作质量、工作纪律等方面的内容。

职责的表现形式比较单一，一般采用条款式，根据工作内容的性质、重要程度等按照由主到次的顺序排列。

二、职责写作的要求及注意事项

职责是用于明确工作内容和应尽责任的一类应用文书，其写作目的是让行为主体明确自己应该干什么，以便其更好地履行职责，做好本职工作。职责的写作应注意以下几点。

（1）必须明确具体岗位应当承担的工作任务或特定职能部门的职权范围，在此基础上仔细考虑行为主体都应该做些什么，力求做到就本岗位或本部门来讲"本职"无缺漏，相对于其他岗位或部门来讲责任与任务不重叠，这样既可避免行为"缺位"，又可防止越权问题，使全局工作和谐有序地开展。

（2）直接说事，不及其余。职责是用于明确工作任务和工作责任的应用文书，写作时只需直接说事，不必添加引言、概述、结语之类的文字。与此同时，只需将应该做、必须做的事情说清楚，不涉及做事的要求、做事的纪律等方面的题外话。例如"负责办公室制度建设，逐步实现办公室工作的制度化、规范化、程序化"这一句中，"逐步实现办公室工作的制度化、规范化、程序化"就属于题外话。再如"协助办公室领导做好来人来访接待工作。本着热情、周到、细致、不卑不亢的原则，安排好来宾的食宿，协调好来宾的工作，并做好相关登记。负责有关接待结算工作"一段中，"本着热情、周到、细致、不卑不亢的原则"一句也属多余。

（3）坚持必须、合理的原则。制定职责一是要考虑各个岗位、各个部门的协调与配合，二是要考虑人员的合理分工，因此要坚持必须、合理的原则，既使各个岗位的工作任务相对均衡，又使工作任务的安排符合岗位实际。

（4）简明扼要，表述清楚。职责的制定旨在使有关人员明确自己的岗位职责，认真履行岗位职责，以便其更好地完成自己的工作任务。因此，职责的写作一定要做到简明扼要，表述清楚，使行为主体一看就知道自己应该干什么。

实战训练

同学们在大学期间，接触比较多的是自己班级的辅导员，因此对辅导员的工作内容有比较多的了解。请拟写一份《辅导员工作职责》。

第十一节　规　　范

话题与案例

近期，××学院教务处和学生处在联合巡查中发现三种情况：一是个别学生在上课时间吃东西；二是有的同学在上课时间趴在桌上睡觉；三是个别同学上课时不专心听讲，干一些与教学内容无关的事情。针对这些情况，教务处和学生处经过协商后，着手起草《××学院学生课堂行为规范》，对学生们的课堂行为进行规范。这个规范应该写哪些内容？

 基础知识与范例

规范是一种使用十分广泛的规章制度类文书，普遍应用于各个行业因相同或相近工作内容而结成的群体，其内容主要是关于特定人群的职业道德要求和行为标准。关于"规范"一词，《现代汉语词典》的解释是"约定俗成或明文规定的标准"。作为规章制度类文书的"规范"，是指针对特定职业人群而制定的、明文规定的一种标准，这一标准或是做事的，或是做人的，或者兼而有之，对于特定人群的行为具有引导、约束和规范的作用，从而确保特定人群的行为和谐、有序、有益和高效。

一、规范的分类

根据内容及其适用性的不同，规范主要分为以下三类。

1. 道德规范

道德规范重在强调做人，是用于评价人们行为的善恶、荣辱、正邪及对错的一种标准。作为规章制度出现的道德规范，是指某一行业的工作人员在职业活动中应该遵循的行为标准，其内容以爱岗敬业、无私奉献、诚实守信和尽职尽责做好本职工作为基本内容，兼及从业人员与服务对象、职业与职业之间的关系等方面，如《中小学教师职业道德规范》。

职业道德规范的内容一般涉及具体职业的方方面面，是从事该职业人群履职的总的原则性要求与基本标准，内容全面、概括，对于特定职业人群具有普遍的适用性。道德规范的制定旨在预防人们的行为偏差、唤起人们的自律意识，引导人们自觉遵守道德准则、遵纪守法、恪尽职守。与此同时，道德规范还具有提高人们的道德觉悟、培养人们的道德情感、坚定人们的道德意志、树立和增强人们的荣辱观念等作用。

 范例3-15

中小学教师职业道德规范

一、爱国守法。热爱祖国，热爱人民，拥护中国共产党的领导，拥护社会主义。全面贯彻国家教育方针，自觉遵守《教师法》等法律法规，依法履行教师职责和义务。不得有违背党和国家方针、政策的言行。

二、敬业奉献。忠诚人民教育事业，志存高远，对工作高度负责，勤勤恳恳，兢兢业业，甘为人梯，乐于奉献。认真备课上课，认真批改作业，认真辅导学生。不对工作敷衍塞责。

三、热爱学生。关心爱护全体学生，尊重学生人格，平等、公正地对待学生。对学生严慈相济，做学生的良师益友。保护学生安全，维护学生合法权益，促进学生全面、主动、健康发展。不讽刺、挖苦、歧视学生，不体罚或变相体罚学生。

四、教书育人。实施素质教育，遵循教育规律，勇于探索创新，不断提高教育教学水平。培养学生良好品德，塑造学生健全人格，启发学生创新精神。不违规加重学生课业负担，不以分数作为评价学生的唯一标准。

五、为人师表。知荣明耻，严于律己，以身作则。衣着整洁得体，语言规范健康，举止文明礼貌。谦虚谨慎，团结协作。平等对待学生家长，认真听取意见和建议，不以粗鲁言行对待家长。廉洁奉公，自觉抵制有偿家教，不利用职责之便谋取私利。

六、终身学习。树立终身学习理念，遵守教师培训制度，不断学习，与时俱进，自觉更新教育观念，完善知识结构，潜心钻研教育教学业务，不断提高教书育人的能力水平。

【提示】这则道德规范就从事教师这一职业的人应当恪守的行为准则做了全面、概括的规定，内容涵盖守法、敬业、爱生、施教、表率、进取等方面。由此可以知道，道德规范以某一具体职业为对象，其内容主要是就从事这一职业应该坚持的道德标准做出全面的规定。

2. 行为规范

行为规范是关于做事的一种标准，其内容主要是就做某种事情应遵循的程序、应达到的要求和应注意的事项等做出明确、具体的规定，如《病历书写规范》《教师教学行为规范》。相对于道德规范来讲，行为规范以特定的事务为对象，条款内容更加具体、明确。与此同时，行为规范不仅就一般情况下做某件事应遵循的程序和应坚持的质量标准做出明确的规定，而且对特殊情况下做该事的程序和要求也做出具体的规定。

范例3-16

教师教学行为规范

一、要有端正的教学态度，严肃认真地对待教学工作中的每一项内容，全心全意地做好教学工作。

二、要激发学生的求知欲，避免对学生进行灌输教学。既教知识，又教学法，培养学生的自学能力。

三、既要严格要求学生，又要尊重学生，肯定学生的优点，尊重学生的特点，避免学生对教师产生疏远倾向。

四、钻研业务，认真备课，熟悉教案。不断学习新的业务知识，充实教学内容，提高教学水平。

五、组织好课堂教学，创造生动活泼的课堂气氛，训练学生思维，向40分钟要质量。

六、精心指导学生学习，认真批改作业，及时纠正错误，把好教学过程的每一环节。

七、定期做好教学质量检查工作，及时查缺补漏，把好教学质量关。

八、按时上下课，组织好课堂教学，在规定时间内完成教学任务，不拖堂。

九、仪表端正，语言要清晰流畅，板书要整洁规范，内容要简练精确，不哗众取宠。

十、热情耐心地对待学生的提问，鼓励学生勤思善问，做好课后辅导工作。

十一、对待学生的态度要一视同仁，不准讽刺挖苦学生，更不能因对个别学生不满而在众学生面前泄私愤。

十二、教学的计划安排应符合学校的要求，不能随意增删内容、加堂或缺课，不占用学生的自习课或复习考试时间，不增加学生的学习负担。

【提示】这则规范就教师开展教学工作所涉及的各种问题做了全面、具体的规定，既是教师开展教学活动应该遵守的行为准则，也是衡量教师教学活动质量的评价标准。

3. 岗位规范

岗位规范也叫岗位标准，它是针对特定岗位制定的用于规定该岗位上岗人员必备的条件、岗位职责和工作规程的一种规范。相对于道德规范和行为规范来讲，岗位规范具有综合性的特点，这种规范不仅就特定人群的职业道德、工作内容和质量要求做出明确的规定，而且就特定人群应具备的业务素质、身体条件等提出明确的要求。

岗位规范一般由三部分内容构成：岗位职责、上岗条件和工作规程。岗位职责部分主要规定本岗位应该完成的工作任务及应达到的工作质量标准；上岗条件部分具体规定本岗位人员应具备的道德素养、业务知识和身体条件等；工作规程部分主要就工作开展的程序、基本要求、操作规范、衡量标准等做出规定。

二、规范的文体特点

规范一般针对特定的人群制定，或是提出特定人群中每个成员应坚持的道德标准，或是规定其行为标准，对特定人群的行为具有积极的引导作用。

1. 标准性

不论是针对做人还是针对做事，规范的制定都是为了提出一个标准供特定的人群共同遵照执行。因此，标准性是规范最大的特点。

2. 特定性

规范都是针对特定的人群制定的，其适用对象是特定的，对特定人群以外的人一般没有约束力。

3. 引导性

规范是评价特定人群行为对错和行为质量的一种标准，其作用是引导特定人群的行为趋于统一，以求取得最佳的行为效果。

 写作指导

一、规范的内容要素与写作要点

一个完整的规范一般由行为描述、基本标准与要求、特别说明三个部分构成。

行为描述主要是针对规范所涉及的行为进行解释或说明。当规范涉及的行为比较明确、行为主体十分清楚时，行为描述这一部分内容可以略去不写。

基本标准与要求是规范的主体部分。这一部分从特定人群的职业特点或身份特点出发，全面、具体地提出其做事应坚持的道德标准或规定其做事的基本要求。写作这一部分内容时，要充分考虑特定主体行为所涉及的方方面面，力求全面、具体、完备，避免疏漏。

特别说明部分主要是就特殊情况下的行为方法与行为要求做出具体、明确的规定，以确保行为质量与行为效果。

规范一般采用条文式的表现形式，条文的安排顺序主要考虑三点：一是按照行为描述、基本标准与要求、特别说明三个部分来安排层次；二是按照内容的重要程度，采用由重到轻的顺序来安排；三是将全部内容进行归类，然后按照一个合理的逻辑顺序来编排。

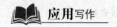

二、文种区分

1. 规范与准则的区别

规范和准则不论是从内容上看，还是从作用上讲，都有很多的相同之处，如它们都是对主体行为进行评价的标准，规定道德标准的规范与准则在内容范围上基本相同。规范与准则的不同主要表现在以下几个方面：一是适用对象不尽相同，规范只适用于特定的人群，一般以特定的职业或职位为对象，准则不仅适用于特定的人群，而且适用于特定的行业或企业，对其经营行为做出要求；二是侧重点不同，规范以"做事"为着眼点，对于职业道德的要求目的是更好地做事，准则以职业道德为着眼点，重在强调行为的社会效益；三是内容不同，规范的内容一般比较全面、具体，准则一般写得比较概括。值得注意的是，在现实生活中规范和准则的误用情况比较严重。

2. 规范与规则的区别

规范与规则的区别主要表现在两个方面：一是规范以特定的人群为对象，是关于特定人群做人或做事的标准，规则以具体的业务部门、事务或活动为对象，就事务处理或活动开展的一般程序、方法等做出规定；二是规范的制定主要着眼于行为标准和行为结果，规则的制定着眼于行为方法和行为的对错。

三、规范写作的注意事项

制定规范的目的是明确行为目标、提出行为要求、提高行为质量和行为效果。为此，规范的写作要注意以下几点。

1. 切实可行

规范的写作要充分考虑行为群体的实际，要切合实际，以绝大部分人能够做到为宜。与此同时，还必须考虑行为的最佳效益，标准高低适度。

2. 全面具体

规范的制定要充分考虑主体行为可能涉及的全部情况，力求做到全面、具体，没有疏漏和空白点，这样才能确保群体行为秩序和行为质量。

3. 注意细节

规范的制定要注意行为细节，要充分考虑非常规或非常态情况下的行为方法和行为要求，并对其做出明确的说明。

4. 表述清楚

规范的表述要逻辑清楚，语义明确，力戒语言歧义和含混不清等问题。

实战训练

在学校生活中，同学们大部分时间都坐在课堂上，对周围同学在课堂上的各种表现十分清楚。请根据自己平时观察到的情况，针对同学们在课堂上的各种不良表现，拟写一份《大学生课堂行为规范》。

第四章 >>>

事务应用文

　　事务应用文是党政机关、社会团体、企事业单位或个人处理日常事务时，用来传递信息、沟通情况、交流经验、研究问题、指导工作或规范行为的实用性文书。事务应用文包括计划、总结、调查报告、简报等，是日常工作中使用最为广泛的一类文书。

第一节　事务应用文概述

　　在现代社会里，各机关、部门、单位之间的联系更加频繁，要处理的事务日益增多，需要运用事务文书交流情况、沟通联系、总结经验、指导工作，以提高工作效率，因而事务应用文的应用范围越来越广。

一、事务应用文的特点

　　事务应用文是为传递信息、交流情况与经验、处理公务、解决实际问题而写作的，一般有特定的发送对象和明确的发文目的，讲求实用。事务应用文主要有以下几个特点。

事务应用文的
特点与写作要求

1. 针对性

　　事务应用文要有明确的针对性。无论是计划、总结、调查报告，或是各种简报，都要根据党和国家的有关方针、政策及当前的形势和全局情况，联系实际，实事求是，有的放矢。针对性越强，事务应用文的实用性和指导性也就越强，这样的事务应用文才会有更大的现实效用。

2. 具体性

　　事务应用文的应用性、指导性，必须建立在内容具体充实、观点明确的基础上。事务应用文的内容具体、明确，是指陈述的情况要确切、实在，反映的问题要明确、有分寸，总结的经验要切合实际。

3. 指导性

　　事务应用文是用来处理事务的，其内容是针对现实情况或工作中的问题进行调查、分析、总结或研究，目的是解决实际问题，推动实际工作的开展。因此，事务应用义对实际工作具有现实的指导意义。

4. 真实性

　　事务应用文的指导性以真实性为前提。真实，是指信息准确、情况真实、材料无误，

典型经验合乎规律，观点体现普遍原则，表达实事求是。

5. 灵活性

较之公务文书，事务应用文的体式更加自由灵活。在结构形式上，一般没有严格的限定；在表达方式上，它也更加多样化，常常结合使用叙述、说明、议论；在语言运用上，它更富于生动性，可以在真实反映情况的前提下，讲究语言表达的艺术效果。

二、事务应用文的写作要求

1. 深入调查研究，获取第一手材料

写事务应用文首先要进行深入细致的调查研究，全面了解和掌握实际情况，尽可能多地搜集、积累资料。情况清楚了，资料丰富了，文章才能写得具体、充实，才具有更大的应用价值。

2. 实事求是，切实可行

事务应用文都是为了解决工作中的实际问题而写的，因此必须实事求是，一是一、二是二。只有这样，才能使人们了解到真实情况，才能切实地指导工作，才有利于解决实际问题。与此同时，制订计划也好，提出解决问题的办法或措施也罢，必须切合实际、切实可行，只有这样，写出来的文章才具有使用价值。

3. 格式约定俗成，语言准确、简练

事务应用文的格式虽然不像公务文书那样程式化，但许多文种的格式也有约定俗成的特点。在结构方面，事务应用文要求开门见山、突出重点、层次分明；在语言方面，要求简洁、质朴，表意准确。

第二节 计 划

计划

话题与案例

《礼记·中庸》："凡事预则立，不预则废。言前定则不跆，事前定则不困，行前定则不疚，道前定则不穷。"其实，无论是单位还是个人，无论办什么事情，事先都应有个打算和安排。有了计划，工作就有了明确的目标和具体的步骤，可以减少盲目性，使工作有条不紊地进行。

 基础知识

计划是机关、团体、企事业单位及个人为了完成某项任务或为了达到某一目标而对一定时期的工作事先做出安排和打算时采用的一种文体。计划不仅体现工作目标、工作步骤、工作思路、工作方法和工作要求等，而且还可作为检查各个阶段工作完成情况的重要依据。

一、计划的作用

"凡事预则立，不预则废。"做任何事情前，先周密地筹划一番，理顺工作思路，这对工

作目标的实现具有十分重要的意义。概括起来讲，计划具有以下几个方面的作用。

1. 明确目标，减少盲目性

制订计划的目的主要在于明确工作目标，理顺工作思路，这样就能减少工作的盲目性，使工作有条不紊地开展起来，顺利达到既定目标。

2. 统一思想，协调行动

有些工作需要一批人或几个部门相互配合与协作来完成，开展前先做一个计划，可以统一大家的思想，使各个部门之间密切配合与协作，这样不仅可以提高工作效率，而且可以提高工作质量。

3. 预见困难，优选方案

制订计划可以预见工作过程中可能出现的各种困难，提前制订和优选工作方案，以保障工作的顺利开展。与此同时，在制订计划时，做出应对各种有可能出现的困难的预案，当困难出现时可根据客观情况的变化及时调整工作思路，以利于工作目标的顺利实现。

4. 为督导、检查和评价提供依据

计划一旦实施，各个阶段的工作目标就明确了。在计划的整个实施过程中，执行情况怎样，出现了哪些异常，情况一目了然。计划既是上级领导督导工作、检查工作和评价工作质量的依据，也是执行者进行自查和自我评估的依据。

二、计划的分类

按照不同的分类标准，计划可分为多种类型。

（1）按内容性质，计划可分为工作计划、学习计划、生产计划、科研计划、教学计划、销售计划、采购计划、分配计划、财务计划等。

（2）按适用范围的大小，计划可分国家计划、地区计划、部门计划、单位计划、班组计划、个人计划等。

（3）按涉及时限的长短，计划可分为长期计划、中期计划、短期计划三类，具体还可以称为十年计划、五年计划、年度计划、季度计划、月份计划、周计划等。

（4）按约束力的强弱，计划可分为指令性计划、指导性计划。

（5）按涉及问题的层面，计划可分为综合性计划、专题性计划。

（6）按表现形式，计划可分为条文式计划、表格式计划和文表结合式计划。

三、计划的特点

1. 科学的预见性

计划是对未来行动的预想和策划，制订计划时要充分认识到事物发展的前景，依据现有情况，分析各种有利和不利的因素，使预想的目标可能实现，使设定的程序和方法、措施合情合理。因此，计划具有科学的预见性。科学的预见性主要体现在以党和国家的大政方针为指导，从本单位、本部门的实际情况出发，在总结过去的成绩和问题、分析目前的工作实际、预测今后发展趋势的基础上制订计划。要对各种可能出现的情况，有一个正确的估计。

2. 现实的可行性

计划是今后一个时期工作的依据，其中所提出的目标和任务、措施和步骤等，应当是可靠的和切实可行的。要尊重客观实际，目标既不能过高，也不能过低。目标过高，脱离实际，任务和指标不可能完成，计划会落空，会挫伤群众的积极性；目标过低，会造成人

力、财力、物力上不必要的浪费，也不利于充分调动群众的积极性。

3. 明确的目的性

在一定时期内，要完成什么任务、解决什么问题、取得怎样的效果、达到怎样的目标，这是制订计划时首先要考虑的，是计划的核心内容，也是制订具体措施的依据。计划本来就是为了避免行动的盲目性而制订的，没有一个明确的目的，就谈不上计划。

4. 实施的灵活性

计划是事先对未来工作做出的设想和安排，在实施过程中，由于主客观条件在不断变化，可能出现这样或那样的问题，还会有一些预想不到的偶然事件冲击计划的执行。一旦出现这种情况，就需要对计划进行适当调整、修改、补充，并采取相应的措施。因此，在制订计划时，要留有余地，使计划具有灵活性。

 写作指导与范例

一、计划的一般结构和各部分的写作要点

计划是为完成一定的任务而事前拟写的事务文书，是用来指导人们实践的。计划的内容要具体、明确、简明扼要，结构要紧凑、逻辑性强，语言要通俗易懂。计划的内容虽有不同，但写法基本一致，一般包括标题、正文和落款三个部分。

1. 标题

标题是计划的名称，主要有公文式和文章式两类写法。

公文式标题一般由计划单位的名称、计划时限、计划的内容和文种名等部分构成，如《××大学 2020 年度教学研究工作计划》；有的计划标题由计划单位、计划的内容和文种名或计划时限、计划的内容和文种名三个部分构成，如《2020 年招生计划》；有的计划标题由计划的内容和文种名两部分构成。

文章式标题由正题和副题两部分组成。正题概括计划内容、揭示主题，副题标明单位名称、计划时限和计划种类，如《影响力 亲和力 感召力 凝聚力——航空旅游分院 2020 年思想政治工作计划》。

2. 正文

计划的正文一般由前言、主体和结尾三个部分构成。

（1）前言。计划的前言一般用简洁的文字阐明制订计划的指导思想、依据，即回答"为什么做""依据什么做""能不能做"的问题。制订计划的依据包括上级文件或指示精神、本单位的实际情况和工作需要。

前言还包括计划的总任务、情况分析等。前言是计划的纲要，切忌冗长，不宜过多论述，点到为止。

（2）主体。主体是计划的主干部分，用来表述计划的具体内容，是计划写作的重点，具体回答"做什么""怎么做'"何时完成"的问题，是计划的核心。计划的主体主要包括三个部分，即目标（做什么）、措施（怎么做）、步骤（几步做完）。

① 目标。做任何事情都要有一定的目标，有了目标工作就有了方向，缺少目标工作就难免出现盲目性。在一份计划中，首先要让人们明确工作或学习所要达到的目标，并且这个目标必须是切合实际的，是经科学分析、在自己能力范围以内制订出来的，不是凭主观

臆造出来的，不存在假、大、空的成分。

②措施。措施是实施计划的具体做法。有了目标就需要有相应的措施和办法相配合，以保证目标的顺利实现。如果没有具体的措施来保障计划的顺利实施，任何计划都会落空。措施包括采取什么样的工作方法，安排多少人力、物力，估计实施过程中会遇到怎样的困难及应采取的相应对策，等等。

③步骤。步骤是对计划实施过程的时间安排，其中主要明确哪些先干、哪些后干，使实施过程有条不紊，确保总体目标的顺利实现。

（3）结尾。计划的结尾没有固定的格式，可根据需要而定。它可以提出实施计划的要求，可以强调计划内容的重点，还可以提出希望、发出号召。有些计划甚至可以不写结尾。

3. 落款

落款包括单位名称和日期，通常在正文的右下方签署单位名称和日期。如果计划标题中有了单位名称，落款也可以将其省略。如果计划要上报领导机关或下发给下级机关、职能部门，落款处要加盖公章。

语文能力强化训练计划

语文能力是人们生活、学习和从事各种职业必不可少，并且十分关键的一种核心技能。从生活的角度讲，人与人之间的思想沟通与情感交流需要借助语言来完成；从学习的角度讲，不论是从书本上获取知识，还是聆听别人的讲授，都需要良好的语言理解能力；从工作的角度讲，思想沟通、信息传递、经验交流等都需要良好的语言运用能力。

为了切实提高自己的语文能力，特制订本计划。

一、基本目标

通过三个月的强化训练，力争使自己在语文能力方面达到以下几个目标。

1. 在交际过程中，不仅能够准确领会别人谈话的意思，而且能够恰到好处地表达自己的思想，做到遣词造句不仅表意准确、条理清楚，而且生动、形象，富有感染力。

2. 掌握各种阅读方法，最大限度地从书中获得阅读效益——既要使阅读成为一种精神享受，又能从书中获得思想营养，同时还能够从中获得写作技法等方面的感悟和启示。

3. 掌握常见的表达方式及表现手法，具备准确、生动地表达自己思想和感情的能力，能随时将自己对社会和人生的思考，以及对现实问题的看法用文章的形式表现出来。

二、具体设想和做法

语感、思想修养、想象与联想能力是语文能力赖以形成的三大基石。据此，强化语文能力的具体设想和做法如下。

1. 加强语感训练。语感是构成语文能力的核心因素。语感强的人，不仅感知和理解语言的能力强，而且写起文章来文从字顺。语感的培养途径很多，其中最重要的是朗读。因此，这三个月的语文能力强化训练，以朗读为最佳切入点，通过大量的朗读训练使自己的语言感受力得以强化。这里的"大量"主要指同一篇文章多遍数、熟读成诵式地朗读。

具体做法：精选8～10篇精美的散体文章，逐篇无数遍的重复朗读，力求达到熟读成诵、脱口而出的程度。

2. 加强思想修养。思想是阅读理解能力与表达能力赖以形成的基础；语言是思想的载体。语言能力的高下实际上是由思想修养所决定的，思想浅薄的人语言必然是苍白的。从本质上讲，阅读理解能力实际上就是用自己的思想兼容阅读文本的思想，从中获取"养分"的能力。如果一个人的思想丰富而深邃，就有消化一切文章的能力；写文章实际上就是表达作者自己的思想，思想匮乏或思想浅薄，都不可能写出好文章来。因此，要提高阅读理解能力和表达能力，首先必须丰富和提升自己的思想。

具体做法：以《增广贤文》《论语》《伊索寓言》为主要阅读材料，反复阅读，细加品味，深入思考，最大限度地吸收其中的思想养分。

3. 加强思维训练。语言的发展促进思维的发展，思维的发展反过来对语言的发展产生重要的影响，两者是相互依存、相互促进的关系。没有思维，不会有语言的产生和发展；没有语言，思维也就失去了依托；思维借助语言进行表述，语言所表述的内容就是思维的结果。因此，加强思维能力的训练，尤其是加强想象与联想能力的训练是提高语言的理解与运用能力的重要途径。

具体做法：借助于生活事件的触发培养想象与联想能力；通过文学鉴赏活动培养想象与联想能力；通过改写训练培养想象与联想能力。

4. 加强遣词造句能力的训练。在日常生活与工作中，不论是说话还是写文章，都不能只满足于词用得对、语句通顺，还要力求用词精当、语言流畅、生动形象、富有感染力。这就要求我们重视对语言的推敲和锤炼，尤其是对动词的推敲和锤炼。正如前人说的："把语言放在纸的砧上，用心的锤来锤炼它们。"

具体做法：借助朗读感悟语言组织的技巧；通过编发短信和"对对子"训练培养遣词造句的能力；通过改写、缩写和扩写等形式培养语言组织的能力。

三、保障措施

1. 重视训练素材的选择。不论是语感的培养，还是思想的丰富与提升，训练素材的选择都十分关键。素材选择失误必然会遭遇事倍功半的尴尬。在选择素材时应坚持这几个标准：一是用于语感训练的文本语言要绝对的规范；二是用于丰富和提升思想的素材必须思想意蕴深厚，能够给人以较多的思想养分；三是用于想象与联想能力训练的素材要易于触发人的想象与联想。

2. 重视训练方法的选择。语文能力的形成有其自身的特殊规律，其中很重要的一点是以大量的语言感性积累为基础。因此，进行语文能力培养与强化训练，在方法选择上应注意三点。一是语感训练要重视对同一篇文章不厌其烦地反复朗读，使之烂熟于心，以便从中获得多方面的感悟。那种蜻蜓点水似的朗读，即使读的文章很多，其收效也甚微。二是丰富与提升思想的训练，不仅要选择好阅读文本，而且要注意带着自己的思想去阅读——阅读的过程中要注意分析和思考，力求化文章的思想为自己思想的养分。三是进行想象与联想能力的训练要放开视野，让思想自由驰骋。

3. 要持之以恒。对于一篇文章不厌其烦地反复朗读，难免会使人产生枯燥的感觉，这就需要有持之以恒的精神。

【提示】这份计划指导思想明确，计划依据符合语文能力形成的基本规律；内容具体、实在，可操作性强；措施切实、有力。

二、计划写作的基本原则

不论哪种计划，写作时都必须坚持以下原则。

1. 对上负责的原则

要坚决贯彻执行党和国家的有关方针、政策和上级机关的指示精神，反对本位主义。

2. 切实可行的原则

要从实际情况出发定目标、定任务、定标准，既不要因循守旧，也不要盲目冒进。即使是做规划和设想，也应当保证可行，能基本做到，其目标要明确，其措施要可行，其要求也是可以达到的。

3. 集思广益的原则

要深入调查研究，广泛听取群众意见，博采众长，反对主观主义。

4. 突出重点的原则

要分清轻重缓急，突出重点，以点带面，不能眉毛胡子一把抓。

5. 防患未然的原则

要预先想到实行过程中可能发生的偏差、可能出现的问题，要有必要的防范措施或补救办法。

三、几种特殊计划的特点及其写作要点

计划是个总的称谓，除上面所讲的一般形式外，还有一些特殊的形式。计划的特殊形式包括规划、纲要、设想、打算、要点、方案、意见、安排等多种类型，其内容差异主要表现在计划目标的远近、时限的长短、内容的详略等几个方面。具体来讲，比较长远、宏大的为"规划"，比较切近、具体的为"安排"，比较繁杂、全面的为"方案"，比较简明、概括的为"要点"，比较深入、细致的为"计划"，比较粗略、不成熟的为"设想"。不论是何种类型，其内容都由"准备做什么""打算怎么做""计划做到何种程度"三大部分构成。

1. 规划

规划是计划中最宏大的一种，是指为完成某一任务而做出的比较全面的长远打算。从时间上说，一般都在三五年以上；从范围上说，大多是全局性工作或涉及面较广的重要工作项目；从内容和写法上说，往往是粗线条的，比较概括。

规划是对全局或长远工作做出的统筹部署，既具有方向性、战略性、指导性，又具有严肃性、科学性和可行性。因为规划涉及的时限较长，要确保规划目标的实现，可行性是至为关键的。这就要求规划的制定者必须进行深入细致的调查研究，掌握大量的第一手资料，在此基础上根据党和国家的大政方针及本单位的实际情况，充分听取各方面的意见，经过多种方案的反复比较、研究和选择，确定各项指标和措施。

规划的写法适用于计划的一般结构，其内容要素与一般计划大体相同。其写作要点主要表现为标题的拟定和正文的安排。规划的标题一般由单位名称＋时间期限＋内容范围＋文种名"规划"构成。规划的正义一般包括以下内容。

（1）前言。前言主要写制定规划的起因和缘由。在写作时要将各种情况概括起来进行深入浅出的论述，讲清制定规划的依据，使人们明确规划制定及实施的意义。

（2）指导方针和目标要求。这是规划的纲领和原则，是在前言的基础上提出的，因此

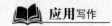

既要写得鼓舞人心，又要写得坚定有力，要用精练的语言，概括地阐述出来。

（3）主要任务和政策、措施。这是规划的主体和核心，集中阐述"做什么"和"怎样做"的问题。任务要提得明确，措施要提得概括有力。这部分写作通常有两种结构：对于全面规划或任务项目较多的规划，因其各项任务比较独立，没有多少共同的完成措施，一般采用以任务为主线的"并列式结构"（措施都在各自的任务之后分别提出）；对于专题规划或任务较单一的规划，因其任务项目较少且项目之间的联系又较大，一般采用任务、措施分说的"分列式结构"。

（4）结尾，即远景展望和号召。这部分要写得简短、有力，富有号召力。

2. 纲要

纲要和规划相同，也是各级领导机关根据战略方针，为实现总体目标对某一方面的工作做出长远部署的计划类文书。与规划不同的是，纲要比规划更为概括，一般只对工作方向、目标提出纲领式要求和指导性措施。

3. 设想、构想、思路、打算

设想、构想、思路和打算都是粗线条的、想法不太成熟的非正式计划，其差异主要在于内容范围，这里一并进行介绍。

设想是一种粗线条的、初步的、预备性的非正式计划。这是计划中最粗略的一种：在内容上是初步的，大多是不太成熟的想法；在写法上是概括地、粗线条地勾勒。相对来讲，其适用时限较长，但也有时限较短的或涉及面较窄的。一般来说，时间长远的称为"设想"；范围较广泛的称为"构想"；时间不太长、范围也不太广的则称为"思路"或"打算"。

设想是为制定某些规划、计划做准备的，是一些初步想法。设想在严肃性、科学性和可行性方面的要求相对弱一些，因为它是为正式的规划或计划做准备，只要基本成形就可以，且在提出任务或目标时，往往还有一些简短的论述语句。

设想的写作要点如下。

（1）设想写作的总体要求是严肃、认真，所想与实际情况相差不大。

（2）设想的标题可以"四要素"齐全，由单位名称＋时间期限＋内容范围＋文种名"设想"构成，也可以由"三要素"构成，或省略单位名称，或省略时间期限，还可以是"两要素"构成，省略单位名称和时间期限，如《关于创办文化产业的初步设想》。

（3）设想的正文一般有两种写法。第一种是只写目标、要求和措施，采用条文式写法。这种写法适用于时间较长远的"设想"或工作计划的最初构思或打算。第二种是按规划、计划、方案或安排的结构拟写，只是内容粗略一些，一般适用于用来征求意见的"构想""思路"或"打算"。

4. 要点

要点就是把计划的主要内容摘录出来，一般适用于时间相对较短的计划。其特点是使计划的主要内容简明突出，便于以文件的形式下发。一般以文件下发的计划都采用"要点"这一形式。

要点多是上级机关某一项重要或较大工作计划的摘要，一般都要以文件形式下发，因而多用某个通知作"文头"，所以只要有标题和正文两部分内容就可以了，不必再落款和再写成文时间。但也有一些要点，由于涉及的工作重大，为郑重起见，往往要在标题下标明发文机关名称和制发的具体时间。

要点标题的写法与纲要相同。要点正文的写法具有特殊性——由于要点的内容是摘录计划的主要内容，因此写得比较简明概括，既不要面面俱到，也不必讲具体做法，更不用论述。在结构方式上，大多采用并列式，分条列项，一贯到底，也可分几大项，大项下分若干小项，其中的小项可在每一大项下单独排列，也可全文排列。

5. 方案

方案是计划中内容最为复杂的一种，包括目的、要求、方式、方法、进度等，有很强的可操作性。方案一般适合专项性工作，其实施往往须经上级批准。

由于方案一般涉及的具体工作比较复杂，因此在写作时特别注意层次的安排，并将指导思想、主要目标、工作重点、实施步骤、政策措施、具体要求等项目逐层清楚地表达出来。

方案一般由标题和正文两部分内容构成。

（1）标题。方案的标题有两种写法：一种是由发文机关、计划内容和文种名三部分构成，如《陕西航空技术学院工资改革方案》；另一种是省略发文机关，由计划内容和文种名两部分构成。这种标题形式一般适用于发文机关已经在转发性通知的标题中出现的情形。值得注意的是，方案的标题下一般标有方案的成文时间。

（2）正文。方案的正文一般有两种写法：一种是常规写法，即按指导方针、主要目标、实施步骤、政策措施及要求依次来写，这种写法适合于一般常规性单项工作方案；另一种是变通写法，即根据实际需要加项或减项的写法，适合于特殊的单项工作。不论采用哪种写法，主要目标、实施步骤、政策措施这三项内容必不可少，并且要陈述清楚。

主要目标一般还要分总体目标和具体目标两个层次来写；实施步骤一般还要分基本步骤和关键步骤，关键步骤中还有重点工作项目；政策措施一般分政策保证、组织保证和具体措施等几个层次来写。

6. 安排

安排是短期内要做的，范围不大、内容单一、布置十分具体的一种计划形式，是计划中最为具体的一种形式，一般适用于工作内容比较确切、单一的情形。

安排主要由标题和正文两部分内容构成，标题的写法与方案相同；正文一般由开头、主体和结尾三部分组成，也有的省略结尾。安排的开头一般阐述安排的制定依据，主体部分具体写任务、要求、步骤、措施等内容。安排的主体部分可按这四方面内容分层来写，也可把任务和要求合在一起、把步骤和措施合在一起来写，还可以先写总任务，然后按时间顺序一项一项地写具体任务，每一项有每一项的要求及措施，要依据工作性质及具体内容来定。但不论怎样安排，任务都要写具体，要求都要写明确，措施都要得当。安排的结尾部分一般简要地写执行要求和相关事项等，也可以不写。

方案和安排都涉及单项、具体的工作，即只对一项工作做出部署和安排。二者的区别主要在于方案的内容范围适合于上级对下级或涉及面比较大的工作，安排的内容范围则适合于单位内部或涉及面较小的工作。

7. 意见

意见属粗线条、具有指导性的计划，它适用于上级向下级布置工作任务并提供基本的思路、方法，提出要求等。这种计划一般写得比较概括，下级具体实施时可以灵活掌握。

四、计划写作的一般步骤

计划体现的不仅是对未来情况的预见性，而且是对未来工作的组织和安排，这就决定了计划的写作需要有前瞻性的眼光，需要有良好的思路。与此同时，还要占有大量的第一手资料。因此，计划的写作一般按照以下步骤进行：首先要明确计划的目的，即弄清楚为

什么要制订计划、根据什么制订计划；然后要收集资料，特别要注意收集以前的计划，并对资料进行比较、分析、核实，在此基础上起草计划草案，必要时可拟出几个方案供领导、专家和群众讨论；最后对计划草案进行修改定稿。

五、计划写作的基本要求

1. 任务要清楚

一是总任务要写清楚，并且围绕总任务提出指导思想、工作原则、工作目标、工作思路。二是任务要具体——将任务分解为一项项具体工作或指标，并提出明确具体的目标要求；目标能够量化的要予以量化。三是任务要可行。要本着实事求是、量力而行、可望实现、留有余地的原则，将任务表述为一件件可落实的工作。

2. 措施要明确

在制订和写作计划时，措施的表述要做到四点：一是突出关键措施和主要措施，如必须创造哪些主要条件、采取哪些主要手段、运用哪些主要方法、克服哪些主要困难、排除哪些主要障碍等，要表达清楚；二是要注意逻辑顺序，重要的先说、详说，次要的后说、略说；三是表述时要理清各项措施的关系，尽量做到周密完善；四是要具体，措施不同于原则，措施应该是可操作的，表述时要讲清"如何做"，不能太一般、太抽象。

3. 语言要准确

语言准确包括两方面：第一，语言运用要准确，否则易造成误解；第二，选择修饰词语要注意分寸，否则也容易出现不准确的现象。

实战训练

新学期已经开始，在这学期里，如何轻松愉快而又有所收获地学习？请制订一份学习和生活计划。

第三节 总 结

总结

话题与案例

经验是一种财富。善于总结，不仅能够积累经验，而且可以拓宽今后的工作思路，改进工作方法，富有成效地开展工作。

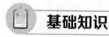 基础知识

总结是单位或个人对过去一段时间内的工作、学习或思想情况进行全面、系统的回顾、检查、分析和评价，从中找出经验与教训，用于指导下一阶段实践活动的书面材料。不论是机关、团体、企事业单位还是个人，在一个阶段的工作、学习之后，应该回顾一下：做了哪些工作？学了哪些知识？取得了哪些成绩？有什么成功的经验？有什么失败的教训？还存在什么问题？下一阶段有什么打算？把这些内容写成文章，就是总结。

一、总结的作用

总结是通过回顾一个时期的工作情况，检查工作的质量和效果，对取得的成绩进行肯定，对存在的问题进行反思和检讨，对今后的工作进行安排和部署。就个人来讲，经常性地对自己所做的工作来个"回头望"，不仅对上级、对组织、对群众、对自己有个交代，而且有利于把今后的工作做得更好。

明智的人总是重视总结、善于总结，从总结中吸取经验教训，把经历当财富。经过一段时间的工作或学习之后，回头审视一下：有何得失，有何体会。事情做得好，好在哪里？什么原因？今后怎样发扬光大？出了问题，又是什么原因？今后怎么改进？

总结的目的是为今后的工作理清思路、指明方向、找出对策，使今后的工作少走弯路，提高工作的质量。

二、总结的特点

1. 实践性
总结首先要回顾实践的全过程。典型事例和确凿数据是一篇总结得出正确结论的基础。

2. 真实性
总结是人们实践活动情况的概括反映。总结中对自身工作的回顾与评价，应当忠于客观事实。所用的材料，必须绝对真实，不能添枝加叶，不能报喜不报忧，更不能无中生有，其中的观点，必须是从自身实践活动中抽象出来的认识和规律。

3. 分析性
总结不是对已做工作的过程和情况的表面反映，而是对工作中成功的经验、失败的教训及存在的问题的分析和研究，从中找出规律性的东西，以便在今后的工作中少犯错误或不犯错误。

总结不仅要陈述工作情况，更要揭示理性认识。能否进行理性分析，能否找出带有规律性的东西，是衡量一篇总结成败的重要标准。找出带有规律性的东西，用以指导今后的工作，这是总结的实质。

4. 经验性
总结的目的不是简单地回首往事，也不是简单地罗列得失，而是从以往的工作中探求成功的规律，而规律性的东西总是寓于最典型的、最有说服力的事例中。所以，写总结不能事无巨细、主次不分、有闻必录，应当择其主要工作、主要实绩、主要问题来写。事例越典型、越突出，总结出来的经验就越深刻。

5. 简明性
总结往往是做概括叙述，而不必具体描述；做简要说明，而不必旁征博引；做直接议论，而不必多方论证。

三、总结的种类

根据不同的分类标准，总结可分为以下几类。

（1）按内容，总结可分为工作总结、学习总结和思想总结。

（2）按涵盖的范围，总结可分为单位总结、班组总结和个人总结。

（3）按涵盖的时间，总结可分为年度总结、季度总结和月份总结。

（4）按用途，总结可分为上报总结、下发总结和发表总结。

（5）按进程，总结可分为阶段性总结、全程性总结。

（6）按性质，总结可分为综合性总结和专题性总结。

写作指导与范例

一、总结的结构和写作要点

总结一般包括标题、正文和落款三个部分。

1. 标题

总结的标题主要有两种形式。

（1）公文式标题。公文式标题一般由单位名称、时间、内容、文种名称几个部分构成，在实际使用时常常有所省略。

（2）文章式标题。文章式标题又可分为单行标题和双行标题。文章式单行标题一般概括总结的主要内容或基本观点，不出现总结字样，但对总结内容有提示作用，如《我是怎样抓教学质量的》；双行标题是指正、副标题合用，正标题突出中心，概括总结的主旨或提出要回答的问题，副标题说明单位、时间、内容和名称，如《提高学生的人文素质是大学教育的首要职能——××大学2020年教育教学工作总结》。

2. 正文

总结正文的内容包括基本情况、成绩与经验、存在的问题和教训、今后打算和努力方向几个部分。

（1）基本情况。基本情况一般包括三个大的方面：一是在什么时间段、什么环境和背景之下开展的工作；二是都干了哪些工作，怎么干的；三是干得结果怎样。具体写作时要简要交代总结所涉及的时间和背景，说明总结的出发点和意图，简述工作内容、工作要求及完成情况。这是正文的导言部分，写作时要做到简明扼要，提纲挈领，点明中心；背景交代要少而精，对所做工作的叙述要概括而全面。

（2）成绩与经验。对以前工作进行回顾和总结，目的是把以后的工作做得更好，因而成绩与经验部分是总结的重点内容。在这一部分，要详写工作过程中的具体做法和遇到困难时采取的具体措施，重点分析取得成绩的主客观原因，弄清哪些做法是成功的，在遇到具体困难时哪些应对措施是行之有效的。这部分内容较多，写作中常采取点面结合、详略结合、叙议结合的手法，用事实和数据说话，从成功的做法中提取出有益于今后工作的经验。

（3）存在的问题和教训。总结工作中的曲折与反复、缺点与不足、造成的消极影响或工作损失，弄清导致缺点或失误的主客观原因，将其作为以后工作中引以为戒的教训。

（4）今后打算和努力方向。说明工作中尚未解决或尚未完全解决的问题及其原因，提出今后工作的设想，制定新的措施，指明努力方向或说明发展趋势。

正文内容的结构较多，常见的有以下几种。

第一，"两段式"结构。分"情况"和"体会"两部分：先叙述情况——包括基本情况、主要做法、成绩与缺点等；然后叙述体会——包括经验的总结、教训的归纳及对存在问题的认识和下一步的打算等。问题比较集中的专题总结大多采用这种写法。

第二，横式结构。把全部工作归结为几个问题，就具体问题叙述情况和体会，每一部分有相对的独立性，但各部分之间又有密切的联系，各部分都为同一中心内容服务。采用这一结构形式，在写作时要注意合理地安排各部分的先后顺序，或以主次为序，或以轻重为序，或以因果为序等。

　　第三，纵式结构。按工作进程，以时间顺序或事物发展的自然顺序安排内容，分别对每个发展阶段的情况进行分析和总结。这种安排便于反映事物发展的全过程，使读者的思想认识逐步走向深入。采用这种结构形式时，特别要注意详略得当，不要平铺直叙；发展过程的叙述要服从总结经验和教训的需要，注意各部分之间的连贯性，使整个总结成为一个有机的整体。

　　第四，纵横交织结构。既考虑时间的先后顺序，反映事物发展的过程，又注意内容的逻辑联系，逐层深入地突出几个问题，纵横交织、事理结合。采用这种形式，既能使读者了解工作的全过程，又便于读者借鉴各阶段的成功经验。

　　3. 落款

　　落款包括署名和日期。单位总结具名，一般写在标题中或标题下，或者在正文的右下方写明总结单位和年、月、日；随另文发送的总结可不具名；个人总结的署名，一般写在正文右下方。

语文能力训练总结

　　通过三个月的语文能力强化训练，自己的语言理解和运用能力得到了很大的提升。具体表现为：与人交谈不仅语言顺畅、表意恰当、应对自如，而且时有"灵感"闪现，能够自然得体地使用幽默风趣的语言以及各种修辞手法来增强语言的生动性和感染力；阅读时不仅能够准确把握文本的要旨，而且能够从中获得更多的感悟；提笔为文，不仅能够很快明确自己要表达的思想，迅速理清自己的思路，而且遣词造句得心应手。事实证明，这一阶段自己在语文能力强化训练方面所采用的方法是十分有效的。为了使更多的人能够从自己的经验中获得启示，现将前一阶段自己在语文能力强化训练方面的做法和体会总结如下。

　　一、基本情况

　　在实施语文能力强化训练之前，本人的听、说、读、写能力较差。具体表现为：与人交谈，常常找不到合适的词句来表达自己的意思，有时还会因口误使自己十分尴尬；读书虽然很认真，却不得要领，从书中所获教益甚微；提起笔来写文章，不是感觉没什么可写，就是不知如何来写，有时即使进入写作状态，也常常出现"卡壳"的情况。在这样一种情况下，本人实施了三个月的语文能力强化训练计划，主要做了以下几个方面的工作。

　　1. 以西北农林科技大学出版社出版的《大学语文》为主教材，选取了其中16篇课文进行朗读训练，有的文章读了不下上百遍，直至达到脱口而出的程度。

　　2. 以《增广贤文》《论语》《伊索寓言》为主要读物，反复阅读，细加品味，深入思考，最大限度地从中获得思想营养。与此同时，对于《增广贤文》的文本进行反复的朗读，熟读成诵。

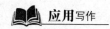

3. 充分地发挥想象和联想能力，再现诗文所描绘的情景。与此同时，将文中所写与现实生活联系起来进行思考，力求从中获得多方面的感悟。

经过这几个方面的强化训练之后，语文能力得到了较大的提升。

二、几点体会

1. 要有持之以恒的精神。培养语感最有效的方法是对同一篇文章进行反复的诵读。对于一篇文章进行不厌其烦的反复朗读，难免会有枯燥乏味的感觉，尤其是在读了多遍还没有品味出语言的美感、获得精神上的愉悦以及获得思想上的感悟的情况下，容易产生懈怠的心理。在这种情况下，一定要坚持下来，尤其是要从语言形式、表现技巧和思想内容等多方面对文章进行细细的品味和感悟。只要坚持下来，最终会得到强烈的审美体验和深刻的感悟，最终收获成功的喜悦。

2. 充分展开想象与联想不仅是深刻理解诗文内容和从理性的高度把握写作特点的前提，而且是打开写作思路的关键。想象与联想能力的培养既要深入书中，又要跳出书本，要善于在生活的触发下让思想大胆而自由地驰骋。

3. 思想的丰富与提升对语文能力的提高非常关键。丰富和提升思想要注意将阅读和体验有机结合。虽然从书本上获得思想养分比较直接和迅速，但真正要提高认识事物和分析事物的能力，从而提高自己提炼和表现主题的能力，还要依赖对于生活的观察、思考和体验。

在前一阶段的语文能力强化训练中，既取得了以上三点经验，也存在几点失误：一是最初朗读时没有注意语速、语调和节奏，这样对语感的形成极为不利；二是在一段时间内误用了"速读"的方法，虽然读了一些东西，但实际上收效甚微；三是有的阅读文本没有选好——只有读思想底蕴深厚的书，才能从思想上获得较大的增益。

周×××

2022 年 5 月

【提示】这份总结结构完整，内容充实，层次清楚；"干了什么"交代得很具体，取得了哪些经验、有什么教训都写得恰到好处。

二、写总结应注意的问题

1. 全面回顾，深刻分析

总结既然是为了找出工作中的成绩和问题，吸取经验和教训，以利于今后工作的开展，就有必要对过去的工作进行全面回顾、深刻分析。所谓全面，是指基本情况、成绩与经验、存在的问题和教训、今后打算和努力方向等几个重要的方面一个都不能少。少了就不能算是一份真正意义上的总结，就会失去指导工作的意义。深刻分析，是指既要找出各个方面存在的问题，又要分析产生这些问题的原因。需要注意的是，全面总结，并不意味着事无巨细、面面俱到，必须有所取舍、有所侧重。

2. 用事实说话，真实、客观

用事实说话，主要体现为列举工作中的具体事例和对事例进行分析。生动的例子不仅能加深读者的印象，而且能增强说服力，因而用事实说话可以提高总结的价值。事实的选用既要真实又要客观，不夸大、不缩小，这是分析问题、得出正确结论的前提。

3. 条理清楚

总结是写给人看的，条理不清，人们就看不下去，即使看了也不知其所以然，这样就达不到总结的目的。

4. 突出重点

一个人、一个单位，经过了一段时间的工作，留下的东西是很多的。事无巨细地总结一遍是毫无意义的，必须抓住最重要的情况加以总结。

实战训练

不管做什么事情，做完后都有必要进行一番回顾、反思，总结经验和成绩，吸取经验和教训，借以指导下一阶段的工作。人总是在不断总结中成长与进步的，因此要学会总结、善于总结。

请对自己前一阶段的学习进行一番认真的回顾，从中总结出成功的经验和失败的教训，写一篇学习的阶段性总结。

第四节 简 报

简报

话题与案例

××学院为了争取全院各部门的紧密配合，以加强对学生的全天候教育和管理，决定向领导、各部门和有关人员定期通报学情。他们应该采用什么形式？

基础知识与范例

简报，顾名思义，就是简明报道，它是国家机关、企事业单位、社会团体为汇报工作、交流经验、反映情况、沟通信息、报道动态而编发的事务性文书，是一种摘要性的内部文件。常见的"工作动态""情况反映""简讯""内部参考""××动态""××交流""快报"等，都属于简报。

一、简报的作用

1. 反映情况

通过简报，可以将工作进展情况及工作中出现的新情况、新问题、新经验，及时反映给各级决策机关，使决策机关了解下情，为决策机关制定政策、指导工作提供参考。

2. 交流经验

通过简报进行交流，可以提供情况、借鉴经验、吸取教训，对工作有指导和推动作用。

3. 传播信息

简报本身就是一种信息载体，可以使各级机关及从事行政工作的人互相了解情况，学习先进，改进工作。

二、简报的特点

1. 真实性

简报所反映的内容、涉及的情况，必须严格遵循真实性原则，时间、地点、人物、事件、原因、结果等所有的要素都要真实，所有的数据都要确凿。

2. 新颖性

新颖是简报的价值所在。简报只有反映新情况、新动向、新问题、新经验，才能发挥

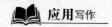

它应有的作用。也只有内容新鲜、观点新颖，才能引起人们的关注。

3. 时效性

简报在机关文书中以讲究时效著称，尤其是那些突发性的动态简报，类似新闻报道中的"快讯"。简报能否发生作用或发生作用的大小，关键在于它能否将工作中出现的新情况、新问题、新典型、新动向等及时地反映给有关上级机关和业务部门。如果简报编写不迅速及时，错过了时机，它的作用就会大大减弱，甚至失去意义。

4. 简要性

简明扼要是简报的显著特点。简，不仅是指文字少、篇幅短，更主要的是它讲求以最少的文字表现出尽可能丰富的内容，做到简短而不疏漏。一份简报最好不超过 1 000 字。有些综合性简报，内容较多，但字数也应控制在 2 000 字之内。

5. 保密性

简报是机关、单位传阅的内部文书，一般不公开发行，这是它与大众传播媒介的主要区别。不同内容的简报，传阅的范围和机密程度也不相同。一般来说，简报的发行范围越广，机密程度越低；发行范围越窄，机密程度越高。

三、简报的种类

根据不同的分类标准，简报可以分为很多种。目前最常用的简报分类方法主要有以下三种。

（一）按时间特征划分

按时间特征，简报可分为定期简报和不定期简报。

1. 定期简报

定期简报是按一定的时间周期定时编发，反映一个时间段内重要情况的简报。常见的有周报、旬报、月报等几种类型。

2. 不定期简报

不定期简报是一种随时反映新情况、新问题、新经验等的简报，没有固定的编发时间，有值得报的内容就编发，没有值得报的内容就不编发。

（二）按内容性质划分

按内容性质，简报可分为工作简报、会议简报、动态简报等。

1. 工作简报

工作简报，也叫业务简报，是一种反映本地区、本系统、本部门工作情况的经常性简报。它的任务是反映工作开展情况，介绍工作经验，汇报工作中出现的问题等。它常以定期或不定期的形式出现，在一定范围内发行。

××大学

工 作 简 报

（2021 年第 11 期）

××大学办公室　　　　　　　　　　　　　　　　　　2021 年第 12 月 2 日

我校开展教职工应用写作学习活动成效显著

为了进一步加强校园文化环境建设，提高全校教职工的应用写作能力，从而提高各类文书的行文质量，提高内部办事效率，树立良好的对外形象，我校在面向全体学生开设应用写作课的基础上，在全校教职工中开展应用写作学习活动。活动于今年3月初开始，至今年11月底结束，历时9个月，取得了十分显著的成效。

一、今年2月，我校文学院陈静等几位老师针对校园内张贴的各种文告格式不规范、文种错用和语病较多等问题，向校领导提出了在全校教职工中开展应用写作学习活动的建议。校领导接受了几位老师的建议，批示由校办公室牵头，联合人事处、教务处和学工处等单位开展此项活动。

二、2月底，校办公室、人事处、教务处、文学院和学工处等单位联合召开专门会议，就活动的内容、考核与奖励办法等进行了认真的讨论。会后，由校办公室拟文，向全校各单位下发了《××大学关于在全校教职工中开展应用写作学习活动的实施办法》。

三、为了确保学习活动扎实、有效地推进，3月初，校办公室委托教务处教材科及时向全校教职工发放了应用写作教材。紧接着，文学院还组织了多场应用写作专题讲座，录制了60多节应用写作网上课程。

四、为了使此次学习活动真正收到实效，校办公室制定了对全校各单位和教职工进行考核和奖励的具体办法，办法中明确规定：将应用写作学习活动的考核成绩作为本年度校级先进单位和先进个人评选的加分项。在全校统一考核与奖励办法的基础上，各单位又根据自身实际情况制定了一些考核与奖励办法。

五、学习活动展开后，校办公室、人事处和文学院联合成立了专门的考评小组，一是对全校各单位上报学校的各类文件进行质量评价，二是对校园内张贴的各类文告进行检查和考评，对存在问题的文告进行拍照和记录。

六、通过此次学习活动，我校各单位文告的行文质量大大提高，以前经常出现的文种误用、表述不当等问题基本消除。特别值得一提的是，在活动开展到第9个月时，校园里张贴的各种文告再没有出现格式不规范、文种误用的问题，文字差错也很少出现。

报：省教育厅主管领导、教育厅办公室

送：各位校领导

发：各处室、各学院、研究所及附属单位

（印刷50份）

【提示】范例4-3就"开展教职工应用写作学习活动"的基本情况和取得的成效做了简要的陈述，突出地体现了简报的"简"。虽然"简"，但对活动发起的缘由、开展情况和取得的成效等都交代得十分清楚，堪称简报写作的典范。

2. 会议简报

会议简报是会议期间反映会议情况的简报。它是一种临时性的简报，内容包括会议中的情况、发言及会议决定等。规模较大、时间较长的会议常要编发多期简报，以起到及时交流情况的作用。小型会议一般是一会一期简报，常常在会议结束后编发。

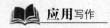
范例4-4

编号 005

中国人民政治协商会议
××市××区第三届委员会第二次会议

简　报

（第 5 期）

大会秘书处编　　　　　　　　　　　　　　　　　　　×××× 年 3 月 26 日

关注民生　促进××区社会和谐

3 月 26 日，出席政协××市××区第三届委员会第二次会议专题讨论的政协委员们就"关注民生促进××区社会和谐"主题进行了专题讨论。××市政府副秘书长、××区区委副书记、代区长李××出席会议。会议由区委常委、政协副主席张×主持。现将委员发言摘编如下。

徐××：推动青年创业具有重要意义。建议：① 以政社合作为基本模型，形成工作合力。由××区劳动和社会保障部门牵头，联合科委、财政等政府职能部门，共青团、青联、青年商会等群众团体，以及高校、社会中介机构，广泛开展协作，统筹各项资源，鼓励扶持青年创办中小企业及民办非企业。② 积极营造良好的舆论环境。通过大众传媒、公益广告、论坛研讨等形式，加大对青年创业的宣传，推动社会对青年创业的认同和支持，提升青年创业意识。……

毛××：近年来，随着××区大量人口导入，幼儿教育需求同教育资源供给的矛盾日益突出。建议：① 将另作他用的教育土地资源收归教育部门。② 政府可通过租借小区会所等形式，开辟幼儿教学场所。③ 加强幼儿教育师资队伍建设，特别是加大对教师技能技巧的培训。

……

报：××××，××××，××××
送：××××，××××，××××

（共印 100 份）

【提示】这份会议简报以摘录会议代表发言为主要内容，借此反映会议讨论的问题，以引起大家的关注。

3. 动态简报

动态简报着重反映与本单位工作有关的正反两方面的新情况、新动向、新问题，为领导和有关部门研究工作提供鲜活的第一手资料，向群众报告工作、学习、生产、思想的最新动态。这类简报的时效性、机密性较强，要求迅速编发，发送范围有一定的限制，在某一个时期、某一阶段要保密。

（三）按内容所涉及的范围划分

按内容所涉及的范围，简报可分为综合性简报和专题性简报。

1. 综合性简报

这是反映本部门、本系统各方面工作情况和问题的简报，也称情况简报。综合性简报主要报道本部门、本系统工作中出现的重大问题、重要情况及新生事物、新经验、新办法等。综合性简报涉及面广，情况复杂，材料丰富，能给人们提供较全面的信息。

2. 专题性简报

专题性简报，也叫中心工作简报，是一种阶段性的简报。其内容主要是人们关心的、

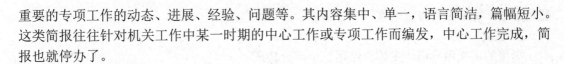

重要的专项工作的动态、进展、经验、问题等。其内容集中、单一，语言简洁，篇幅短小。这类简报往往针对机关工作中某一时期的中心工作或专项工作而编发，中心工作完成，简报也就停办了。

四、简报的格式

1. 报头

简报的报头有些类似公文的"红头"，一般也是套红印刷，但又有不同之处。首页间隔横线以上称为报头，由简报名称、期数、编发机关、日期、保密提示等项目组成。

（1）简报除用"××简报""××动态""情况反映"等常用四字名称之外，还可加上单位名称、专项工作等内容，如《××大学学生思想教育简报》。简报名称用大号字套红印刷。

（2）期数位于简报名称下方正中，加括号。如果是综合性简报，一般以年度为单位，统编顺序号；如果是专题性简报，按本专题统编顺序号。

（3）编发机关一般是"××办公室"或"××秘书处"，位于期数下面、间隔横线上方左侧。

（4）日期位于编发机关右侧。

（5）如果需要保密，在首页报头左上角标明密级或"内部刊物"字样。

间隔横线一般为红色。

2. 报核

报头以下、报尾以上的部分都是报核。报核包括以下内容。

（1）目录。由于简报内容单纯，容易查找，目录一般不需标序码和页码，只需将编者按、各篇标题排列出来即可。

（2）编者按。必要时可加编者按，主要内容是工作任务来源、本期重点稿件的意义和价值、征稿通知、征求意见等。编者按不可过长，短者三五行，长者半页即可。

（3）报道。一期简报可以只有一篇报道，也可以有多篇报道，依次排列即可。

3. 报尾

报尾在简报末页，用间隔横线和报核分开。报尾内容比较简单，只需写明报什么机关、送什么机关、发什么单位即可。

📋 写作指导

一、简报的写作要点

1. 标题

简报的标题跟新闻的标题有些类似，可分为单标题和双标题两种基本类型。

（1）单标题。将报道的核心事实或主要意义概括为一句话作为标题，如《后勤工作今年重点抓好五件事》。

（2）双标题。双标题有两种情况：一是正题后面加副题，如《再展宏图创全国一流市场——××农贸市场荣获市信誉市场称号》，前一个标题是正题，概括事实的性质，后一个标题是副题，补充叙述基本事实；二是正题前面加引题，如《尽责社会 完善自身——××大学团委开展"把知识献给人民"活动》，前一个标题是引题，指出作用和意义，后一个标

题是正题，概括主要报道内容。

2. 正文

简报的正文由导语、主体和结尾三个部分构成。

（1）导语。导语就是简报的开头语，要用简短的文字，准确地概括报道的内容，说明报道的宗旨，引导读者阅读全文。导语写作的要求是"开门见山"，一开始就切入基本事实或核心问题，给人一个明确的印象。

导语的具体写法可根据主题需要，分别采用叙述式、描写式、提问式、结论式等形式。用概括叙述的方法介绍简报的主要内容，叫做叙述式。把简报中的主要事实或某个有意义的侧面加以形象的描写，以引起读者的阅读兴趣，叫做描写式。把简报反映的主要问题用设问的形式提出来，以引起读者的思考，叫做提问式。先将结论用一两句话在开头点出来，然后在主体部分再做必要的解释和说明，叫做结论式。这几种导语形式，各有所长，写作时可根据稿件特点选择运用。

（2）主体。主体是简报的主要部分，它的任务是用足够的、典型的、富有说服力的材料把导语的内容加以具体化，用材料来说明观点。

写好主体是编好简报的关键。主体的内容，或是反映具体的情况，或是介绍具体的做法，或是叙述取得的成绩和经验，或是指出存在的问题，或是几项兼而有之，要视具体情况而定，没有固定的框框。

主体的层次安排有"纵式"和"横式"两种形式。纵式结构按事件发生、发展的时间顺序来安排材料，横式结构按事理分类的顺序安排材料。如果内容比较丰富，各层可加小标题。

（3）结尾。简报要不要结尾，因内容而定。事情比较单一、篇幅比较短小的，可以不单写结尾，主体部分说完就结束，干净利落；事情比较复杂、内容较多的，可以写结尾，对全文进行小结，以加深读者印象。有些连续性的简报，为了引起人们注意事态的发展，可用一句交代性的话语作为结束，如"对事情的发展我们将继续报告""处理结果我们将在下期报告"等。

二、简报的写作要求

1. 选材要精

简报不能有事就报，而是应该围绕本单位的实际，在众多的素材中选取那些最重要、最典型、最新鲜、最为群众关心、最需要引起注意的情况和问题，或必须引起重视的经验，予以全面的、实事求是的报道。关于简报的选材问题，可以概括为十二个字：抓支点、抓热点、抓沸点、抓亮点。

2. 速度要快

简报具有新闻性。这就要求简报的编发要快，对于工作中、会议中出现的新动向、新经验、新问题，编写者要及时地予以捕捉，并用最快的速度予以报道。失去了新闻性、时效性，简报就会失去意义和作用。

3. 文字要简

简报的一个"简"字，代表了简报的基本特征。简报写作要求文字简洁，对事物做概括的反映。一篇简报至多 2 000 字。

4. 真实、准确

简报是单位领导对一些问题做出决策的参考依据之一，也是单位推动工作的一个重要手段。领导机关将依据简报所反映的信息、情况做出相应的决策。材料的真实是简报写作的"生命"，因此简报所写的内容必须真实、准确。

实战训练

根据本学期以来本校召开的相关会议、举办的活动，或学生中普遍存在的问题，以学生会的名义编写一份简报。

第五节　调查报告

调查报告

话题与案例

对演艺界名人的盲目崇拜和迷恋是当代一些青少年心理的一大缺陷。导致这一问题产生的根源是什么，怎样引导他们走出这一误区，使其树立正确的人生观和价值观，这是当前教育工作的一个重要课题。关于这一问题的研究，首先要从调查研究开始。就调查研究的情况、分析、结论等写成的报告，就是调查报告。

 基础知识

调查报告是针对现实中出现的重大问题、热点问题、焦点问题、典型情况等进行深入调查，在占有丰富的资料，进行系统、科学和周密的整理的基础上，根据实际需要进行分析、归纳、综合后写成的书面报告。

一、调查报告与作为公文的"报告"的区别

一是用途不同。公文中的"报告"是用于向上级机关汇报工作、反映情况和答复上级机关询问的，调查报告主要是用于反映情况、揭示问题和推广经验的。二是内容不同。公文中的"报告"与调查报告虽然都有反映情况的作用，但二者在内容方面有明显的不同：前者主要用于反映"点"上的情况，后者主要用于反映"面"上的情况。三是写作立足点与要求不同。公文中的"报告"反映情况是就已知的情况和问题进行客观报告，调查报告一般要从已知到未知，在深入挖掘的基础上，通过认真研究和分析，形成有事实、有分析、有结论的综合性报告。

二、调查报告的特点

1. 真实性

开展调查研究的目的是掌握真实情况，揭示实际问题，所以调查报告必须真实、客观地反映情况和问题。只有情况反映得真实和准确、问题揭示得真实和准确、经验概括得恰如其分，调查报告的作用才能得以很好地发挥。因此，如实反映情况、用事实说话，是调查报告写作的关键。

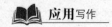

2. 针对性

不论是用于反映情况、揭示问题，还是总结和推广经验，调查报告一般都有明确的写作意图，相关的调查取证都是针对和围绕某一综合性或专题性问题展开的。

3. 典型性

调查报告涉及的多是一些焦点问题、热点问题和重点问题，其调查对象本身具有一定的典型性。与此同时，调查报告中所运用的材料也力求典型，有说服力，能揭示事物的本质和规律。

4. 分析性

调查报告与公文中的"报告"的一个重要不同点是，它不只陈述事实，而是在陈述事实的基础上进行深刻的分析，以揭示事物的本质和规律。因此，调查报告的写作多采用叙议结合的方式。

5. 时效性

调查报告的写作目的是及时反映当前工作中出现的重要情况，揭示迫切需要解决的问题，具有很强的时效性。因此，调查报告也常常被归入到新闻文体之列。

三、调查报告的种类

依据不同的分类标准，调查报告可分出不同的种类。最常用的分类标准主要有两个：一是按照调查目的和内容性质来分；二是按照调查的范围来分。

（一）按照调查目的和内容性质划分

按照调查目的和内容性质来分，调查报告主要有以下几种。

1. 情况调查报告

这是比较系统地反映某地区、某单位、某行业或某一方面的基本情况、发展状况的调查报告。这种调查报告的写作目的是弄清情况，供决策者参考。

2. 典型经验调查报告

这是通过分析典型事例，总结工作中出现的新经验，从而指导和推动某方面工作的调查报告。

3. 问题调查报告

这是针对某一方面的问题，进行专项调查，判明问题的原因和性质，确定造成的危害，并提出解决问题的途径和建议，为问题的最后处理提供依据，也为其他有关方面提供参考和借鉴的调查报告。

（二）按照调查的范围划分

按照调查的范围，调查报告可分为综合调查报告和专题调查报告。有调查，才有报告。调查有普遍调查和非普遍调查。经过普遍调查写出来的调查报告叫综合调查报告；对某一事件、某一经验、某一问题进行重点调查写出来的报告叫专题调查报告。

写作指导与范例

一、调查报告的写作要点

调查报告是根据调查研究的结果写出的反映客观事实的书面报告。一篇完整的调查报告一般由标题、序言、主体、结尾和落款五个部分构成。

（一）标题

调查报告的标题形式比较灵活，通常有两种写法：一种是单行标题，另一种是双行标题。

单行标题又分两种形式：一种是公文式标题，由调查对象、内容及文种构成，如《关于大学生日常消费情况的调查报告》；另一种是主题式标题，即标题直接点明文章的主要内容或主要观点，如《高职学生的心理困惑是什么》。

双行标题由主标题和副标题构成。一般情况下主标题为主题式标题，副标题为公文式标题，即主标题点明文章的主旨或提示作者对问题的看法，副标题补充交代调查对象、内容及文种，如《再造秀美山川——××县退耕还林情况调查报告》。

（二）序言

序言是调查报告的开头部分，写法多种多样，比较常见的有以下几种。

1. 概述式

用简明扼要的文字，交代调查的起因或目的、时间和地点、对象或范围、经过与方法，以及人员组成等调查本身的情况，从中引出中心问题或基本结论。采用这种写法能使读者从中得到对调查报告的总体印象，同时也能吸引读者。

2. 主题式

概述调查的主要内容及取得的主要收获，点明全文基本观点，包括对调查的课题、对象、调查结果、分析所得的结论的概说。

3. 背景式

交代调查活动展开的历史背景、介绍课题的由来，或说明调查对象的历史背景、大致发展过程、现实状况、主要成绩、突出问题等基本情况，进而提出中心问题或主要观点。

4. 结论式

开门见山、干净利落地把调查结论或主要内容写在开头处。这种写法多用于总结经验的专题性调查报告。

5. 提问式

在调查报告的开头抓住问题的关键进行设问，引发读者思考，让读者循着作者的思路，明确调查报告的主旨或主要内容。

在实际运用中，以上各种类型常结合使用。无论采用何种类型，都要简明、概括、富于吸引力，能够起到明确主要内容和突出主旨的作用。

（三）主体

主体部分是调查报告的核心。这部分要详细记录调查所得到的大量事实和数据，并对其进行科学、深入的分析和研究，针对存在的问题提出解决办法。主体部分的写作要把握以下几个要点。

1. 要确定一个好的主题

无论是综合调查报告还是专题调查报告，必须首先确立好一个总的观点，用总观点统帅全篇，这是写好调查报告的关键。调查报告不是现象的记录，不是调查材料的堆砌，而是作者对调查的材料经过周密的分析之后，把问题的本质揭示出来。这个本质就是调查报告的主题，就是作者的观点。观点要鲜明，要有新意，要有很强的针对性，要具有普遍的社会意义或指导性。

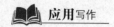

2. 要善于把观点和材料统一起来

所谓观点，就是作者对所报告的事物所持的看法和态度。所谓材料，就是说明观点的具体的和概括的事例。观点是在对大量材料进行分析和研究的基础上形成的。有了观点，应当使用恰当的材料，也就是典型的事例（包括正、反两个方面）和概括的情况，以及历史的背景材料，做到观点和材料的统一。

在写作过程中，要防止出现这样两种倾向：一是观点与材料分离；二是"观点+事例式"的简单印证。一个好的调查报告应当做到：观点鲜明，材料丰富，两者自然地糅合在一起。

3. 要讲究章法，做到逻辑清楚、层次分明

一般来说，调查报告的布局有三种结构形式："纵式结构""横式结构""合式结构"。无论是按照哪种结构来布局，都应当揭示事物的内在规律，做到各个部分和主题有内在联系；文章能展得开、收得拢，结构完整严谨，层次清楚，中心突出，行文流畅，前后连贯，表现出完整的思想体系。

（四）结尾

结尾是调查报告的结束语，具有升华主旨和收束全文等作用。结尾的方式很多，常见的有：提出解决问题的方法、对策或下一步改进工作的建议；总结全文的主要观点，进一步深化主题；提出问题，引导人们做进一步思考；展望前景，发出号召。

（五）落款

调查报告的落款一般写明调查者——单位名称或个人姓名，以及完稿时间即可。如果标题下面已注明调查者，则落款时可省略。

二、调查报告写作的基本要求

1. 深入实际，调查研究

要写好调查报告，首先要深入实际进行调查研究，详尽占有材料。调查时，要尽量掌握第一手材料，同时要大量搜集间接材料，必要时还要查阅有关的历史文献。在大量占有材料的基础上，运用科学的世界观和方法论进行综合分析，得出正确的判断和结论。

2. 观点与材料统一

写调查报告不能进行简单的材料堆积和数字罗列，必须既有材料又有观点，让观点统帅材料，使材料说明观点，做到观点与材料相统一、相融合。

3. 用事实说话

客观事实是调查报告赖以存在的基础。写调查报告，从调查对象的确定，到开展调查活动，从对问题的分析研究，到提出解决问题的途径，都要以充分确凿的事实作为依据。

4. 明确的针对性和典型性

调查研究所针对的往往是实际工作中迫切需要解决的问题，目的就是探索解决问题的途径。调查报告又不同于普通的工作总结，它要求调查对象本身具有典型性。这就要求调查报告的写作必须做到两点：一是调查报告的选题必须能反映问题的共性，具有相当的代表性；二是所选择的调查对象是典型的，所运用的材料也是典型的。

5. 叙议结合

调查报告写作要采用叙议结合的表达方式。叙事力求真实具体，简明扼要；议论务必严谨精当，恰到好处。

实战训练

请选择当前大学生所普遍关心的某一问题，对其进行调查研究，然后将调查情况撰写成一份调查报告。

第六节 会 议 记 录

话题与案例

朱秘书在做会议记录。他心里说：这个马局长，说话也太快了，让人记都记不过来。我就喜欢牛副局长讲话，他不仅讲话慢，而且一句话总是重复好几遍，记起来轻松。（画外音：这个朱秘书，怎么就不知道学点速记的技巧呢？）

基础知识与范例

在会议进行过程中，由记录人员把会议的组织情况和具体内容记录下来，就形成了会议记录。"记"有详记与略记之别：略记是只记会议主要方面，即会议上的重要或主要言论；详记则要求记录的项目必须完备，记录的言论必须详细完整。

会议记录一般包括两部分：一部分是会议的组织情况，要求写明会议名称、时间、地点、出席人数、缺席人数、列席人数、主持人、记录人等；另一部分是会议的内容，要求写明发言、决议、问题。这是会议记录的核心部分。

对于发言的内容，一是详细具体地记录，尽量记录原话，主要用于比较重要的会议和重要的发言；二是摘要性记录，只记录会议要点和中心内容，多用于一般性会议。

会议结束，记录完毕，要另起一行写"散会"二字；如中途休会，要写明"休会"字样。

范例4-5

会议名称	会议时间
会议地点	记录人
出席与列席会议人员	
缺席人员	
会议主持人	审阅 签字
主要议题	
发言记录：	

范例4-6

时间：××××年×月×日×时
地点：公司办公楼五楼大会议室

出席人：×××　×××　×××　×××　××× ……
缺席人：×××　×××　××× ……
主持人：公司总经理
记录人：办公室主任刘××
主持人发言：（略）
与会者发言：××× …………………………………………………………………………
××× …………………………………………………………………………
散会

主持人：×××（签名）
记录人：×××（签名）

（本会议记录共×页）

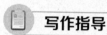 **写作指导**

一、会议记录的基本要求

（1）准确写明会议名称（要写全称），开会时间、地点，会议性质。

（2）详细记下会议主持人、出席会议应到人数和实到人数，缺席、迟到或早退人数及其姓名、职务，记录者姓名。如果是群众性大会，只要记录参加的对象和总人数，以及出席会议的较重要的领导成员。如果某些重要的会议，出席对象来自不同单位，应设置签名簿，请出席者签署姓名、单位、职务等。

（3）如实记录会议上的发言和有关动态。会议发言的内容是记录的重点，其他会议动态，如发言中插话、笑声、掌声、临时中断及别的重要的会场情况等，也应予以记录。

记录发言可分摘要与全文两种。多数会议只要记录发言要点，即把发言者讲了哪几个问题，每个问题的基本观点与主要事实、结论，对别人发言的态度等，做摘要式的记录，不必"有闻必录"。某些特别重要的会议或特别重要人物的发言，需要记下全部内容。有录音机的，可先录音，会后再整理出全文；没有录音条件的，应由速记人员担任记录；没有速记人员的，可以多配几个记得快的人记录，以便会后互相校对补充。

（4）记录会议的结果，如会议的决定、决议或表决等情况。

会议记录要求忠于事实，不能夹杂记录者的任何个人情感，更不允许有意增删发言内容。会议记录一般不宜公开发表，如需发表，应征得发言者的同意。

二、会议记录的重点

会议记录应该突出的重点如下。
（1）会议中心议题及围绕中心议题展开的有关活动。
（2）会议讨论、争论的焦点及各方的主要见解。
（3）权威人士或代表人物的言论。
（4）会议开始时的定调性言论和结束前的总结性言论。
（5）会议已议决的或议而未决的事项。
（6）对会议产生较大影响的其他言论或活动。

三、会议记录的写作技巧

一般来说，有四条：一快、二要、三省、四代。

一快，即记得快。字要写得小一些、轻一点，多写连笔字。要顺着肘、手的自然趋势，斜一点写。

二要，即择要而记。就记录一次会议来说，要围绕会议议题、会议主持人和主要领导发言的中心思想，与会者的不同意见或有争议的问题、结论性意见、决定或决议等做记录；就记录一个人的发言来说，要记其发言要点、主要论据和结论，论证过程可以不记；就记一句话来说，要记这句话的中心词，修饰语一般可以不记。要注意上下句子的连贯性，一篇好的记录应当独立成篇。

三省，即在记录中正确使用省略法，如使用简称、简化词语和统称。省略词语和句子中的附加成分，比如"但是"只记"但"，省略较长的成语、俗语、熟悉的词组，句子的后半部分，画一曲线代替，省略引文，记下起止句或起止词即可，会后查补。

四代，即用较为简便的写法代替复杂的写法。一是可用姓代替全名；二是可用笔画少易写的同音字代替笔画多难写的字；三是可用一些数字和国际上通用的符号代替文字；四是可用汉语拼音代替生词难字；五是可用外语符号代替某些词汇，等等。但在整理和印发会议记录时，均应按规范要求办理。

实战训练

不论是什么行业、什么单位，因为工作的需要，经常要开一些会议：或传达上级的指示精神，或要求下级完成某项工作，或讨论某个问题、希望达成共识等。为了确保会议精神的贯彻和落实，也为了日后有据可查，每次会议都要做一个记录。那么，会议记录怎么做呢？

根据下列故事，拟写一份会议记录。

泛 舟 之 役

周襄王二年（前650），在秦穆公的帮助下，逃亡梁地的晋国公子夷吾回国即位，是为晋惠公。晋惠公在即位前曾答应秦国，如帮其回国即位，就将河外五城送给秦国以为报答。但是晋惠公登上王位后，随即反悔。

晋惠公即位后，晋国接连几年都遇到灾荒，五谷不收。到惠公四年（前647），仓廪空虚，饿莩遍野，不得不向其他国家买粮。想来想去，秦国离晋国最近。于是，晋惠公又厚着脸皮求秦国。

秦穆公召集群臣商议卖还是不卖粮给晋国。

蹇叔、百里奚都认为天灾是无法避免的，帮助邻国也是理所当然的，主张卖粮。

秦穆公认为自己有恩于晋，晋却不思回报，有点迟疑。

公孙枝说："我们对晋国施恩，本来就没想过要回报，不回报我们也没损失什么，他们知恩不报，过在他们，我们还是应该卖粮给他们。"

丕豹却认为："晋君无道，这是天赐良机，我们正好借机灭晋，机不可失。"

大夫繇余说："仁者不乘危以邀利，智者不侥幸以成功，秦国不可乘人之危，我们应当卖粮给晋。"

秦穆公考虑再三，说："有负于我的，是夷吾，不是晋国的百姓，受到饥荒威胁的却是

晋国百姓，我不忍心因为晋国的国君有负于我而让百姓受灾。"

于是，秦国派了大量的船只运载了万斛粮食，由秦都雍城（今陕西凤翔南）出发，沿渭水，自西向东五百里水路押运粮食，随后换成车运，横渡黄河以后再改山西汾河漕运北上，直达晋都绛城。运粮的白帆从秦都到晋都，八百里路途首尾相连，史称"泛舟之役"。

先进事迹材料

第七节　先进事迹材料

话题与案例

学院推荐××同学为省级三好学生，需要向省教育主管部门报送一份该同学的先进事迹材料。因为你和该同学比较要好，对该同学的情况比较了解，老师想请你帮着写这份材料。你知道怎么写吗？

 基础知识

先进事迹材料是陈述先进单位或个人的典型事迹，建议上级有关部门给予肯定、表彰和奖励，或号召人们学习其先进思想和可贵精神的应用文书。先进事迹材料的写作对象主要有两类：一类是先进个人，如优秀教师、先进思想工作者、劳动模范等；另一类是先进集体或先进单位，如思想政治工作先进单位、优秀班集体、抗洪抢险先进集体等。

一、先进事迹材料的作用

先进事迹材料是上级部门树立先进和典型的依据。写好先进事迹材料是弘扬正气、鼓舞士气、激励人们向模范人物学习的一种重要手段；通过先进事迹材料，人们可以了解先进集体的好作风和崇高精神，了解先进人物的好思想、好品德，进而学习这些好思想、好品德。从这个意义上讲，写好先进事迹材料，对推动全社会的精神文明建设具有重要的意义。

具体来讲，先进事迹材料的作用主要表现为两点：一是表彰先进。先进事迹材料最直接的作用，就是对先进人物或集体进行表彰，对他们的先进事迹予以充分肯定，鼓励他们再接再厉。二是教育群众。通过对先进人物和集体的先进事迹进行表彰，能够起到教育广大人民群众的作用。

二、先进事迹材料的分类

按照内容主体，先进事迹材料可分为两类：一类是先进个人事迹材料，如先进工作者、优秀党员、劳动模范等；另一类是先进集体事迹材料，如先进党支部、先进车间或科室，抗洪抢险先进集体等。

按照材料性质，先进事迹材料可分为两种：一种是典型经验材料，其内容主要是写个人或集体取得成绩的好经验、好做法；另一类是典型事迹材料，其内容以人物的先进事迹为主体。

事迹材料和典型经验材料的内容侧重点不同：事迹材料以先进对象的事迹和成绩为主要内容，侧重于"做了什么"；典型经验材料以先进对象的经验和做法为主要内容，侧重于

"怎么做"。事迹材料可分为个人事迹材料和集体事迹材料，而典型经验材料主要指先进集体经验材料，应用中很少有先进个人经验材料。

三、先进事迹材料的特点

1. 真实性

先进事迹材料的内容必须真实、可靠，无论是介绍单位或个人的基本情况，还是在材料中所反映的先进思想、先进事迹和典型经验，都必须做到一是一、二是二，绝不允许有任何虚构或想象。只有这样，才能起到树立典型，教育群众、鼓舞群众的作用。

2. 感染性

先进事迹材料写作的目的是表彰先进人物或集体的先进事迹，树立典型，对大众的言行起到引导作用。这就要求先进事迹材料能够吸引读者、感染读者，能够在读者心中留下深刻印象，能够使读者产生情感共鸣，从而发挥教育作用，因此，先进事迹材料一般具有具体、生动、形象，富有强烈的感染力等特点。

3. 时代性

一个人、一个单位的事迹必须能够体现时代精神，对社会某一方面的工作具有积极的引导作用，甚至推动作用。因此，先进事迹材料一般都体现一种时代精神。

4. 独特性

先进人物、先进集体的典型事迹或典型经验具有鲜明的个性特征，以其与众不同之处打动人、影响人。

四、先进事迹材料与通讯的主要区别

从内容实质上讲，先进事迹材料与通讯没有本质的区别，二者的差异主要表现在以下几方面。

（1）先进事迹材料一般用于本系统、本部门树立典型，奖励先进和激励后进之用；通讯的主要写作目的是舆论引导，弘扬正气，营造良好的社会氛围。

（2）先进事迹材料的素材以能够表现人物的精神品质或一个单位的事迹与经验为取舍原则，对于时效性的要求不是十分严格；作为新闻体裁的通讯，对素材的时效性要求较为严格。

（3）先进事迹材料一般从多角度表现先进主体的精神面貌，内容比较全面；通讯一般截取一个断面或者抓住一个或几个亮点加以表现。

（4）先进事迹材料的语言朴实、庄重，通讯的语言生动、形象。

写作指导与范例

一、先进事迹材料的结构和写作要点

先进事迹材料一般由标题、正文和落款三个部分构成。

（一）标题

先进事迹材料的标题有三种写法：第一种是由先进人物姓名（或集体名称）、主题内容和文种名三个部分组成，如《×××同志教书育人先进事迹》；第二种是由人物姓名（或集

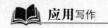

体名称）和文种名两部分成，如《方勇刚同志事迹简介》；第三种是新闻式标题，主标题概括事迹材料的中心思想，副标题与第一种或第二种相同，如《16秒的生死抉择——记兰州空军某部飞行员李剑英的事迹》。

（二）正文

先进事迹材料的正文由开头、主体和结尾三部分构成。

1. 开头

正文的开头部分，简要介绍先进个人、先进集体的总体情况。对先进人物，主要介绍其姓名、性别、年龄、政治面貌、工作单位、职务、曾获得何种先进称号、主要事迹及群众评价等。此外，还要写明有关单位准备授予他什么荣誉称号，或给予哪种形式的奖励。对先进集体、先进单位，先要介绍其先进事迹材料产生的自然环境、社会背景，然后概括说明其先进事迹的主要内容、突出成就。语言要简洁明了，不要冗长、啰唆。

2. 主体

主体部分是先进事迹材料的核心内容，是对先进人物或先进集体的事迹情况、典型经验的具体展开，尤其要突出先进人物或先进单位的感人事迹、闪光思想。为了增强先进事迹材料的说服力，起到树立模范形象的作用，还要注意选择那些具有代表性的具体事实来加以说明，必要时还可运用一些数据。

写作这部分内容时，要详略得当，内容充实，突出重点。一般来说，这部分内容的表述，应当既要有思想，又要有具体做法或实例，既要有面上的综合，又应有点上的说明。

3. 结尾

先进事迹材料结尾的写法不固定，可以点明主体部分所叙述的先进事迹的意义，进行总体评价，也可以发出号召要求大家向先进人物或集体学习。

（三）落款

先进事迹材料一般在正文的右下方注明单位名称、写作日期，然后要加盖公章。先进事迹材料不宜以个人名义署名，因为撰写先进个人和先进集体的材料，都是以本级组织或上级组织的名义，是代表组织意见的。所以，材料写完后，应经有关领导同志审定，由相应一级组织正式署名上报。

范例4-7

学海无涯苦作舟
——记×××同志自学成才的事迹

×××同志××××年中师毕业，凭着坚韧的毅力和顽强的意志，通过自学获得了陕西师范大学汉语言文学专业大学本科学历，取得了中国文学学士学位。近年来，她编著了《简明文学读本》《常见文体阅读基础》等书，主编、参编教材十余部；撰写并发表教学论文三十多篇；获各种奖项二十多个。值得一提的是，××××年，×××同志有三篇论文获奖，其中两篇获省级一等奖；××××年，×××同志有四篇论文获奖，其中三篇获省级一等奖。近年来，她所带的班级多次在本地区中学语文统考中取得第一名的好成绩。她的事迹被收入《中国中学骨干教师大辞典》等书，先后有多家媒体报道了她的先进事迹。

自学的道路是一条艰辛之路。自学需要时间，需要一定的经济基础，同时还要处理好工作、家庭等各方面的关系。首先是书籍的问题。她和爱人都是农家出身，家境都不太好。两人的工资不管怎样安排都捉襟见肘。在这样的情况下，她要购买学习资料，那个艰难是可想而知的。为了购买所需资料，她节衣缩食。几年的时间里，她共购买各种图书一千多册。

书的问题解决了，可时间从何而来，怎样自学？繁忙的教学业务、繁重的家务劳动几乎占据了她所有的时间。传统教学方法中有许多合理的东西，但不少做法，如重知识轻能力，烦琐的讲解，灌输各种各样现成的结论等，显然不适应时代的潮流，也不利于人才的培养，需要大力进行改革。改革需要时间和精力，这对于一向对工作兢兢业业的她来说更是不敢怠慢，因为这项工作始终是主旋律，自修也是为了更好地教学，于是她的大部分时间用到了教研教改之中，能用于自学的时间零零星星。在这种情况下，要真正学点东西是极其不容易的，它需要有"钉子"精神。于是，她没了节假日，没了看电视、逛商场的闲情。走路的时候思考问题，碰到树上还很有礼貌地说声"对不起"，弄得别人疑心她的大脑细胞是否还在正常运转；做饭的时候边做边记东西，经常不是菜没有放盐，就是多放了酱醋。

当劳累了一天的人们已进入甜蜜的梦乡时，陪伴她的只有孤灯、书本，她拼命地吸取着、思考着；当别人还在酣睡时，又是她家的灯光最早迎来黎明，该朗读的朗读，该背诵的背诵。为了把语文教学所需的专业知识一门一门地攻下来，她以文学史为经线，以各个时代的代表作品为纬线，先后阅读了上千万字的中外古今文学作品。

成功永远属于那些敢于搏击风浪、勇往直前的人。自学成才更需要付出数倍于别人的代价。功夫不负有心人，有一份耕耘，就有一份收获。自学培养了她独立工作的能力，自学给了她信心和勇气，给了她知识和力量。经过自己的刻苦自学，她自修完了汉语言文学专业的所有课程，在参加陕西师范大学大专起点汉语言文学本科函授考试中，她以优异的成绩入学，以优秀成绩毕业，同时还获得了文学学士学位。在此期间，她著书几部，撰写的教学论文多次获奖。

不停地追求，永无止境地探索，这极大地开阔了她的知识视野，对她的教学工作起了很大的促进作用，她的教学成绩一直名列前茅，受到学生和家长的一致好评。她多次荣获省市级"优秀教师""三八红旗手""优秀女职工"等光荣称号。

【提示】这份先进事迹材料既概括叙述了主人公刻苦自学的事迹，又交代了主人公所取得的成绩，叙议结合，内容充实，主题突出。

二、写作先进事迹材料应当注意的问题

1. 事实必须真实、可靠

先进事迹材料的先进事迹是否真实，直接关系到先进典型的影响力。只有绝对真实才能使先进典型真正具有教育人、鼓舞人的作用。因此，凡是材料中反映的先进思想、先进事迹，一定要认真核对，不允许有半点虚假、拔高、拼凑及张冠李戴的情况，不能把道听途说、未经核实的东西写入材料。

2. 观点和提法要分寸恰当

在叙述先进典型的先进事迹和经验时，要注意摆正先进典型和其他群众、集体的关系。许多先进个人、先进集体的事迹，都不是单枪匹马干成的，是与周围群众和其他集体、单位的大力支持分不开的。因此，讲先进典型的事迹，一定不要讲那些脱离群众、脱离整体观念的过头话，否则就不能起到先进典型的带动作用。

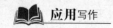
3. 文字要朴实、简明

整理先进典型材料，主要是通过实实在在的事实说话，以叙事为主要表达方式。在语言表达上，一定要善于选择那些实在、贴切的词语，不要讲空话、套话，语言要简洁明了，易于被群众接受。

实战训练

"不想当将军的士兵不是好士兵。"这句话讲得很好，正如我们学生，谁不想当三好学生、优秀学生干部呢？这对于学生来说，是很重要的一种荣誉，毕竟不是所有的学生都能获此殊荣呀！请试着为自己写一份先进事迹材料。

第八节 声 明

话题与案例

××学院学生马晓哈不慎将身份证丢失。一个月后，先是银行工作人员找到她，说她的信用卡透支了一万多元，到期未还，让她在规定时间内还款。接着是汽车租赁公司找到她，说她一周前租用了一辆现代轿车，至今未还。对此，马晓哈感到吃惊，因为她从来没办过信用卡，也没有租过汽车。但银行工作人员和汽车租赁公司的同志都说办理相关手续的身份证是马晓哈的，这让马晓哈很头疼。请问，关于别人假借马晓哈身份证办理信用卡和租车之事，马晓哈有责任吗？身份证丢失时，应该怎么办？

基础知识与范例

在人们维权意识不断增强的情况下，作为集体和个人重要维权工具的声明这一文体使用得越来越广泛。证件丢失、商标被假冒、名称被盗用、名誉被损害、著作权被侵犯等，都可以通过媒体发表声明，以防止或遏制侵权行为的发生或继续。

声明是党政机关、企事业单位、社会团体及公民个人就有关事项或问题表明自己的观点或态度，或者向侵害自身权益者发出书面警告，或者向社会公众说明有关情况时使用的一种事务类文书。

声明的发文主体没有限定，党政机关、企事业单位、社会团体及公民个人均可发表声明。声明的发布途径广泛，发布形式灵活，可以在报刊登载，可以通过广播电台播发，也可以利用互联网发布，还可以进行张贴。

声明可以由声明人自己发布，也可以授权给律师，由律师代表声明人发布，也可以由声明人和律师共同发布。

一、声明的主要类型

从大的层面上讲，声明分为外交专用声明和一般声明两大类。这里只讨论一般性声明。一般性声明主要分为以下三类。

1. 告启性声明

告启性声明是在丢失了重要的证件、文件、印章、凭证等情况下，为了防止他人和不法分子冒领冒用等行为发生，提醒相关单位和个人注意而发布的声明。这类声明的作用是预防侵害行为的发生，以避免或减少声明发布者的损失。

范例4-8

遗 失 声 明

刘××不慎于2021年×月×日将第二代身份证丢失，身份证号：×××××××××××××××××；发证机关：××市××区公安分局。特此声明作废！

【提示】这是一则由个人发布的遗失声明，其发布目的是防止他人冒用而给自己造成损失或带来麻烦。

2. 警示性声明

警示性声明是指自己的权益有可能受到侵害或已经遭到侵害时，为了防止或制止侵害行为，维护自己的合法权益而发布的声明。这类声明的作用主要是对实施侵权者进行警示或警告，防止侵权行为的发生或与制止已经发生的侵权行为。

范例4-9

××省食品进出口公司
授权××市律师事务所×××律师
郑 重 声 明

"××牌"是××省食品进出口公司于××××年依法申请的注册商标，该公司享有此注册商标的所有权。"××牌"白砂糖是××省食品进出口公司享誉国际市场的名牌产品，深受国内外消费者的信赖。最近发现有单位未经该公司许可，擅自制造销售该公司"××牌"注册商标标识，并在同类商品上使用此商标。此种行为是违反我国商标法的严重侵权行为。为维护该公司合法权益，本律师经××省食品进出口公司特别授权，郑重声明如下：

凡有上述商标侵权行为的单位，必须立即停止其非法行为。否则一经发现，本律师将诉诸法律，依法追究侵权者的法律责任。

××市律师事务所　×××律师
2020 年 6 月 10 日

【提示】这是一则警示性的维权声明，其发布目的是为维护企业的合法权益，确保信誉不受侵害，制止擅自制造、冒用注册商标的侵权行为。

3. 澄清性声明

澄清性声明是指本来与自己无关的行为或事件连累到自身的声誉，或者影响到自己业务的正常开展等情况发生时发布的，旨在澄清事实，还自己以清白的声明。

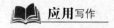

范例4-10

<h1 style="text-align:center">声　明</h1>

　　近来，我校个别教师以帮助学生联系工作为由，大肆收受家长和学生的钱物，在校内外造成了极坏的影响。为此，我校在此郑重声明：个别老师的作为纯属个人行为，与本校无关。

　　特此声明。

××中医学院

2021 年 6 月 15 日

　　【提示】这是一则澄清性声明，其发布目的是向公众说明个别老师的不良行为与学校无关，希望大家不要产生误会。

二、声明的文体特点

　　声明是用来表明自己的态度或说明事件与问题的真相，从而使自己的声誉或其他权益不受侵害或少受侵害时所使用的一种事务性应用文。这一文体主要有以下几个特点。

1. 严肃性

　　不论是表明自己的态度，对侵权行为提出警告，还是说明事件或问题的真相，还自己一个清白，都是一种严肃的行为。这就决定了声明这种文体在使用上的严肃性，即措辞要严谨，事实要确凿，态度要坚决，语言要恰如其分。

2. 针对性

　　声明都是针对一定的行为或问题而发表的，在写作时要指明具体的侵权行为或问题，这样才能对侵权者起到警告作用，或者使公众弄清事实真相。

3. 警示性

　　声明大多是为了防止侵权行为的发生或者制止侵权行为的继续而发表的，这类声明具有警示或警告的作用。

4. 说明性

　　为了澄清事实，消除公众对自己的误会而发布的声明以说明事实真相为主要内容，具有说明性的特点。

写作指导

一、声明的写作要点

　　声明由标题、正文和尾部三部分组成。

（一）标题

　　声明的标题有三种写法：一是由单位名称、事由、文种名三部分构成；二是由事由和文种名两部分构成，如"遗失声明"；三是直接用文种名。

　　标题上有时加"严正"二字，如"咸阳渊源文化传播有限公司严正声明"；有的声明单位授权××律师，在标题上也标明，如"高才作文网授权法律顾问××律师声明"。

（二）正文

声明的正文部分一般由声明的缘由、声明事项和声明者的态度等部分构成。

1. 声明的缘由

这部分简明扼要地交代发表声明的原因。

2. 声明事项

简明扼要地交代发布声明的缘由和目的之后，紧接着直接陈述声明事项。

告启性声明要写清楚受文对象须知的各种具体事项。例如关于遗失重要票据、证件类的声明，既要写清楚遗失了什么，还要写清楚支票的号码和银行账号，证件的签发机关和编号等重要信息，然后"声明作废"。

警示性声明重在向侵权行为人提出警告，责令其停止侵权行为。

澄清性声明主要陈述清楚事实，使公众明白该事件或行为与声明人无关或并非声明人的真实意愿。

3. 声明者的态度

这部分是在陈述声明事项的基础上，表明声明发布者的态度。例如，遗失类声明在"声明作废"的同时，提请受众注意有可能发生的他人冒领冒用的行为，并明确表示自本声明发布之日起，因声明作废的证件等发生的一切责任与自己无关。警示性声明在向行为人发出警告的同时，表明将依法维权或保留追究责任权利的态度。澄清性声明表明自己将针对相关事件做出怎样的反应。

（三）尾部

声明的尾部包括署名、时间和附项三项内容。署名是指发布声明的单位或个人签署自己的名称。时间是指发布日期。

有的声明正文中写有希望公众检举揭发侵权者，这时还应在署名项目的右下方附注地址、电话、电传号码及邮政编码等，以便于联系。

二、写作声明应注意的问题

（1）声明是一种严肃庄重的文体，写作时一定要注意语言分寸，措辞要严谨，语气要坚定；不能言辞过激，更不能随意指责和谩骂。

（2）声明的写作要在简明扼要地陈述事实的基础上，直截了当地就有关事项和问题发表自己的意见，表明自己的态度。写作时力求层次清晰，言简意赅。

（3）声明的内容要素必须齐全，行文要规范。发表声明的缘由要交代清楚，声明事项要具体、明确、合理合法，态度要坚决。

（4）声明的写作要有明确的针对性，要直接点出事实，明确地指出行为后果，但不对事实进行议论和评价。

实战训练

遗　失　声　明

周××不慎于 2009 年×月×日将第二代身份证丢失，身份证号：××××××××××××××××××。特此声明作废！

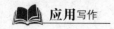

这是一则由个人发布的遗失声明，其发布目的是防止他人冒用而给自己造成损失或带来麻烦。请思考：这份声明应该怎样修改？

第九节　城市形象宣传语

热爱家乡是人人都应该具备的一种美德，向外界宣传和推介自己的家乡是每一个人应尽的义务。如果你是自己所在县或市的形象大使，要用一句话向外界推介你的家乡，你准备用一句什么话来凸显自己家乡的亮点？

城市形象宣传语是一个城市的文化符号。它不仅要能够揭示一个城市的人文内涵，凸显其自然风貌，而且要能够体现一个城市的文化理念，代表这个城市的文化水准。

一、城市形象宣传语的特点

城市形象宣传语的基本作用是宣传和推介城市，既要能凸显一个城市的"亮点"，又要易于为人们所普遍接受和认同，使人们在读到或听到的一刹那间就能明白其意思或进入其意境，旋即形成对这个城市的良好印象。因此，一条好的城市形象宣传语必须同时具备以下几个特点。

1. 推介性

城市形象宣传语的主要作用是宣传和推介城市，树立城市的对外形象，使更多的人关注或向往这个城市。其目的或是招商引资，或是推介旅游产品，或是吸引人才，或者兼而有之。例如，无锡市的城市形象宣传语"无锡充满温情和水"，旨在揭示这座东方水城清秀柔媚的风格和魅力，吸引更多的人到这里来旅游。

2. 客观性

城市形象宣传语的客观性主要体现在三点：一是客观描述，不做任何自我夸赞性的评论；二是要高度概括，能够最大限度地表现一个城市的文化内涵和自然风貌；三是要着眼于城市当前的实际，不能把未实现的"蓝图"作为卖点。例如，洛阳是中国著名的古都之一，有4 000多年的建城史，1 500多年的建都史，自夏朝开始先后有13个王朝在此建都，这是其人文之美。洛阳牡丹自宋以来就久负盛名，素有"洛阳牡丹甲天下"之誉，这是洛阳的自然之美。基于这两大"亮点"，洛阳市的形象宣传语定为"千年帝都，洛阳花城"。仅仅八个字，不仅突出了这个城市的悠久历史，而且凸显了这个城市的自然风貌，内容既高度概括又客观具体。

3. 独特性

每个城市都有自己不同于其他城市的特点，或是人文的，或是自然的，由这种差异性形成的独特魅力就是其卖点。城市形象宣传语不仅要把一个城市与众不同的地方全部揭示出来，而且要把这个城市最诱人的地方凸显出来，使人产生向往之情。例如，都江堰市的城市形象宣传语"拜水都江堰，问道青城山"准确、传神地描述了都江堰市独有的旅游资源及其文化内涵，把都江堰市独一无二的魅力展示出来。

4. 通俗性

城市形象宣传语的受众遍及不同的行业，文化程度差异很大，只有写得通俗易懂，才能使大多数人短时间内就理解其意旨，留下清晰、深刻、美好的印象。

二、城市形象宣传语的写作要领

城市形象宣传语虽然只有几个字、十几个字，但创作的难度不亚于一篇鸿篇巨制。它不仅要求创作者有深厚的文字功底，而且还要求创作者具有博大深邃的思想及渊博的人文地理知识等。下面以第七个国家级新区——西咸新区形象宣传语的创作为例，谈谈城市形象宣传语的写作要领。

1. 对城市的历史和现状进行深入细致的研究

创作一个城市的形象宣传语，首先必须对这个城市有深入细致的了解，尤其是要透彻理解这个城市的历史文化内涵，全面掌握这个城市的自然风貌。西咸新区的大概情况如下。

西咸新区由原来西安市和咸阳市各划出一部分组成，是继上海浦东、天津滨海、重庆两江、浙江舟山群岛、甘肃兰州、广东广州南沙之后的第七个国家级新区。

从历史文化的角度看，秦咸阳城遗址和汉长安城遗址都在西咸新区内。西汉 11 位皇帝，有 9 位皇帝的陵墓在西咸新区内，其中汉武帝茂陵以石刻闻名世界，汉景帝阳陵以地下文物藏量巨大、内涵独特而令世界震惊。西咸新区已建成并对外开放的重要博物馆有秦咸阳城遗址博物馆、汉长安城遗址博物馆、汉阳陵博物馆、茂陵博物馆等。不仅如此，西咸新区内还有周、秦、唐、南北朝等不同时代的帝王及皇亲国戚墓葬数千座，地下文物藏量十分巨大。

从自然和资源的角度来看，西咸新区土地平坦、肥沃，渭河、泾河和沣河三水穿境而过，地上和地下水资源丰富。这里是历史上土地开发最早的地区，自战国时期至唐代，这里一直是有名的天下粮仓。

2. 明确城市的"亮点"和独有魅力

城市形象宣传语的基本作用是展示城市魅力，提升城市的形象品位，其关键是把城市独特的地方展示出来。这就需要创作者在研究城市历史和现状的基础上准确抓取城市的"亮点"，明确城市与众不同的独特魅力。

从历史文化的角度看，西咸新区是秦汉文化的轴心区，在历史上是秦汉精神的形成之地。秦汉精神既是中国精神的基础与核心，又是中国精神的代名词，因此西咸新区的建设还有再塑中国精神的时代文化内涵。

从自然的角度看，泾水和渭水从西咸新区穿境而过，并且在其东端形成了"泾渭分明"的独特自然景象。

从西咸新区的战略定位来看，有两大亮点：一是要把它建成现代化的生态田园新城，其中以五百里渭河生态景观带最为引人关注；二是要把它建成彰显秦汉文明、推动国际文化交流的历史文化基地。

3. 明确城市形象宣传语在今后一个时期内将要发挥的主要作用

由于创作的目的不同，城市形象宣传语的立意目标有所差异。因此，在创作城市形象宣传语的时候，要明确所创作的形象宣传语将要在城市推介宣传方面发挥的主要作用。

西咸新区于 2011 年 6 月成立，处于建设阶段，因此其形象宣传语首要的作用是招商引资。此外，在现实的效用发挥之后，还必须具有永久性树立西咸新区独特形象的作用。

4. 城市形象宣传语的拟稿

对一个城市的历史与现状了如指掌，弄清楚了其人文与自然亮点，明确了城市形象宣传语的现实效用，不仅创作的基础、出发点、立意目标和材料的取舍原则都明确了，而且思路也很容易打开了。

西咸新区的城市形象宣传语只有紧扣"秦汉文化"和"泾渭分明"两大亮点来创作，才可能凸显这个城市与众不同的独特魅力，也才可能在短时间内就叫响。因此，笔者认为将"襟秦汉文化，怀泾渭风光"这两句话作为西咸新区的形象宣传语是比较合适的。

5. 进一步推敲与权衡

在初稿拟出来之后，接下来的工作就是进一步地推敲与权衡，看看所拟的形象宣传语是否同时满足以下几个条件：第一，是否体现了这个城市的文化内涵和自然风貌，是否凸显了这个城市的最大亮点；第二，是否通俗易懂，雅俗共赏；第三，是否做到了和其他城市的严格区分，独一无二；第四，是否易于唤起受众的兴趣或引起受众的关注，是否很容易叫响；第五，用词是否规范，整句是否有意境。

三、城市形象宣传语的写作要求

城市形象宣传语要真正起到宣传、推介城市的目的，不仅要内容定位准确，立意新颖高远，能最大限度地展示这个城市独特的魅力，而且要质朴中见文采，词句生动优美，富于意境和感染力。好的城市形象宣传语应该达到以下几点要求。

1. 个性鲜明

城市形象宣传语必须根据城市的历史文化特点、独特的城市风貌和城市人文精神量身打造，充分体现这个城市的"个性"。例如，陕西铜川市是药王孙思邈的故里，这是其形象宣传语可利用的最大卖点。顺着这一条线索往下看，铜川曾是唐初三代帝王避暑行宫所在地，这里有唐高僧玄奘法师译经圆寂之地玉华宫、药王孙思邈隐居行医的药王山等，养生休闲是铜川旅游的强势所在。因此，铜川市采用"一代药王故里，千年养生福地"作为形象宣传语是最恰当不过的。

要做到个性鲜明，必须着眼于城市独一无二的地方，既不要把我有人也有的东西搬出来"叫卖"，也不要盲目地嫁接和借力。例如"长江第一城，中国酒之都"这一句似乎突出了宜宾的区位优势和文化亮点，但只要一推敲就不难发现，"长江第一城"具有多种含义，可以从不同的角度理解，而宜宾仅仅从地理位置上担得起这样的称呼；就"中国酒之都"一句来看，中国被誉为"酒都"的地方也不是唯一的。因此，用这两句话作为宜宾的城市形象宣传语就不合适。

2. 客观写实

城市形象宣传语要客观写实，不作自我评价。客观，一是指要着眼于这个城市最根本的东西，不要把其非主流的东西或是仅仅与其相关联的东西捧出来诱惑人；二是指不要把尚在蓝图中的东西拿出来说事；三是不要做自我吹嘘性的评论。

3. 富于创意

城市形象宣传语必须使人们喜闻乐见，这样才能更好地发挥其应有的作用，这就需要有一个比较好的创意。创意体现在内容和形式两个方面：从内容上讲，要有耐人寻味的深厚的文化内涵，能够全面体现城市的历史文化魅力、自然魅力、城市精神、立市理念和时代品格；从形式上讲，要富于意境，容易唤起人们想象与联想。例如，江门市的形象宣传语"侨乡山水风情画"就创意很好，极富意境。

4. 易于传唱

城市形象宣传语不仅要语言浅近，语义明了，易于理解，表意准确、恰当，语言规范、凝练，而且要生动、形象，韵律和谐，这样才能易于传唱，很快被叫响，从而收到理想的宣传效果。

怎样才能做到易于传唱呢？首先，采用对偶句是最常见，也是最理想的方法；其次，采用三字句、四字句也易于上口；最后，运用嵌字、借字、谐音、双关等修辞手法也十分有效。当然，以上诸种方法的使用必须以韵律和谐、语义明了、易于理解为前提。例如，"福山福水福州游"（福州市）和"乐山乐水乐在其中"（乐山市）这两句采用嵌字的手法做到了易于上口；"到威海，身临海，心偎海"不仅采用了三字句式，而且采用了谐音的修辞手法，易于上口且又能把人带进一种美妙的意境。

5. 雅而不俗

城市形象宣传语代表着这个城市的文化水准，在创作和选用时一定要慎之又慎，确保通俗易懂且不失高雅，否则不仅起不到宣传和推介城市的作用，而且还会造成负面影响。

雅而不俗还有一个重要含义：要富于创意和新意，不要简单模仿。

四、城市形象宣传语写作中常见的问题

概括来讲，城市形象宣传语写作常见的问题主要有以下几个。

1. 自我评价

城市形象宣传语不是城市鉴定，不能做自我夸耀式的评价。

2. 落入俗套

在各地城市形象宣传语的征集过程中，最常见的一个问题是写作者不能着眼于该城市的文化强势与自然优势，盲目地使用"国际化""故都""山水""魅力""田园"等普适性的词语，致使作品流俗而没有新意。

3. 盲目"嫁接"和"借力"

为了尽快地叫响，城市形象宣传语常常借力于与所写城市相关并且为人们所熟知的事物或文化元素，这一做法是正确的。但如果盲目地"嫁接"和"借力"也会弄巧成拙。

4. 刻意求工，弄巧成拙

城市形象宣传语必须能够使各个文化层次的受众在接触到它的短时间内就能透彻理解，并形成十分清晰的印象。这就要求其语言通俗易懂、韵律和谐，而且还必须有意境。背离这一要求的作品常常是因为创作者刻意求工造成的。

总之，城市形象宣传语不仅是一个城市的名片，代表着这个城市的形象，而且体现着一个城市管理者和经营者的文化素养，因此不论是创作还是选用，都要反复推敲。

实战训练

本节"话题与案例"中提出的问题实际上就是城市形象宣传语的写作问题。请用本节所学的知识为自己的家乡写一则形象宣传语。

第五章 >>>

日常应用文

日常应用文是指个人在日常生活、学习和交往中所使用的各种文书的总称。它在沟通交流、加强和改善人际关系、从事社会交往、表达愿望或意向、规范个人社会行为等方面都起着十分重要的作用。

第一节　日常应用文概述

日常应用文

虽然时代发展了，信息的传播手段发生了很大的变化，但是我们在日常生活、学习和交往中所用到的各种日常文书的基本内容、文体特点都没有发生变化，它们在我们生活、学习和交往中的作用显得更加重要。

一、日常应用文的特点

1. 及时性

日常应用文中的很多文种，有极强的时效性，写得晚了就失去了应用价值。例如，贺信、祝词等，要在事前或事中写，事情过了再写就没有意义了。因此，日常应用文书的写作要及时。

2. 有特定的对象和行文目的

日常应用文的读者对象是十分明确的，写给谁看的，行文者一清二楚。就写作目的而言，作者心中有数；文章以什么事为主要内容，作者也十分清楚。

3. 简约性

日常应用文或为交往、交流和沟通而写，或为表达思想和读书时摘章撷句而作，都以简约为佳。简洁，使人一目了然，让人一看就懂，作者的意图能够得以更好地体现。

二、日常应用文的写作要求

1. 书写格式要规范

日常应用文大多有规范的格式。规范的格式不仅可以使文书的内容和要点一目了然，而且也显示了对接收方的尊重。此外，规范的格式，也便于迅速地检索信息。

2. 语言要精确、周密、生动、具体

日常应用文要表达具体准确的意思，因此在语言的运用方面要求准确、周密，绝对不允许模棱两可。含糊不清，不仅是败笔，还会影响内容的表达。有人认为日常应用文只要语言准确、简洁，把意思表达清楚就行，语言生动不生动无所谓，这是一种错误的看法。日常应用文的语言同样要生动，生动的语言能给人以强烈的美感，使人愉悦。

3. 要注意感情色彩

有人认为日常应用文只要把事情说清楚，达到实用目的就行了，感情色彩无所谓，这是错误的看法。作为人与人之间思想与感情交流的工具，日常应用文的感情色彩特别重要。首先，从日常交往的出发点来看，日常应用文的应用对象是"人"，而与"人"的交往没有感情是不现实的，也必然是不会成功的；其次，许多日常应用文写作本身就要求有真诚的、浓郁的感情色彩，如感谢信、祝贺信、演讲稿等，只有动之以情，才能增强表达效果。

感谢信

第二节 感 谢 信

话题与案例

一群蚂蚁举着旗子，唱着《爱的奉献》，给黄鹂鸟送来了感谢信，感谢黄鹂鸟救了落水的一只小蚂蚁（故事见《伊索寓言》）。

基础知识

感谢信是单位或个人，为了感谢对方的关心、支持和帮助而写的书信。感谢信带有表彰、赞扬、鼓励和感谢的特性。它把对方助人为乐、舍己为人的好思想、好作风写出来，能起到树立新风和弘扬正气的作用。

感谢信可分为以单位名义写的感谢信和以个人名义写的感谢信两种。

写作指导与范例

一、感谢信的结构与写作要点

感谢信的结构包括标题、称呼、正文、结语、签署五部分。

1. 标题

标题有两种写法：一种是直接标明文种"感谢信"；另一种是受文对象与文种结合而成，如"致××的感谢信"。标题用稍大的字标在第一行正中的位置。

2. 称呼

在标题下一行，顶格写被感谢的单位名称或个人姓名。个人姓名后，应加上"先生""同志"或其他相应的称谓，表示礼貌。称呼之后加上冒号。

3. 正文

在称呼之后，另起行空两格写感激的内容和感激心情。应当分段写出以下两个方面的内容。

（1）简洁地叙述对方的好品德与所做的事情。在叙述的过程中，要交代清楚人物、事件、时间、地点、原因、结果，重点叙述在关键时刻对方的关心、支持和帮助所产生的影响。

（2）热情赞颂对方的可贵精神及产生的客观影响，并表明向对方学习的态度和决心。

4. 结语

写上表示感激、敬意或祝愿的话，如"此致、敬礼""致以崇高的敬礼""致以最诚挚的敬礼"等。

5. 签署

在结语之下的右方，空一行或两行写上发信单位名称或个人姓名，姓名下一行写上发信的年、月、日。

二、感谢信的写作要求

（1）要把被感谢的人物、事件，准确、精当地叙述清楚，使对方能够想得起来，组织上也能具体地了解是什么人、在什么时间、什么地点、做了什么好事，有什么好的影响。

（2）在叙述过程中，要怀着感激的心情加以议论、评价，以便突出其深刻的含义。

（3）语言要符合双方的身份，如年龄、性别、职业、境遇等。特别是要根据对方的具体情况表示谢意。感情要真诚、朴素，表达谢意的行动要符合实际，说到做到，切实可行。

（4）文字要精练，评价要恰当，篇幅不能太长。

感 谢 信

××部队全体指战员：

我县今年遇到了特大洪水灾害。在万分紧急的情况下，你部全体指战员发扬了无私无畏的战斗精神，同我县全体人民并肩战斗，夜以继日，奋力抢救，赢得了抗洪斗争的胜利。你们这种助人为乐的精神是值得我们学习的。为此，特向你们表示衷心的感谢！

我们决心在党中央的领导下，努力搞好工农业生产，以实际行动报答你们的关怀，为共建社会主义和谐社会而努力。

此致

敬礼

××省××县人民政府

××××年××月××日

【提示】这份感谢信首先点明事实，接着表达感谢之意，最后表明向对方学习的态度和决心，内容要素齐全，层次清楚。

实战训练

在开展"一帮一助学"活动中，田间中学初二（3）班的王新同学于 2020 年 9 月 20 日收到建设公司李铭同志寄来的 300 元助学金和衣服、文具等。请以王新同学的身份给建设公司的李铭同志写一封感谢信。

第三节 申 请 书

申请书

话题与案例

> 学生：老师，我想调个专业。
> 老师：你先写个申请，把申请的理由写充分。

基础知识

申请书是个人或集体向组织、机关、企事业单位或社会团体表述愿望、提出请求时使用的一种专用文书。

一、申请书的使用范围

申请书的使用范围很广泛，个人对党团组织和其他群众团体表述志愿、理想和希望，要使用申请书；下级在工作、生产、学习、生活等方面对上级有所请求时，也可以使用申请书。

申请书的使用情形主要有以下几种：一是个人或集体向组织、团体表达愿望、理想和希望时，可以使用申请书；二是个人在学习、工作、生活上对机关、团体、单位领导有所要求时，可以使用申请书；三是下级单位在工作、生产方面对上级单位、领导有所要求时，可以使用申请书。

二、申请书的作用

具体来讲，申请书的作用主要有以下几点：一是申请书是下情上达的一种好形式；二是申请书是一种良好的沟通手段；三是申请书是争取领导支持和帮助的一种途径；四是申请书是增加感情、引起重视的一种有效办法。

三、申请书的特点

申请书的主要特点如下。

（1）请求性。顾名思义，申请书是申述自己的理由，有所请求的意思。无论是个人志愿加入组织的申请，或者个人、单位在其他方面的申请，其写作目的都是表达某种请求和愿望。因此，请求性是申请书的一个重要特点。

（2）使用的广泛性。从国家层面来说，比如申请加入世界贸易组织，需用申请书；从一个城市来说，申请举办奥林匹克运动会，需用申请书；从一个单位来说，申请上级帮助解决困难，需用申请书；从一个人来说，申请入队、入团、入党，申请调动工作，申请困难补助，都需用申请书。

（3）态度真诚，内容真实。申请书是请求上级同意、批准的，不能编造或夸大困难，一定要实事求是。

（4）语言朴实，感情真挚、诚恳。如写入团申请书，就要把自己对团组织的真情实感写出来。

 写作指导与范例

一、申请书的写作要点

申请书由标题、称谓、正文、结语和落款五部分构成。

（一）标题

申请书的标题主要有两种形式：一种是由性质加文种构成，如《入团申请书》；另一种是直接用文种名"申请书"做标题。

（二）称谓

第二行顶格写接受申请书的单位或单位负责人名称，后加冒号，如"×××团支部:""系总支领导同志:"等。

（三）正文

说明要申请的具体内容、理由和要求，这是申请书的主要部分。在这部分，要写清楚所申请事情的原委、理由和事项。

正文的层次安排一般是：首先开门见山，直截了当地向领导、组织提出申请；然后说明申请的目的及自己对申请事项的认识；最后进一步表明自己的决心、态度和要求。

（四）结语

申请书可以有结语，也可没有。结语一般是表示敬意的话，如"此致、敬礼"等，也可写表示感谢和希望的话，如"请组织考验""请审查""望领导批准"等。

（五）落款

在右下方署上申请人姓名，并在下面写明年、月、日。

范例5-2

入党申请书

敬爱的党组织：

我志愿加入中国共产党，拥护党的纲领，遵守党的章程，履行党员义务，执行党的决定，严守党的纪律，保守党的秘密，对党忠诚，为共产主义事业奋斗，随时准备为党和人民牺牲一切，永不叛党。

中国共产党是中国工人阶级的先锋队，是中国人民和中华民族的先锋队，是中国特色社会主义事业的领导核心，代表中国先进生产力的发展要求，代表中国先进文化的前进方向，代表中国最广大人民的根本利益。

从进入大学以来，我一直坚持认真学习和领会马克思列宁主义、毛泽东思想、邓小平理论、"三个代表"重要思想、科学发展观、习近平新时代中国特色社会主义思想，不断地从思想上提高自己。

作为一名大学生，我勤奋刻苦地学习科学文化知识，对于本专业开设的每一门课都认真学习，努力钻研，取得了各门功课全优的成绩，获得了校级一等奖学金。在小小的成绩面前，我会戒骄戒躁，继续努力，立志成为又红又专的社会主义事业的接班人。

在学习和生活上，我一直热衷公益，乐于助人，不断增强为人民服务的意识，力争早日成为一名合格的党员。

　　我渴望加入党组织，希望组织考核我，接纳我。如果我还没有达到一个合格党员的条件，我将继续努力，进一步完善自己。

　　此致

敬礼

申请人：石忠诚
2021 年 10 月 1 日

　　【提示】这是一份申请加入中国共产党的申请书，开篇首先表达了自己志愿加入中国共产党的意愿，谈了自己对中国共产党的认识，接着陈述了自己在思想方面、学习方面和"增强为人民服务的意识"方面所做的努力，最后表达了渴望组织能接纳自己的愿望，表明了进一步完善自己的态度。全文层次清晰，意思表达十分清楚。

二、申请书的写作要求

　　（1）申请书要一事一议，内容要单纯。

　　（2）态度诚恳，内容真实，语言朴实。

　　（3）申请书的理由必须充分，所讲的事实令人信服，要把申请什么、主要理由和具体要求写清楚，以便上级组织研究和处理。

实战训练

　　指出下列申请书存在的问题，并提出修改意见。

申　请　书

　　我通过团章、团组织及团员同学的教育和帮助，认识到作为新时代的青年，应该积极争取加入共青团组织。

　　如果我被批准了，我决心遵守团的章程，执行团的决议，履行团员义务，争取早日成为一名共青团员；如果我一时未被批准，也绝不灰心，争取继续努力加入共青团组织。为此，强烈要求团组织考验我。

　　此致

敬礼

申请人：张小强
2021 年 5 月 4 日

第四节　倡　议　书

倡议书

话题与案例

　　我们每天生活在校园里，总希望校园洁净、舒适，然而校园里却能看见不该有的一些垃圾……于是，你想号召大家行动起来，共同创造一个良好的校园环境。这时如果想写一个东西贴出去，怎么写呢？

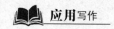 **基础知识**

倡议书是个人或集体提出建议并公开发起，希望共同完成某项任务或开展某项公益活动所运用的一种专用书信。其主要用途是针对社会生活中的实际问题，或是为了完成某些重大任务由个人或集体带头提出一些合理化建议，向公众发出一些公开性的号召，以引导大家积极参与。

一、倡议书的作用

（1）倡议书具有广泛的群众性，可以在较大范围内调动群众的积极性，使大家心往一处想、劲往一处使，齐心协力地做好一些有益于社会的事情和开展某些公益活动。

（2）写倡议书是组织开展精神文明建设活动的有效方法。倡议书的内容一般是同人们的日常生活紧密相关的一些事项，如倡议爱护花草树木，保护生态环境；倡议众志成城，同心协力，实现祖国的尽快复兴等，所有这些都属于社会主义精神文明的重要内容。

二、倡议书的特点

1. 群众性

倡议书不是对某个人、某一集体或某一单位而言的，它往往面向广大群众，或对一个部门的所有人发出，或对一个地区的所有单位发出，甚至向全国发出，因此具有广泛的群众性。

2. 对象的不确定性

倡议书是要求广大群众响应的，然而其对象范围往往是不确定的。即便是在文中明确了具体对象，但实际上有关人员可以表示响应，也可以不响应，而其中没有明确的别的群众团体却可以有所响应。倡议书本身不具有约束力。

3. 公开性

倡议书是一种广而告之的书信。它是要让广大的人民群众知道和了解倡议的内容，从而使更多的人响应，以期在最大的范围内发挥作用。

写作指导与范例

一、倡议书的格式与写作要点

倡议书一般由标题、称呼、正文、结尾、落款五部分组成。

1. 标题

倡议书的标题一般由文种名单独组成，即在第一行正中用较大的字体写"倡议书"三个字。另外，标题还可以由倡议内容和文种名共同组成，如《建设节约型机关倡议书》。

2. 称呼

倡议书可依据倡议的对象而选用适当的称呼，如"广大的青少年朋友们""广大的妇女同胞们"等。有的倡议书也可不用称呼，而在正文中提出。

3. 正文

倡议书正文的内容包括以下几个方面。

（1）倡议书发出的背景、原因和目的。倡议书的发出重在引起广泛的响应，只有写清楚倡议活动的原因、倡议提出的背景、发出倡议的目的，人们才会自觉地响应。

（2）倡议的具体内容和要求。这是正文的重点部分。倡议的内容一定要具体化，开展什么活动，做哪些事情，具体要求是什么，它的价值和意义都有哪些均需一一写明。倡议的具体内容一般是分条开列的，这样写清晰明确，一目了然。

正文部分要写清楚三点：一是倡议做什么事？二是为什么要做这些事？即讲清楚目的和意义；三是怎么去做，提出初步设想。倡议书有无效果首先要看倡议的事情有无价值。其次，倡议要有可行性。最后，倡议书应写得情理并重，富有号召力。一份好的倡议书应晓之以理，动之以情，使人读后能被说服，能被打动。

4. 结尾

结尾要表明倡议者的决心和希望，或者写出某种建议。倡议书一般不在结尾写表示敬意或祝愿的话。

5. 落款

即在右下方写明倡议者单位、集体或个人的名称或姓名，署上发倡议的日期。

倡 议 书

尊敬的老师、亲爱的同学们：

谁不喜欢坐在窗明几净的教室里读书？谁不喜欢坐在草地上享受阳光？谁又不想躺在草坪上畅想未来？为了满足我们的心愿，学校为我们创造了优美的学习和生活环境，可是在本来绿茵茵的草地上时常可以看见矿泉水瓶、食品袋和废纸等垃圾。有垃圾的校园，还能使我们感到舒心和惬意吗？

学校是我们的家，我们是学校的主人，学校的环境要靠我们共同来维护。现在，我们倡议全校师生积极参加"爱我校园，消除垃圾"活动，共同创造一个看不到任何垃圾的良好的学习和生活环境。

让我们从自身做起，自我约束，不随意丢弃垃圾，共同维护校园环境，使我们的校园更加美丽，使我们在其中生活更加惬意。

××大学学生会

2021 年 9 月 9 日

【提示】这是一封倡导"爱护校园环境"的倡议书。开篇连续使用了三个问句做铺垫，在此基础上提出问题，发出倡议。

二、倡议书写作的注意事项

写倡议书，所提的倡议必须是对国家、对人民有利的好事，这样才会有广泛的群众基础。所提的倡议必须是简便易行的，这样才能吸引更多的人响应。此外，还应注意以下几点。

（1）倡议书的内容要切实可行，并且不违背国家的方针、政策。

（2）发出倡议的背景、目的要写清楚，理由要充分。

（3）倡议书的措辞要恳切，情感要真挚，同时要富于鼓动性。

（4）倡议书篇幅不宜太长。

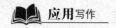

思路拓展

谁说败局已定

[法] 戴高乐

那些多年身居军界要职的将领们已经组成了一个政府。

这个政府以我们的军队吃了败仗为由，同敌人接触，意在谋取停战。

毫无疑问，我们确实吃了败仗，我们陷于敌人陆、空军的机械化部队的围困之中。我们之所以受挫，不仅是因为德军人数众多，更重要的是他们的飞机、坦克和战略。正是德军的坦克、飞机和战略使我们的将领们不知所措，置他们于今天的境地。

但是难道已一锤定音、胜利无望、败局已定吗？不，绝不如此！

请相信我，因为我对自己说的话胸有成竹。我告诉你们，法兰西并没有失败。我们完全可以以其人之道还治其人之身，并有朝一日扭转乾坤，取得胜利。

因为法兰西并不孤立，她不是在孤军作战！她绝不孤立！她有一个幅员辽阔的帝国作后盾。她可以同控制着海域并继续在战斗着的不列颠帝国结盟。同英国一样，她可以得到美国雄厚工业力量取之不尽、用之不竭的资源。

这场战争不仅限于在我们这块不幸的土地上，战争的胜败不取决于法国战场的局势。这是一场世界大战。所有的过失、延误和磨难都不会改变一个事实，即世界上仍有种种锦囊妙计能够最终置我们的敌人于死地。我们今天虽然受挫于机械化部队，将来，我们却可用更高级的机械化部队制胜。世界的命运正系于此。

我，戴高乐将军，现在在伦敦向法国的官兵发出请求，不管你们现在还是将来踏上英国的国土，不管是否持有武器，都同我联系。我请求具有制造武器技能的工程师和技术工人，不管你们现在或是将来踏上英国的国土，都和我联系。

不管风云如何变幻，法兰西的抗战烽火都不会被扑灭，法兰西的抗战烽火也绝不可能被扑灭。

明天，我还会像今天一样继续在伦敦发表广播演讲。

【提示】从内容实质来看，这篇演讲词相当于一份倡议书——因为作者发表这一番演说的目的是号召逃到英国的官兵、工程师和技术工人等和自己联系，目的是将他们重新组织起来进行抗战。人们可以听他的，也可以不听他的。因此，这篇演说词具有倡议的性质。

作者运用充分的理由确立"法兰西并没有失败"这一观点，不仅令人信服，而且具有鼓动性和感召力。该文语言节奏明快，铿锵有力，掷地有声。

实战训练

同学们共同生活在校园里，都希望校园整洁、环境优美，而整洁、优美的校园环境要靠大家维护。请以"共建美好校园"为主题写一份倡议书，号召大家共同维护校园环境。

第五节　建　议　书

有相当一部分同学把学习英语当作一种负担。造成这种境况的原因是多方面的，其中盲目的课程设置和不切实际的英语学习要求是主要原因。对此，如果你有什么想法和看法，可以以建议书的形式向教育决策部门陈述。

基础知识

建议书是个人、单位对某一问题或情况向领导、集体或他人陈述自己的看法，提出某种积极有益的主张或建议时使用的一种文体。建议书是群众向领导和组织提出自己主张的重要手段，是沟通党群、干群、上下级关系的重要渠道。

一、建议书的作用

（1）建议书是人民群众发表意见，提出建议的一种工具。在社会生活中，每个人的政治地位平等，每个人又都是国家的主人，每个人都有责任和义务对一些关系国家、集体或个人利益的事情发表自己的看法。写建议书是为"天下兴亡"尽"匹夫之责"的最佳途径。

（2）建议书可以充分调动各方面的积极因素，集中广大群众的智慧，更好地推进工作的顺利开展。畅通建议这条渠道，可以扩大建议的范围和来源途径，切实调动广大群众的积极性，使许多合理化建议和建设性的意见可以反馈给有关方面和政府机关，帮助他们更好地开展工作。

二、建议书的特点

（1）建议书是对有关部门或上级领导提建议时使用的一种书信。它没有公开倡导、具体实施的作用；只是提出一种想法，其中心思想是作为一种设想而存在的。

（2）建议书必须被有关部门、领导批准认可后才能被实施。所以建议书具有较强的可塑性，它可以被修改、被增删，甚至被弃之不用，这要由具体的情况来定。

三、建议书和倡议书的区别

建议书和倡议书不同。倡议书中虽然也有建议，但它一般是面对群众，带有一定的号召性，具有广泛的群众性；建议书主要是个人向组织或下级向上级提出的积极主张，希望组织或上级采纳。

写作指导与范例

一、建议书的格式及写作要点

一般来说，建议书由以下几个部分组成。

1. 标题

标题可写"建议书"或"建议"。

2. 称谓

顶格写上接受建议书一方的名称，格式与一般书信相同。

3. 正文

首先写建议的原因或建议的出发点，以便接收建议的一方联系实际情况，考虑建议的可行性和价值如何；接下来写建议的具体事项，内容要具体，以便接收者考虑是否采纳。

4. 结尾

结尾写上表示敬意或称颂的话。署名写上提建议人姓名或单位名称，日期写在署名下一行。

范例5-4

建 议 书

教育部：

目前对各级各类学校外语的教学要求普遍偏高，严重冲击了母语教育，致使整个社会母语应用环境恶化。这一状况如果不改变，将直接导致国民素质的下降。为此，我建议：

1. 尽快修订各级各类学校的教学计划，降低外语教学的要求。

2. 由于外语的用语规则对母语能力的形成冲击很大，建议尽快取消义务教育阶段的外语课，即初中阶段和小学阶段不要开设外语课。

3. 外语课从高一年级起开设，并且教学要求要降低。

4. 由于人才培养的方向不同，除一类本科院校继续开设外语课外，二本以下院校，特别是各类高等职业技术院校不再开设外语课。

5. 各类专业技术职称的评聘不再考外语，代之以汉语能力考试。果真能够如此，国民素质的整体提高将指日可待。

以上建议供你们参考，不当处请批评指正。

黄伯阳

2020 年 9 月 8 日

【提示】这份建议书建议事项明确，内容具体、实在，具有很大的参考价值。

二、建议书写作应注意的事项

1. 建议要切合实际

写建议书一是要从实际出发，实事求是。要根据具体问题、实际需要和可能条件，以有助于改进工作、开展活动为出发点。二是所提意见和建议应当准确、合理，在现实条件下行得通。

2. 内容要写得具体

写建议书不管是分条列列，还是不列条款，都应当把建议的内容写具体，使接收单位或个人在采纳时容易落在实处。切忌空话、套话，不要抽象、笼统。

3. 语言要精练，语气要诚恳

要言简意明地把具体办法、具体措施表述出来，不需要分析和论证。另外，写建议书应心平气和，语气诚恳。

思路拓展：阅读《谏逐客书》

【阅读提示】该文是李斯为逐客一事写给秦王的"建议书"。该文"据事以类义，援古以证今"，运用类比推理，正反并论，利害对举，顺势而进，以一篇"建议书"改变了秦王的国策，足见其议论高超、匠心独运。

实战训练

关于开展丰富多彩的校园文化活动问题，你有一些比较成熟的想法，想把它说给校领导听，并且希望校领导能够按照你的想法去做。这就需要你写一份书面的材料交给校领导，怎么写呢？

第六节 承 诺 书

话题与案例

高中毕业生在参加高考时都要写一份"承诺书"，其中有两项重要内容：一是考试不作弊；二是一旦被自己填报的学校录取，一定去上。然而，一些同学却不能兑现自己的承诺。那么，承诺书都有哪些作用？承诺不能兑现时会承担什么责任？

 基础知识

承诺书是党政机关、企事业单位、社会团体或个人面向社会公众，郑重承诺办理事务、提供服务或规范行为，以期提高工作效能和服务质量，建立信誉，接受监督的一种专用书信。

承诺书的使用范围十分广泛，从政治教育到道德建设，从科研领域到教育系统，从经济工作到文体活动，从社会到家庭，从集体到个人，都可能使用到这一文种。一家企业，要对自己的产品质量和服务质量进行保证和承诺，否则就不会有信誉；一个组织的成员，要对严格遵守组织纪律做出保证，违反纪律，要受到一定的惩罚；事业单位或权力机构，要对完成自己的职责做出承诺，并随时接受群众的监督；学生申请助学贷款，要做出还款的承诺和保证……在特定的时候，这种保证和承诺是必要的，是具有法律效力的。

一、承诺书的使用情形

承诺书一般在成员对组织、员工对领导、下级对上级、个人对他人、单位对社会就某事做出承诺时使用。其使用情形主要有以下几种。

（1）承诺遵守特定的纪律、严格履行职责或履行应有的义务时使用。

（2）党政机关就当前人们十分关注、涉及广大人民群众切身利益的事项，承诺满足大

众的要求和愿望时使用。

（3）就产品质量、售后服务等向消费者或客户做出承诺时使用。

（4）科研、教育机构加强学术规范，重视学术道德，净化考试环境，体现公平公正，向公众做出承诺时使用。

（5）就改变工作作风、提高工作效率及质量等问题做出承诺时使用。

需要强调的是，承诺书的适用面很宽、使用情形众多，一时难以完全列举。

二、承诺书的作用及其类型

承诺书的作用主要体现为三点：一是加强责任心；二是调动积极性；三是增强约束力，自觉接受监督。

承诺书主要有以下几种类型。

1. 用于保证产品质量的承诺书

这类承诺书是企业为产品质量所做的保证承诺。住房等建筑工程的建设与售卖人，按国家规定要向住房消费者提供质量保证书。一些高档的商品（如家用电器）要附有专门的质量保证书。

2. 用于承诺优质服务的承诺书

服务性社会机构为保证工作人员向人民群众提供优质服务，有必要主动向社会发布服务承诺书。

3. 用于保证遵守纪律的承诺书

一般情况下，对纪律的遵守是不需要专门做出承诺的，但在特殊时期或非常情况下，有这样做的必要。例如，新冠疫情暴发和防控期间，一些学校要求学生每人写出承诺书，承诺减少外出、不参加聚集活动等。

4. 用于承担法律责任的承诺书

学生向学校申请助学贷款时，必须写出毕业后按期还款的承诺书，并表明违反承诺自愿承担的法律责任。

三、承诺书的特点

1. 郑重性

发表书面承诺是表达自己的真实意愿，自愿接受有关方面监督的一种郑重行为，一般是经过深思之后做出的。

2. 自我鞭策性

承诺书一般只强调义务的履行，不提及个人权利，是一种严格要求自己的举措，具有自我鞭策性。

3. 约束性

不论是向对方做出许诺，让对方约束自己，还是做出承诺自己去践行，都具有约束性。

4. 契约性

承诺书虽与契约和协议书不同，但也具有一定的契约性。不履行承诺，不仅要受到谴责，有时候还要承担责任。一些承诺书是具有法律效力的，譬如施工单位对工程质量的承诺，如不能实现，就必须承担法律责任；申请贷款，如果不如期归还，也同样要承担法律责任。

 写作指导与范例

四、承诺书的写作要点

承诺书一般由标题、正文、结语、署名和日期几个部分组成。

1. 标题

承诺书的标题主要有以下几种写法：一是单独以文种"承诺书"为题；二是由事由+文种名组成，如《大学生诚信承诺书》；三是由单位名称+事由+文种名组成，如《苏州市师德承诺书》。

2. 正文

承诺书的正文一般包含以下内容：一是说明签署承诺书的目的，表达做出承诺的意愿；二是分条列项写出具体承诺事项；三是表明接受监督的态度。

3. 结语

承诺书的结语主要是写一些表态性的话。

4. 署名和日期

承诺人是单位的，写单位全称，加盖单位印章；承诺人是集体的，写上集体名称，所有成员一一签名，或由该集体主要负责人签名；承诺人是个人的，由个人签上姓名。

日期是指签署承诺书的时间，年、月、日要写清楚。

五、承诺书的写作要求

（1）承诺书必须是承诺人真实意愿的表达，必须切实可行，能够付诸实际行动。

（2）承诺书的内容必须与自身的实际情况相适应，以有利于树诚信、建立良好的信誉为原则，要有针对性，突出重点。

（3）承诺书本身具有契约性与约束性，要注意适度性，以能够切实做到为原则。

（4）要慎重。凡在承诺书认定的内容，在实践中一定要遵守，做不到的事情就不能写入其中。

范例5-5

师德师风承诺书

为切实开展2004年"苏州教育形象年"工作，进一步明确每位教职工对师德师风建设应负的责任，努力提高我校师德师风建设的整体水平，特向全社会做出公开承诺，全校教职工应在以下八个方面履行职责，承担教育责任。

1. 实行师德师风建设目标管理责任制，每一位教职工都应严格执行学校关于加强师德师风建设的各项规定，身正为范，以德立身。

2. 切实提高依法执教的法制意识，全校教职工都要自觉学法、知法、守法，用《教师法》《教育法》《未成年人保护法》《中小学教师职业道德规范》等有关法规规范自己的教学工作。

3. 坚持开展"以德立身，教学为本，情感育人"的师德自律教育，铸师魂，修师德，

练师能，内强素质，外树形象。

4. 模范遵守社会公德。为人师表，衣着整洁得体，语言规范健康，举止文明礼貌，以自身的良好形象教育引导学生。

5. 尊重、爱护和信任学生，爱心育人，尊重学生人格，对学生不讽刺、不挖苦、不辱骂，杜绝体罚和变相体罚行为。教师不得随意让学生停课。

6. 注重提高教育教学效果。爱生敬业，勤奋工作，备好每一篇教案，上好每一堂课，批好每一次作业，与学生谈好每一次话，以自己辛勤的劳动换取每一位学生的成功。

7. 规范收费，严格执行有关教育法规。不擅自收费，不搞有偿家教，不向家长索要或暗示馈赠钱物，不参与黄、赌、毒及一切封建迷信活动。教师不得请学生代批作业、试卷，代写学生成绩册和评语等。

8. 自觉抓好自查自纠。围绕师德师风建设问题，定期进行自我对照、自我检查、自我整改，主动听取、接受学生家长、学校行风监督员等各方面的批评与建议，自觉置于社会的监督之下。

以上八条，特向全社会做出公开承诺，如有违法违纪，本人将接受学校批评、警告，取消评优资格，工作质量考核降一等，报请上级行政部门处分等处罚措施，同时敬请学生、学生家长、行风监督员积极配合、支持，共同落实以上承诺。

承诺人：×××

××××年×月×日

【提示】这份承诺书就做出承诺的目的、具体承诺事项做了清楚的交代，表明了自愿接受监督的态度。全文条理清晰，叙述简明扼要。

 实战训练

张龙同学利用周末时间勤工俭学，他找到了一份小学家教的工作。学生家长担心他没经验，怕他教不好，所以要考虑一下是不是请他。为了得到这份工作，张龙决定给家长写一份教学质量承诺书。你能帮他写这份承诺书吗？

第七节 演 讲 稿

话题与案例

全国大学生演讲赛既给大学生们提供了一个展示自我的平台，同时又给大学生们提供了一个脱颖而出的机会。怎样才能利用好这个平台将自己推出去呢？写好演讲稿是其中关键的一环。

基础知识

演讲稿也叫演讲词，是演讲者在特定的场合、针对特定的问题向听众说明事理、发表见解和主张的讲话文稿。与一般议论文不同，演讲稿的内容最终诉诸听众的听觉而不是读者的视觉，因此要富有感召力、感染力和说服力，能够引起听众感情上和思想上的共鸣，从而起到宣传、鼓动和教育作用。

演讲稿具有以下特点。

1. 针对性

针对性包括两个方面：一是根据特定的场合和特定的听众对象，即根据听众的文化水平、接受能力，以及现场气氛来安排演讲内容；二是演讲内容的现实针对性，即演讲者提出的问题是听众所关心的问题，并且演讲者关于此问题的观点要能为听众所接受。

2. 鼓动性

演讲的鼓动性主要是依靠演讲稿思想内容的丰富、深刻和见解的精辟，以及语言表达的形象、生动等来体现的。例如丘吉尔任首相后的首次演讲：

你们问我们的目标是什么？我可以用一个词来回答：胜利——不惜一切代价，去赢得胜利；不论多么可怕，也要赢得胜利；无论道路多么遥远和艰难，也要赢得胜利。因为没有胜利，就不能生存……我要说："来吧，让我们同心协力，一道前进！"

这种富有激情的演讲，不仅为听众树立了坚定的信念，而且也使他们产生了火热的情感，具有强大的感召力和鼓动性。

3. 感染性

演讲稿与一般议论文的最大不同是富于情感性，具有极强的感染力。演讲稿在表达上要注意感情色彩，把说理和抒情结合起来，要情理交融。

4. 哲理性

演讲不能仅仅满足于表达自己的观点和主张，而且要能够启人心智，引发人的思考，丰富人的思想。这就要求演讲的语言必须富于哲理。因为哲理语言来自对人生、对世界独具慧眼的观察，来自鞭辟入里的认识。

5. 口语化

演讲稿的写作既要符合书面语法规范，更要使用通俗易懂、生动形象的口语，语气要有一定的跌宕变化。演讲要使人听得懂、记得住。

📋 写作指导与范例

一、演讲稿的写作要点

演讲稿写作的要点可以概括为八个字：拟好标题、写好正文。

（一）标题

演讲稿的标题力求简洁、准确、生动：或揭示主题，如《人应该有奉献精神》；或提示内容，如《在诺贝尔奖颁奖会上的演讲》；或提出问题，如《如何才能取得成功》。

（二）正文

演讲稿的正文包括开头、主体、结尾三部分，各部分的写作要点如下。

1. 开头

演讲稿的开头具有导入演讲的重要作用，对于演讲的成功至关重要。演讲稿的开头部分一般由称呼语和开场白两部分构成。

称呼语是演讲者面对听众所作的称呼，在选择称呼时，要做到准确得体，即称呼要符

合听众对象的特点；开场白是指演讲词开篇的内容，其作用是渲染气氛、沟通情感、提出问题、启发思考、交代背景、说明情况。演讲词的开场白要引人入胜，更要言简意赅。

开场白的表达方法很多，常见的有以下几种。

（1）开门见山。开头就直截了当地提出演讲的中心论题，说明演讲的意图，言简意赅，单刀直入。尤其是一些有时间限制的简短演讲，更适合这种开头方式。

（2）提出问题。这也是一种常用的开头方法。通过提问，制造悬念，或吸引听众的注意，或引发人的思考。

（3）引用资料。引用名人名言、故事、成语、格言、诗词等作为演讲的开头。运用得好，可以使演讲的论题深入浅出，收到出其不意的效果，同时也能激起听众的兴趣。

2. 主体

这是演讲稿的核心部分。这部分的写作不仅要合情合理、条理清楚、逻辑性强，而且要求波澜起伏、扣人心弦、出神入化、张弛有度。主体部分的撰写尤其要注意以下几点。

（1）层次安排。在层次安排上，要根据演讲的时空特点，对演讲内容加以取舍和组合、使其结构合理、顺理成章，诉诸听众听觉后，能获得层次清晰、条理分明的艺术效果。

（2）节奏组织。在节奏上，要根据听众的心理特点，确定好节奏频率，既要鲜明又要适度，做到张弛有度、一波三折，始终吸引听众的注意力。

（3）衔接自然。由于调节的需要，演讲时要适时变换内容，而内容的变换需要考虑衔接问题。写演讲稿时应该使内容之间的过渡巧妙自然，从而使演讲词有浑然一体的整体感。

3. 结尾

演讲稿的结尾要言简意深、余音绕梁。好的结尾可以起到突出重点、深化主题、收拢全篇、首尾呼应、申明立场、表明态度、发人深思、给人启迪等作用。常用的结尾形式有以下几种。

（1）豪情鼓舞式。这种形式常能激发听众的浓厚兴趣，使演讲达到高潮。这种形式的结尾常以生动形象、饱含激情的语言结束，使整个结尾热情洋溢、令人振奋，具有极大的鼓舞力量。

（2）含蓄幽默式。这种结尾形式常常是以幽默的语言巧妙地照应严肃的主题，含蓄地道出演讲的意义所在，给人启迪。

（3）哲理名言式。这种结尾形式以名人名言、哲理名句作为演讲的收束，既发人深思，又有余韵。

（4）概括总结式。这种结尾形式是在演讲词的最后总结归纳自己的见解、主张，强化演讲的中心内容，将气氛推向高潮，以给听众留下深刻印象。

语文本身就是文化

各位老师：

大家好，今天我演讲的题目是"语文本身就是文化"。

近年来，"文化"一词被人们津津乐道，似乎什么东西只要和文化二字联系起来就会变得更有价值。一时间，语文教育界也出现了一股思潮，"语文教学要和文化教育相结合""语文教学要重视文化传承""语文教学要注重文化渗透"等一大批所谓的"新思想""新观点"见诸报端，流行网络，刊发在各种专业语文教学杂志上……从表面上看，这些说法似无不妥，但细思极恐。因为语文本身就是文化，语文教学就是文化教育，那些错误的观点大量地出现在专业语文杂志上，并且被大肆地推介，确实令人担忧。

在现代汉语中，"语文"一词有两个含义：一是指语言和文字，二是指语言和文学。不论是从哪个含义的角度来看，语文所包含的内容都是文化。

首先，就文字而言。文字是人类进入文明的一大标志，这是世界各国学者一致认同的一个观点。既然文字是人类进入文明的一个标志，那么它就是人类文化的一个最基本的元素。汉字既是中国文化的一个元素，也是中国传统文化最核心的内容，它的一点一画中体现着中国人的智慧，象形的结构深刻地影响着中国人的思维方式。汉字教学不是简单的文字认知，而是对中国文化的研习。一个"森"字，包含着"独木难成林"的道理；一个"人"字，显示着做人的哲理：既要脚踏实地，又要相互支持。汉字中包含着极其丰富的中国传统文化知识。

其次，就文学而言。文学是文化的一种样式。任何一个民族的文学都是其文化的基本组成部分。文学教育是文化教育的基本内容。特别值得一提的是，中国古代文学中大量的诗、词、曲、联作品，不仅是中国传统文化的重要组成部分，而且是中国传统文化的精华之一。语文教学中的诗词解读、对联欣赏等，不仅是语文能力培养的教学，而且是传统文化教育。

最后，从语言教学的角度来看。不论是中小学语文教育，还是大学语文教学，都是通过语言材料的研读来培养学生的语言能力的，课本中所选的语言材料包含着各种文化元素。《论语》选文中包含着儒家思想，《老子》选文中包含着道家思想，《韩非子》选文中包含着法家思想……语言教学过程中始终伴随着文化教育。

在这里，我要强调的一个问题是：虽然人类所创造的物质财富不全是文化，或者说只有一部分具有文化特质，但是人们所创造的精神财富都是文化的组成部分，因此，语文本身就是文化，语文教学就是文化教育。

谢谢大家！

（本文作者：陕西省旬邑中学 李艳丽）

【提示】这篇演讲稿值得学习的地方主要有三个：一是从目标听众十分关心和迫切需要弄清楚的问题切入，很容易引起听众的兴趣；二是立意角度好，论据充分，论证透彻，观点令人信服；三是语言浅显易懂，能够使人听得明白。

二、演讲稿的写作要求

一席成功的演讲，要能够从情感上打动人、鼓舞人，这样才能说服人、教育人。要取得这样的效果，演讲稿的主题要鲜明，例证要动人，感情要深厚，条理要清晰，结构要完整，并注意跌宕起伏；语言要力求灵活、朴实、形象、幽默，并善于运用警句。

演讲稿的写作要求如下。

1. 有的放矢

写演讲稿首先要了解听众的思想状况，了解他们所关心和迫切需要解决的问题，确立符合他们意愿的主题，这样才能达到宣传、鼓动和教育的目的。

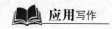
2. 以情动人

演讲的关键是打动人、感染人，从而起到宣传和鼓动的作用。因此，演讲稿要注重感情色彩，营造浓郁的情感氛围。

3. 注意内容节奏

演讲的节奏主要是通过演讲内容的变换来实现的。演讲内容的变换，是在一个主题思想所统领的内容中，适当地插入幽默、诗文、轶事等内容，以便听众的注意力既保持高度集中而又不因为高度集中而产生兴奋性抑制。演讲的节奏既要鲜明，又要适度。平铺直叙、呆板沉滞，固然会使听众紧张疲劳，而内容变换过于频繁也会造成听众注意力分散。所以，插入的内容应该为实现演讲意图服务，而节奏的频率也应该根据听众的心理特征来确定。

4. 语言优美

演讲稿的语言既要有自然质朴、简洁明了的本色，又要具有准确严密、条理清晰、生动形象、平易亲切、圆润动听、幽默风趣等特点。有时在整散结合中显示出参差美，有时在平易中显示绚丽美；有时曲折含蓄，峰回路转；有时明白晓畅，酣畅淋漓；有时庄重，有时诙谐，有时激昂，有时舒缓……凡此种种，都要各得其"体"，恰到好处。

实战训练

演讲比赛是一种比较常见的活动，这类活动不仅能检验一个人的口才、思维能力和思想涵养等，而且也为人才脱颖而出提供了平台。假如现在要举办全国性的演讲比赛，比赛的题目是"青春，在奉献中更加精彩"，请你写一篇演讲稿，参加本校的选拔赛。

第八节 启 事

话题与案例

捡到物品要寻找失主，遗失物品要找回来；办校刊要向同学们征求稿件，校学生会办公地址变动要告知同学们……这些都要用到启事。那么，启事适用于哪些情形呢？怎么写启事？

基础知识

启事是机关、企事业单位、团体或个人需要向公众说明某事或希望公众协助办理某事时使用的一种文书。按内容分，启事有征文启事、招聘启事、招生启事、征订启事、开业启事、迁址启事、征婚启事、寻人启事、遗失声明等。按公布的形式分，启事有报刊启事、电视启事、广播启事、张贴启事等。

启事具有以下特点。

1. 告启性

启事面向大众告知事宜，只具有知照性，而没有强制性和约束力。

2. 简明性

启事要求写得简洁明了。无论是登报、广播或是张贴，启事都要写得十分简明。有的启事三言两语；有的启事用单行单句排列内容，尽力做到一目了然。

写作指导与范例

一、启事的写作要点

启事通常由标题、正文、结尾三部分组成。

1. 标题

标题的写法可以有以下几种：第一种，只写"启事"；第二种，标题里标明启事事项，如"招领启事""开业启事"等；第三种，如果事情重要和紧迫，可标明"重要启事"或"紧急启事"。有时将"启事"两字省去，只写"寻人"或"招聘"。

2. 正文

不同类型的启事，正文内容有所不同，一般包括：启事的目的、意义、具体办理方法、要求、条件等。正文是启事的主要部分，主要说明启事的事项。正文写法形式多样，可以分段写，可以逐条分项写，要写得具体、明白、准确、简练、通俗，千万不可模糊、含混，以免产生歧义。

3. 结尾

启事的结尾一般包括联系地址、电话、联系人姓名或者签署启事者姓名、时间等。

范例5-7

语文在线教育师资培训启事

一、培训性质：公益性，不收费，提供食宿。

二、培训对象：现不在职的"语文老师"，或有志于语文教育的工作者。

三、培训目的：为课程平台培训师资。

四、工作方式：在自己家里录制平台课程，直播、录播皆可；由平台强力推广；你只管讲，有人给你推广。

五、报酬支付：按所录课程实际收入，老师与平台按约定比例分配。

六、第一期培训时间：2021年11月20日至21日（19日晚上9点前报到），培训两天。

七、培训地点：陕西西安。

八、报名条件：（1）年龄四十五岁以下；（2）汉语言文学专业本科及以上学历；（3）形象气质好；（4）普通话标准；（5）品行端正，诚实守信；（6）所在地域不限。

九、培训期数和人数：即日起至2022年5月，共计划5期；因疫情防控需要，每期限20人以内。

十、报名方式：填写个人信息简表，发送至联系人邮箱。

十一、报名联系人：刘老师（电子邮箱××××××××@qq.com）。

××语文教育工作室

2021年11月4日

附：个人信息简表

【提示】这则启事语言十分简洁，有关事宜交代得清楚明白。

二、启事的写作要求

（1）内容要严密、完整。启事的事项要严密、完整，不遗漏应启之事，而且要表述清楚，切忌含糊不清。

（2）用语要热情、恳切、文明。

（3）不能将"启事"错写为"启示"。"启示"含有"启发指示，使人有所领悟"之意，它跟"启事"毫无关系。

实战训练

依据下面的材料，请以张晓的名义写一则招领启事。

2021 年 2 月 15 日，王楠在返校途中不慎将一黑色旅行包遗失（内有人民币 2 200 元），当日长春至上海的火车票 1 张，专业书籍 5 本，蓝牙耳机 1 个。

王楠的黑色旅行包于当日被人捡到，并交给了车站派出所的张晓，车站派出所的电话是 65698651。

第九节　海　报

话题与案例

为了活跃师生的文化生活，本周六 19:00，学生会在学校一号教学楼一楼大厅举办舞会，欢迎全校师生积极参加。请你写一则海报。

 基础知识

海报是主办单位告知公众举办文化、娱乐、体育等活动的一种文书。海报中通常写明活动的性质，活动的主办单位、时间、地点等。海报的内容一般简明扼要，其形式新颖美观。按内容分，海报有演出海报、讲演海报、比赛海报、报告会海报、展览会海报等。按形式分，海报有纯文字海报和图文海报两种。

一、海报的特点

海报具有张贴性、宣传性和灵活性的特点。海报在某些方面与广告有相似之处，但也有很大的不同。海报的特点是重在告知和宣传，广告除了宣传外，重在营销。虽然两者都很注重创意和设计，但海报比广告更灵活。海报以宣传为主要目的、以张贴为主要手段，具有很强的灵活性。重要的海报还可以通过报刊、电台、电视台等媒体进行发布。特别要注意的是，海报的制作必须醒目。

二、海报与启事、广告的异同

海报与广告、启事有相似点，它们都属于告知公众信息或情况的告启性文书，是请求人们支持、协助，希望人们参与和合作的。它们的表现形式相似，但又有明显的区别。

1. 使用范围不同

海报以报道文化、娱乐、体育消息为主；启事可以反映政治、经济和生活等多方面的内容；广告则多属于经济方面的内容。

2. 适用场合不同

海报多用于热闹、轻松的场合；启事多用于比较庄重的场合；广告则什么场合都可使用。

3. 表现形式不同

海报除文字说明外，可配上图片、图案或用各种色彩进行装饰；启事以文字说明为主；广告虽在表现形式上与海报有相似之处，但多属商业性质。

 写作指导与范例

一、海报的结构与写法

海报的告知性和宣传性及海报表现的特殊性，决定了海报必须在瞬间给人留下强烈的印象，让人对海报的内容一目了然。

海报的结构包括：标题、正文、落款三部分。

1. 标题

海报的标题要能表现海报的主旨或概括其内容要点。海报的标题主要有两种形式：一种是直接采用"海报"做标题；另一种是根据活动内容拟定标题，适当使用修辞手法，突出海报的宣传效果。

2. 正文

正文是海报的主体，一般应写明活动内容和具体事项。例如开晚会，要写明表演团体、时间、地点等，报告会要写明报告题目、报告人、地点、时间等。

3. 落款

落款处要写明举办单位或演出单位和发海报的日期，还可注明联系电话、联系人。如果标题已写单位名称，落款处可省略。

"青春诗会"海报

这是诗歌的擂台

这是青春的精彩

这是激情的盛会

这是热情的澎湃

文采　口才　素质

浪漫　激情　比拼

时间：2021 年 11 月 9 日下午 2 点

地点：多功能厅

欢迎参加

基础部

2021 年 11 月 8 日

【提示】这则海报以生动、简洁的语言交代了活动的内容、时间和地点，堪称佳作。

二、海报的写作要求

海报的写作主要有以下要求。

（1）事项交代要清楚。对于活动的内容、时间、地点等具体事项，必须交代清楚。

（2）简洁明了。将具体事项交代清楚即可，切忌啰唆和重复。

（3）一事一报。一份海报只写一件事。

（4）尽可能图文并茂，以吸引读者。

实战训练

著名学者黄先生将于 2021 年 3 月 28 日应邀到我校做"咸阳文化与中国精神"的专题报告，报告在图书馆学术厅进行，具体时间为上午 9:00—12:00。请拟写一份关于本次报告的海报。

第十节 一 般 书 信

话题与案例

有人认为，现在计算机、手机等通信工具十分普遍，再也没有必要学习一般书信的写作知识了。这种看法正确吗？

 基础知识

一般书信是指在日常生活中，亲友、同学、同事之间，通过书面形式进行思想与情感交流，互通信息，商讨问题时所用的一种文体。

有人说，现在通信工具如此发达，谁还写书信呀？这种认识是错误的。通信工具的普遍应用，只是传递手段发生了变化，书信的本质内涵及使用范围并没有发生任何变化。不仅如此，现代社会是一个大协作的社会，交流和交际更加频繁，书信的应用更加广泛。

一、一般书信的特点

1. 私密性

在多数情况下，一般书信的写作主体与阅读主体是一对一的，常常带有私密性。

2. 情感性

一般书信一般表露作者的真情实感，下笔时大多抛开客套，或絮絮叨叨，或喷涌而出，亲切自然。

3. 稳定性

不管社会怎么发展，传递和传播手段怎样更新，书信的本质内涵保持不变，其在社会生活中的作用没有减弱。尤其是当今时代，人们之间的交流显得日益重要，书信在维系人与人之间的感情、思想交流与沟通等方面的作用更加重要。

二、一般书信的作用及使用情形

一般书信是指个人之间来往的信件，是人们用书面形式互相谈话的一种工具。人们相隔两地或虽在一起但不便于面谈，就用书信进行问候，交流思想、讨论问题。它使用起来及时、灵活、方便，是最常见的、运用得最广泛的应用文之一。

一般书信是维系人与人之间感情的纽带，是人们之间加强交流与沟通的桥梁。充分地利用一般书信的这些作用，多交流、多沟通，不仅可以建立良好的人际关系，而且可以扩大和疏通信息渠道，使自己的人生与事业左右逢源。

📖 写作指导与范例

一、一般书信的格式与内容要点

一般书信由称呼、问候语、正文、祝颂语、具名、日期和附言七部分构成。

1. 称呼

称呼在第一行顶格写，表示尊敬对方。称呼后的冒号（：）表示领启下文。

如何称呼，要视写信人和收信人之间的关系而定。一般来说，平时口头上怎么称呼，信上就怎么称呼。写给长辈的，一般按照辈分称呼；写给平辈或晚辈的，可以直呼其名，也可以只写辈分称呼，或在名字后加辈分。同事、朋友间通信，一般称"同志""先生"或在姓的前面加"老"或"小"字以表亲切；对德高望重的人，常在姓后面加上"老"字，以表尊重。有时在称呼之前加"敬爱的""亲爱的""尊敬的"等修饰语，以表示对特定对象的尊敬或亲密之情。

2. 问候语

问候是表达对收信人的关心和敬重，也是写信应有的礼节。问候语根据收信人身份的不同来写。一般写在称呼的下面一行，空两格，单独成行，通常用"您好"。遇到节日，可以致以节日的问候，如"新年好""节日愉快"等。另外，还可以对收信人的工作、学习、生活、身体等各方面情况进行问候，如"近来身体好吗""精神好吗"。问候语的后面一般用感叹号或问号。

3. 正文

正文在问候语之后另起一行空两格写起，转行时顶格，根据内容可以适当分段。每写一件事都要分段，做到条理清楚、一目了然。正文是书信内容的主体，也即书信所要说的事，所要论的理，所要叙的情。

正文部分的内容一般应分段写，可分为缘起语、主体段、总括语三部分。缘起语写明写信的原因和目的，用以引出主体段。主体段是书信的主要部分，写信人要询问或要回答的问题都在这一部分。如果事情较多，可按主次分段排列。如果是回信，应先回答对方书信中提出的问题，再写自己的事情。回答对方的问题时要有针对性。总括语大多用在内容较多的书信末尾，将正文的内容总括一下，使收信人对书信的内容更清楚。若认为无必要，也可不写。

正文部分的内容十分广泛，形式也非常自由。政治、经济、文学、艺术、风土人情、社会风尚、家庭琐事等内容都可谈，描写、叙述、议论、抒情等表达方式均可采用。

正文的写作要做到两点：一是把意思表达明白。写信为了什么事、要对方办什么事必须

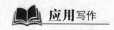

明确。所谓明白，就是在对方不在面前、不能问的情况下，一读信就能明白写信人的意思。二是要写得简洁扼要，语言感情要真挚、亲切、诚恳。对长辈要尊重，用商量的口吻；对平辈或较熟悉的人，可以写得热情一些。总之在措辞上要根据对方的身份来写，能让对方接受。

4. 祝颂语

正文完后另起一行写表达祝愿或者敬意的话，多用"此致""敬礼"。事实上祝颂语丰富多彩，完全可以根据收信人的身份及写信目的和书信的内容进行选择。例如写给长辈可用"安康""福安"等，写给平辈可用"工作顺利"等，写给晚辈可写"希努力工作"或"愿你进步"等。

5. 具名

书信的具名是有讲究的：给朋友写信具名时，一般不写称谓，只写名字；给长辈写信时一般要写称谓。例如给父母亲的信，则写"儿××上"；给老师写信，则写"学生×××上"等。

6. 日期

在具名下一行，写上写信的年、月、日。有的在日期的后边，还写上写信的地点与时刻，如"伯阳 2007 年 6 月 6 日夜于北京颐和园休养所"。

7. 附言

有的信写完后，发现还有些事情需要交代，或者与此信内容有关的问题需要说明，就要在后边补写，补写的内容叫"附言"。在写附言时，先写一个"附"字，后加上冒号，然后写补充内容。

范例5-9

陶行知给母亲的信

母亲：

家中从前寄来的信，如今都收到了，并未遗失，只是来得慢些。

儿从母亲寿辰立志，决定要在这一年当中，于中国教育上做一件不可磨灭的事业，为吾母庆祝并慰父亲在天之灵。儿起初只想创办一个乡村幼稚园，现在越想越多，把中国全国乡村教育运动一齐都要立它一个基础。儿现在全副的心力都用在乡村教育上，要叫祖宗及母亲传给儿的精神都在这件事上放出伟大的光来。儿自立此志以后，一年之中务求不虚度一日；一日之中务求不虚度一时：要叫这一年的生活，完全的献给国家，作为我父母送给国家的寿面，使国家与我父母都是一样的长生不老。

试验乡村师范开办费要一万五千元，经常费要一万二千元，朋友们都已答应捐助，只要款项领到，就可开办。阴历原想回家过年，无奈，一切筹备事宜必须儿亲自支配，不能抽身。倘使款项早日领到，或可来京两星期。如果到了腊月廿七还没有领得完全，那年内就不能来了。好在家中大小平安，儿亦平安健康，彼此都可放心。

昨日会见冬弟，知道金弟在西安尚好，可以告慰。冬弟亦较前强壮。

桃红、小桃、三桃、蜜桃给我的拜年片子都很有意思、很有价值，儿已经好好的深存了。

敬祝健乐。

行知

一月廿日

【提示】这封信格式规范，内容具体，条理清楚；语言平和而内蕴深厚，言辞恳切，其情感人，读来让人深受感动和鼓舞，同时给人以鞭策。

二、一般书信的写作要求

书信虽然是最常见的、运用最广泛的应用文之一，但要真正写好一封信并不容易。一般书信的写作要求如下。

（1）目的明确。是叙情还是说理、是请托还是问候、是询问事情还是回答问题等，写信目的不同，内容、写法各异。

关系不同，写信的目的不同，在语气和写法上都有不同。提出自己的主张和看法，应采用议论的方式；介绍某个事物，应采用说明的方式；反映某个事件，应采用叙述的方式；表示自己的喜怒哀乐，应采用抒情的方式，等等。这些问题弄清楚了，才能做到有的放矢，明确地表达出写信人的意思。

（2）格式规范。称呼、问候语、正文、祝颂语、署名、日期等构成要素应基本完整，各就其位。只有按其格式行文，才能让收信人看得清楚、明白，才能收到比较理想的沟通与交流效果。

（3）语言得体。措辞、语气要以"自谦而敬人"为原则，切合写信人与收信人关系；语体风格要相对统一，尽量避免文白夹杂。

（4）表意明了。层次清晰，不可语无伦次；详略得当，不可没有重点；用语简洁，不可拐弯抹角。写信说事要开门见山，不要绕弯子；写信使用的语言要平直和口语化，平时话怎样说，写信时就怎样写，直截了当，让人看了一目了然。

（5）书写认真，字体规范，文面整洁，美观大方。

总之，书信要求写得礼貌周全，语言简明，字迹工整，清楚明白。写后要仔细检查，看意思是否清楚，用词是否恰当，是否有漏字和错别字，准确无误后方可发寄。

思路拓展：阅读《与妻书》

【阅读提示】这是作者参加广州起义前夕给妻子写下的绝笔书。全文以感情为线索，通篇贯穿一个"爱"字，字里行间洋溢着对妻子的爱、对生活的爱，时时作安慰，时时作解释。但作者并没有停留在儿女之情上，而是由爱自己的妻子扩大至爱"天下人"，使对妻子的爱与革命需要统一起来。这封信中的"辛亥三月廿六夜四鼓，意洞手书"是具名，"家中诸母皆通文，有不解处，望请其指教。当尽吾意为幸！"一段是附言。

实战训练

当今社会是一个协作的社会，人际交往十分重要。即使你学富五车、能力超凡，但如果不善于交际或不重视交际，就可能失去本应属于你的机会。书信是一种十分重要的交际工具，当有些事情不便于面谈或无法实现面谈时，便可以借助这一工具。

异地求学，出门在外，父母亲会时时牵挂。请写一封信给自己的父母，汇报一下你近期在学校的学习和生活情况。

第六章 >>>

职场应用文

职场应用文特指人们在求职、职位调整、岗位竞聘及规划职业生涯时所使用的一类应用文书。职场应用文主要包括简历、自我鉴定、求职信、辞职信、自荐信、竞聘演讲词、述职报告和职业生涯规划等。

第一节　职场应用文概述

当今时代，用人机制相对灵活，人才与用人单位都可以在一定的条件下自主选择。从人才的角度讲，不论是求职、辞职、申请岗位调动，还是岗位竞聘、述职演说等，都需要用到相应的职场应用文。因为写作能力的高低是由人的思维能力及其人文素养所决定的，求职者所写的每一篇职场应用文都将是用人单位衡量人才素质的重要依据，直接关乎着求职者的职场前途与命运。因此，每一个即将步入社会的人都应该具备良好的职场应用文写作能力。

一、职场应用文的特点

1. 特定性

职场应用文的含义十分明确，使用范围是特定的，一般限于求职、职位调整、岗位竞聘和职业生涯规划等方面。

职场应用文的
特点与写作要求

2. 自我评价性

职场应用文的一个共同特点是自我评价性，简历、求职信自不用说，就是职业生涯规划书的制定也要以自我评价为前提。

3. 自我推荐性

职场应用文的写作在很多情况下是以自我推荐为目的的。不论是个人简历中所写的自己干过什么，还是求职信中所写的自己能干什么，或是竞聘词中对自己能力的阐述，都带有自荐的性质。另外，职场应用文的质量本身就是写作者的一张招牌——一份言辞优美、语言分寸恰当的简历或求职信可以使用人单位对求职者留下良好的印象。

4. 写实性

职场应用文一般都如实地描述自己的基本情况，这不仅是对自己负责，而且也是对用人单位负责；既是诚信的表现，也是人品的体现。

5. 礼节性

职场应用文绝大多数都是写给别人看的，具有一种交流思想、拉近感情距离的作用，因此语言一般很平和，措辞一般有理有节。

二、职场应用文的写作要求

1. 客观真实

职场应用文写作的最大要求是客观真实。客观真实就是要如实地描述自己的基本情况，不夸大、不隐瞒，以便使受文者有一个正确的评判与选择，这样于人于己都有好处。

2. 条理清楚，重点突出

每个人身上都有很多闪光点，把这些闪光点都表现出来往往会使最大的"亮点"黯然失色。因此，在职场应用文写作中，要善于根据实际需要进行取舍，将自己身上所具备的，同时又是用人单位感兴趣的内容凸显出来。

3. 不卑不亢，有理有节

由于职场竞争十分激烈，很多人在职场应用文中表现出了不应有的谦卑，这常常会使用人单位觉得你平庸和缺乏自信。因此，职场应用文的写作要不卑不亢，有理有节。

4. 语言简洁、质朴，通俗易懂

职场应用文要语气委婉，言辞恳切，情真意切，同时也要简明、质朴，通俗易懂。

第二节　简　历

简历

话题与案例

请看下面一则招聘启事——

陕西××大学××学校
面向社会诚聘优秀教师

陕西××大学××学校位于西咸新区××花园社区内，建筑面积近 3 万平方米，是一所十二年一贯制的全日制学校。学校拥有现代化的教学设施，环境优美，后勤保障完善。根据学校发展需要，现面向社会公开诚聘各类优秀人才。

一、招聘职位

1. 小学、初中、高中各科教师。

2. 有一定经验的教育教学管理人员。

3. 行政、文秘、文印员、图书管理员、档案管理员。

4. 水电工、司机（A1 驾照）、生活老师。

二、应聘条件（略）

三、应聘办法

1. 应聘者请于 2021 年 5 月 15 日前将亲笔书写的个人简历 1 份和身份证、学历学位证、职称证、教师资格证、普通话等级证、计算机等级证复印件，以及其他能证明个人能力和水平的相关材料复印件送交陕西××大学××学校人事处。

2. 应聘材料经初审，符合条件者将通知参加面试和笔试。

学校地址：陕西省西咸新区世纪大道××花园社区内。

联系电话：029-×××××××

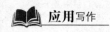

在这则招聘启事中，招聘方要求应聘者提交个人简历。个人简历要写哪些内容？重点内容是什么？

 基础知识

个人简历是每个人职业生涯中都要用到的文体，不仅找工作、评职称、升迁时要用，而且在接受公众评选、推举等方面也要经常用到。一份能够凸显个人事业亮点的个人简历，不仅能够使自己的付出得到肯定，而且会给自己带来进一步发展的机遇。

一、个人简历的内容及其作用

个人简历，也称个人履历，是求职者在求职、评聘时向用人单位或评审团提供个人情况的一种应用文书。它的主要内容是对自己的学历背景、技能专长、以往工作经验和工作业绩及其他个人情况的简要概括，写作目的是把自己介绍给用人单位或评审团，供用人单位或评审团参考。

二、个人简历和求职信的区别

个人简历和求职信是有区别的：求职信的写作目的是吸引用人单位招聘负责人去看后边的简历，使其更具体地了解自己的情况；个人简历相当于是推销自己的广告文稿，把自己优秀的一面突出地展示给对方，目的在于引起用人单位对自己的浓厚兴趣，最终选聘自己。

 写作指导与范例

一、个人简历的写作要点

标准的个人简历主要由以下四项基本内容组成。

1. **基本情况**

基本情况包括姓名、性别、年龄、籍贯、政治面貌、毕业学校及专业，婚姻状况、健康状况、身高、爱好与兴趣、家庭住址、联系方式等。

2. **教育背景**

按时间顺序列出自己曾在某某学校、某某专业或学科学习，以及学习的起止时间，同时列出所学主要课程及学习成绩，在学校和班级所担任的职务，在校期间所获得的各种奖励和荣誉，以及所参加的各种专业知识和技能培训等情况。

3. **工作资历情况**

按时间顺序列出参加工作至今所有的从业记录，包括单位名称、所任职务、就任及离任时间，应该突出所任职位的职责、工作性质等，这是个人简历的重点部分。

4. **业绩与成就**

这一部分重点写自己参加工作以来所取得的成绩。

个人简历的写法比较灵活，无论采用哪种形式，都要突出个性、富有创意，以便更好地向用人单位展示自己，达到成功推介自己的目的。

值得注意的是，大学生用于求职的个人简历与一般情况下使用的个人简历不尽相同。

范例6-1

大学生求职个人简历

一、个人基本情况

姓名：秦××   性别：女

毕业院校：陕西师范大学   学历：本科

主修专业：汉语言文学   辅修专业：新闻学

年龄：22   身高：166 cm

政治面貌：中共党员

移动电话：134887785××   固定电话：029-6739363×

电子邮箱：huang1962@163.com   QQ号：××49029804

二、教育经历

2017.8—2021.7：陕西师范大学汉语言文学专业

三、知识与技能

（一）主修专业主干课程：文学理论、现代文学、古代文学、外国文学等。

（二）辅修专业主干课程：新闻采访学、报纸编辑学等。

（三）计算机能力：能熟练应用各类报刊排版和平面设计软件。

（四）外语能力：具备较强的听说读写的能力，达到公共英语六级水平。

（五）其他能力：有驾照。

四、在校期间担任的职务

2017—2021年   陕西师范大学文学院学生会宣传部   部   长

               陕西师范大学文学院本科党支部   组织委员

五、社会实践经历及业绩

1. 在校期间兼任校报编辑，独立编辑报纸15期。

2. 参与学院卡拉OK大赛及演讲比赛的策划和组织。

3. 在各类报刊发表作品26篇。

六、个人评价

具备团队合作精神，生活态度积极、乐观，有进取心和责任感，善于与人沟通交流，有一定的工作组织能力。

七、特长与爱好

读书、运动、音乐。

【提示】这份求职简历内容要素齐全、重点突出，并且突出了具有"较强的文字功底"这一优势。

一、简历写作的要求

1. 简历要"简"

简历贵在简明扼要，当各个部分内容较多时，应选择最主要的几项，如论文选择发表刊物层次最高的写、奖项选择颁奖单位级别最高的写等。总之，要把简历写得一目了然，

给人留下十分清晰的印象。

2. 有的放矢

一般来讲，用人单位都是按预先设定的招聘条件来选人的，因此写简历时一定要关注对方的招聘条件，并在简历中突出自己与对方所要求的条件相关的内容，与应聘职位无关的不要写。

3. 突出自己的优势

写简历时，一定要突出自己的优势，尤其要凸显与众不同的地方。同时还要注意，应聘什么职位就突出与之相应的特长。不要面面俱到地展示所有的才能，这样反而会掩盖优势，削弱竞争力。

4. 注重艺术性和个性特色

怎样使简历在最短的时间内吸引用人单位的注意？一是要精心设计表现形式，力求达到让人"眼前一亮"的效果；二是关于个人专长的描述要实在且巧妙，让用人单位感到你的思维水平不同一般。

实战训练

个人简历不仅在求职时要用到，而且在专业技术职务评聘、岗位变动、行政职务提升等各种职场事务中都经常用到。不论是哪方面使用的个人简历，写作时都要突出两点：一是资历；二是能力。资历不仅仅代表的是经验，而且常常标志着人的专长和职业定位；能力决定着做事的效率和成功指数等，是用人单位十分看重的素质之一。请根据自己的所学专业和特长写一份个人简历。

第三节　求　职　信

求职信

话题与案例

某宾馆因工作需要，要招聘大堂经理、公关助理、客房部领班、服务员、保安员数名。有一位 35 岁的下岗女工前往应聘，她认为自己有如下优势：在原单位担任过保卫干事，熟悉保安工作的规律与特点；女性善于察言观色，第六感觉特强，且非常细心；受过专门训练，学过擒拿格斗的基本技巧，而且还学过柔道；体格强健等。

请根据以上材料代她写一份求职信。

基础知识

求职信是指以求职为写作目的，表达求职者求职意向的书信。求职者通过求职信引起招聘者的注意，招聘者通过求职信获得对求职者的第一印象，依据求职信和求职者的个人简历做出选择。

凡是写得好的求职信，一般都能为求职者争取到面试机会。那么，什么样的求职信算得上好呢？好的求职信的要求是：内容充实、中心突出，能够把求职者的实力与优势充分地展示出来。一般来讲，求职信应包括下面几项内容。

1. 求职岗位

写求职信的目的是找到一份适合自己的工作，因此求职岗位必须写清楚。确定求职岗位要从自身的实际出发，所选岗位必须能够使自己的专长发挥出来——只有把自己的专长发挥出来，才能做出好的业绩；工作业绩好才会受到用人单位的重用。岗位确定不好，用非所学，即使工作很卖力，也很难取得好的业绩，不但得不到用人单位的肯定，而且会影响自己的职业生涯。

另外，结合自身实际确定求职岗位，可以提高求职的成功率。

2. 求职理由

在确定了求职岗位、向用人单位表明求职意向之后，求职信的第二部分要阐述自己选择这个岗位的理由。理由真实、充分，就会被用人单位录取。阐述求职理由可以从符合自己的专长、利于自己的未来发展、能够实现个人的职业理想，以及在这个岗位上自己能干出好的业绩、对用人单位能做出贡献等几个方面下笔，实事求是，简明扼要。在求职理由这部分，一定要让用人单位看到你既为自己考虑，也有能力为用人单位做出贡献。

3. 求职条件

求职条件是求职者在众多竞争者中脱颖而出的关键。在写求职条件这一部分时，一定要弄清楚对方的要求，根据所应聘岗位的特点，有选择地陈述自己曾取得的成绩、专业优势、技术特长及年龄优势等，使用人单位感到这个岗位非常适合你。特别要注意，凡是和应聘岗位相关的，择其重点，简明扼要地写出来，凡是与应聘岗位无关，又属于综合素养范畴的，一概不要写。有时候写得多了反而会弄巧成拙。

在陈述求职条件时，既要实事求是，又要恰如其分；既不夸大其词，也不能卑怯。

4. 附件目录

求职信的后面一般要写上附件的目录，以便用人单位查阅和评判。附件有什么，目录中就写什么。

 写作指导与范例

一、求职信的写作要点

求职信的格式和一般书信相同，由称呼和问候语、正文、结尾、落款四个部分组成。

1. 称呼和问候语

求职信的称呼一般分两种情况来写：读信人不明确时，一般写"人事处负责同志""尊敬的某某公司领导"等；读信人已经明确的，一般写"尊敬的王教授""尊敬的毛处长""尊敬的朱经理"等。与一般书信一样，称呼在第一行顶格写；称呼之后用冒号。称呼之后另起一行写上问候语"您好"，然后写正文。

2. 正文

正文是求职信的主体部分。这部分应写清楚三个方面的内容：求职意向；个人基本情况，其中包括姓名、就读学校、所学专业、毕业时间等；个人所具备的条件。

主体部分一般分为两个部分来写：第一部分自报家门，表明求职意向，使读信者知道你写信的目的。例如，"我是××大学即将毕业的学生，想在贵公司找一份工作"，一目了然，要言不烦。这一部分切忌客套、恭维和绕圈子，使对方感到莫名其妙。第二部分先写

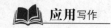

求职的理由。理由要写得充分，合乎情理，符合你自己和用人单位的实际。接着陈述自己所具备的条件。写自己的应聘条件，一要是突出重点，让人一读就知道你的专长和优势；二要有的放矢，让人一看就知道你符不符合招聘的条件。

3. 结尾

求职信的结尾部分应再次表明求职意向，以表意恰当、语气温和、态度诚恳的话语，表达清楚自己希望被面试或被录用的意思。结尾部分要写的不卑不亢。

4. 落款

落款包括署名和日期。

范例6-2

求　职　信

××学院人事处负责同志：

我是一个具有8年工作经验的文秘工作者，想应聘贵单位的办公室主任一职。现将个人情况简介如下：

本人从小学起就喜欢文学，语文成绩一直很好，高考时以单科138分的成绩被录取到浙江大学汉语言文学专业。大学读书期间，在省级报刊发表了6篇小说、19篇散文，在《光明日报》发表大学生暑假调查报告一篇，获得了学校硬笔书法比赛一等奖（正楷）。

本人毕业后被录用到市政府办公室从事文字工作，写过的计划、总结、报告等无数，本市所推荐的省级、国家级先进单位和先进个人的事迹材料很多都经过我手。由于工作业绩突出，两年前被任命为市长办公室主任。

半年前，我爱人从国外回来后被贵校聘用，现担任贵校电子信息科学与技术系主任。欣闻你校招聘办公室主任一职，为了生活和工作方便，征得市领导同意，我决定应聘到贵校工作。

此致

敬礼！

求职者：×××

××××年×月×日

【提示】这封求职信的正文部分分两段陈述自己的专长、业绩和工作经验，最后一段简要说明应聘理由。全文条理清晰，重点突出，语言简洁，意思表达清楚。

二、求职信的写作要求

1. 简明扼要，重点突出

写求职信一定要做到简明扼要，重点突出，切忌拖沓冗长。

2. 格式规范，条理清晰

格式规范，条理清晰，会使阅读者心情愉悦，这样的愉悦会带给你好运。

3. 语言简洁、优美

语言是思维的外壳。一个人的语言表达能力可以反映出他的思维水平，而一个人思维水平的高低又决定着他创造能力的高低。因此，绝大多数用人单位都很重视应聘者的语言表达能力。写求职信时，注意词句的反复推敲，力求语言简洁、生动。

4.“自我推销”与谦虚应适当

写求职信就是为了“推销自己”，就要强调自己的专长与成绩，强调自己对用人单位的价值。谦虚是一种美德。一个谦虚的人，可以使对方产生好感。但对于求职者来说，过分的谦虚，又会使人觉得你什么也不行。所以，写求职信应遵循“适度推销”的原则，将自己的优势凸显出来。

5. 富有个性，不落俗套

写一封求职信，正如精心策划一则广告，应不拘泥于成法，立意新颖，以独特的语言及多元化的思维方式，给对方留下强烈的印象，引起对方的注意，激起对方阅读的兴趣，最终达到求职的目的。

思路拓展

写求职信一定要把自己的才能和美德展示出来。在这一点上，达·芬奇的《致米兰大公书》为我们树立了典范。

致米兰大公书
[意]达·芬奇

显贵的大公阁下：

我对那些冒充作战器械发明家的人所进行的试验作了观察和思考，发现他们发明的东西与平常使用的并无两样，故此斗胆求见阁下，以便面陈机密，但对他人不抱任何成见。

一、我能建造轻便、坚固、搬运便利的桥梁，可用来追逐和击败敌军；也能建造坚固的桥梁，用以抵御敌军的炮火和进攻，这种桥梁装卸非常方便；我也能焚毁、破坏敌军的桥梁。

二、在围攻城池之际，我能从战壕中切断水源，还能制造浮桥、云梯和其他类似设备。

三、一个地势太高或坚不可摧，因而无法用炮火轰击的据点，只要它的地基不是用石头筑的，我就能摧毁它的每一个碉堡。

四、我还能制造一种既轻便又易于搬运的大炮，可用来投小石块，犹似下冰雹一般，其中喷出的烟雾会使敌军惊惶失措，因而遭受沉重损失，并造成巨大混乱。

五、我能在任何指定地点挖掘地道，无论是直的或弯的，不出半点声响，必要时可以在战壕和河流下面挖。

六、我能制造装有大炮的铁甲车，可用来冲破敌军最密集的队伍，从而打开一条向敌军步兵进攻的安全通道。

七、在必要情况下，我能建造既美观又实用的大炮、迫击炮和其他轻便军械，不同于通常所使用者。

八、不能使用大炮时，我能代之以弹弓、投石机、陷阱和其他效果显著的器械，不同于通常所用者——总之，必要时我能提供不胜枚举的进攻和防御器械。

九、倘若在海上作战，我能建造多种极其适于进攻和防守的器械，也能制造可以抵御最重型火炮炮火的兵船以及各种火药和武器。

十、在太平年代，我能营造公共建筑和民用房屋，还能疏导水源，自信技术绝不次于他人，而且保君满意。

此外，我还善于用大理石、黄铜或陶土雕塑；在绘画方面，我也绝不逊色于当今任何一位画家。

我还愿意应承雕塑铜马的任务，它将为您已故的父亲和声名显赫的斯福乐尔扎家族增添不朽的光彩和永恒的荣誉。

如果有人认为上述任何一项办不到或不切实际，我愿随时在阁下花园里或您指定的其他任何地点实地试验。

谨此无限谦恭之忱，向阁下候安。

达·芬奇

×××年×月×日

【提示】这封求职信将自己的一专多能表述得十分清楚，内容实实在在，层次十分清晰；语言平实、质朴，毫无夸张、溢美之嫌。正文最后一个自然段的补充交代，加强了文章的可信性。写求职信就要像《致米兰大公书》这样，把自己的实力充分展示出来，使自己在众多的求职者中脱颖而出。

实战训练

写作求职信，关键是要有的放矢，即根据个人的专长和兴趣、针对用人单位的招聘条件来写。本节"话题与案例"中要求代写的求职信是针对保安员一职来写的，因此要突出两个方面的内容：一是擒拿格斗等专业技能和相关业务知识；二是相关从业经验和忠于职守的工作作风。这两点应聘者都具备，所以写起来就比较容易了。请根据提示完成这封求职信。

第四节 辞 职 信

话题与案例

西咸大学计算机应用专业毕业生刘俊一毕业就找到一份还算不错的工作——在一所民办大学计算机中心从事校园网维护工作，但干了一段时间后发现这份工作并不适合自己，于是想辞掉另找一份对自己未来发展有利的工作。他把这个想法告诉了人事处的赵处长，赵处长让他写一份辞职信交到人事处。这份辞职信该怎样写呢？

基础知识与范例

辞职信是员工向供职单位提出辞职时所使用的一种专用书信。辞职信的结构与求职信相同，由标题、称呼、问候、正文、结尾、落款几个部分构成，但正文的写法不同。

尊敬的领导：

　　我现在郑重地提出辞职。

　　来到公司这一年多的时间里，我在各个方面都有所收获，十分感谢公司这个平台，使我完成了从一个学生到社会人的角色转换。公司领导的体贴关爱，同事之间的和睦相处，都使我感到温暖。然而，由于自己所学有限，能力较弱，工作中时常感到压抑。

　　或许只有重新做出选择，再经受一些挫折才能使自己真正成熟起来，所以我决定重新找一份工作，使自己得到进一步的磨炼。

　　我也清楚，这个时候提出辞职对公司、对自己都是一个考验，公司要上一个新的项目，正是用人之际，而这个新上的项目对我来说又极具挑战性。留下来，于我利大于弊，于公司则面临着一定的用人风险。所以，考虑再三，我决定辞职。

　　离开公司，离开曾经同甘共苦的同事，真地舍不得，但离开可能是比较好的选择。

　　祝愿公司兴旺发达！

辞职人　张三
2021 年 5 月 20 日

　　【提示】从这篇例文可以看到，辞职信的标题、称呼、问候和落款的写法，与求职信都是相同的，主要不同点是正文。辞职信的正文，要写明两层意思：一是辞职的原因。这一层要写得简明扼要，合乎情理。就算是为了表示抗议而辞职，也要委婉一些，毕竟"人生何处不相逢"；二是对单位和同事表示感谢。工作离去，友谊犹存，要处理好人际关系。

写作指导

　　辞职信的写作要求如下。

　　（1）辞职的理由，既要写得清楚，又要写得得体。辞职的理由大体有两种：一是个人的原因；二是单位的问题。不管哪一种都要写清楚。如果的确是不便公开说出的理由，属个人的就用"由于个人原因"；属于单位的，也要注意用词的分寸，尽可能避免意气用事、言辞过激。

　　（2）辞职信带有请求的性质，在写作时，除了充分说明理由、书写有条理外，还应态度恳切。

　　（3）辞职是一件非常严肃的事，因此在写作前应对集体、组织和个人的利益进行周密的考虑。

　　（4）详略要恰当。有关部门和领导已经了解的情况，可以不写或略写；了解不详细、不清楚的情况，要详写；全然不了解的情况，要重点写。

范例6-4

敬爱的公司领导：

　　您好。

　　我因为诸多个人原因，经过深刻冷静的思考后，郑重地向公司领导提出辞职请求。

　　首先，在贵公司工作的这几个月以来，我收获很多。在领导以及同事的帮助下，我掌

据了很多非自己所学专业的知识，开阔了眼界，增长了阅历。

其次，公司的工作气氛很好，同事们工作都很努力，领导也很体谅下属。这使我在公司感受到了家的温暖。

现在之所以提出辞职，客观原因是我家将远迁至××市××区，上班确实不方便。主观原因是我觉得自己的能力有限，在剧本写作方面，自己的能力还欠火候。虽然我从事小说、散文以及新闻写作多年，但写作剧本的经验几乎没有。还有，可能是天资愚钝，我很难跟上公司的工作节奏。为了不再给领导添负担与惹麻烦，不再拖同事们的后腿，我提出辞职。

最后，祝公司发展得越来越好。

员工：李四

2021 年 5 月 20 日

【提示】辞职信这样写不仅可以达到辞职的目的，而且能够取得"来得愉快、走得高兴"的效果，同时还可以维系原有的人际关系。这封辞职信对要离开的公司只有感激，没有抱怨，言辞恳切，语气委婉，不会使公司老板看了心里不舒服，也会给同事们留下良好的印象。

思路拓展：阅读《陈情表》

【阅读提示】从内容方面来讲，这是一份辞职信。因为这封辞职信的呈送对象是晋武帝，写不好就可能招来杀身之祸。为了打消晋武帝可能有的猜忌，作者在文中申明自己作为故旧遗老，现在不奉诏绝非是忠于前朝，而是实属无奈，是为尽孝而难以远行的，因此反复强调"逮奉圣朝，沐浴清化"，"寻蒙国恩"，"凡在故老，犹蒙矜育"，"过蒙拔擢，宠命优渥"等，以表自己对当今皇帝的感情，同时表达"生当陨首，死当结草"报答皇恩的诚心。无奈祖母"日薄西山，气息奄奄，人命危浅，朝不虑夕"，所以实难从命，入情入理，使人无由驳回。最终晋武帝答应了他的辞职请求。

实战训练

很多人一生中会从事多个不同的职业，随时也面临职业的重新选择，当目前所从事的职业不能发挥所长或者不利于自己未来的发展或者眼下有更适合自己的工作机会等，这些情况下都可能发生辞职行为。辞职就需要写一份言辞委婉、意思表达到位的辞职信。请根据下面一段文字，帮梁馨同学写一份辞职信。

梁馨毕业后到一家医药公司打工，工作中她发现这家医药公司不仅故意夸大一些新药的疗效，而且还卖假药，于是她决定辞职。

第五节 竞 聘 词

竞聘演说词

话题与案例

竞聘上岗制度的普遍实施给人才提供了脱颖而出的机会，使真正有思想、有才能、有抱负的人有了获得用武之地的途径。竞聘主要是通过竞聘演说来实现的，而竞聘演说是否能取得成功在很大程度上取决于演讲词的写作。

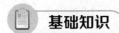 **基础知识**

竞聘词，也叫竞聘演讲词、竞聘演说词，它是竞聘者为了竞争某岗位或职位而写的演说词，其写作目的和演说目的都是展示自己的实力。竞聘词写作的关键是将自己所具有的优秀品德、知识才干充分展示出来，使自己从众多的竞争者中脱颖而出。

竞聘词的写作与演讲词大致相同，只是在内容方面必须突出竞聘者的竞聘条件。这里说的竞聘条件，包括个人优势、特长、竞聘者提出的任期目标、构想、应尽责任和措施等。

一般来讲，一份完整的竞聘词主要由以下三个部分构成。

1. 标题

标题有三种写法。第一种是文种标题法，即只写"竞选演说词""竞聘词"；第二种是公文标题法，由竞聘人和文种构成或竞聘职务和文种构成，如《关于竞聘××公司××部主管的演讲》；第三种是文章标题法，可以采用单行标题形式，也可采用正、副标题形式，如《根在矿大，情系中文系——在学生会主席竞选大会上的演讲》。

2. 称呼

对评委或听众的称呼。

3. 正文

正文是竞聘词的重点和核心，应该从以下几个方面展开。

（1）开头部分简单陈述竞聘的职务和竞聘的缘由。

（2）主体部分先简单介绍自己的基本情况，再陈述自己竞聘的优势，如政治素养、业务能力、工作水平等，最后提出自己任职后的目标、构想、措施等。

（3）结尾要表明竞聘的决心、信心和请求。

写作时要特别注意：涉及的个人资历，要讲求真实性、简要性，要突出特殊性；要突出工作成绩，优化工作思路；提出的措施要目标明确、实在；语言要浅显，让人一听就懂。

写作指导与范例

一、竞聘词的写作要点

（1）写作之前要做好调查研究工作，了解就职后要面临的焦点、难点、热点问题，掌握就职后要面对的群众的情况，仔细分析他们的观点、态度、希望和要求。

（2）竞聘词的写作要实事求是，通俗易懂，不能讲假话、大话、空话，也不能讲过于抽象的话；既不好高骛远，也不墨守成规。

（3）竞聘词既要有热情的鼓动，又要有冷静的分析；言辞上不打官腔，语言亲切感人。

二、竞聘词的写作要求

1. 开头要新颖

竞聘词的开头要新颖、生动，富有吸引力和感召力，这样才能给人留下良好的第一印象，为自己在众多的竞争者中脱颖而出奠定基础。

2. 自我介绍要有针对性

要将自己的学历、经历、业务能力、个性特征、荣誉、奖励等简洁、清楚地介绍给听

众，引导听众自然而然地认识到这个岗位非你莫属。在注意针对性的同时，还要言之有物，让人们确信你有能力。

3. 应聘后的目标要有感召力

工作目标和措施要明确，对解决工作的热点、难点问题要提出明确、切实可行的措施，力求达到客观性、可行性和前瞻性的统一；要做到目标高低适度，措施得当，令人信服。

4. 缺点要点到为止

对于自己的缺点和不足，可适当提及，但不要过于详细。要知道，竞聘词不是自我批评的检讨书，此时少提及自己的缺点并不意味着不谦虚。

范例6-5

竞 选 词

同学们：

大家好！

今天，我走上台的目的就是竞选班长。因为我自己觉得，我比较适合做咱们班的班长。

第一，我已经担任了两年班长，有足够的经验。

第二，我跟同学相处不错。我应该是架在老师与同学之间的一座桥梁，能恰到好处地向老师转述同学们的合理建议，向同学们及时传达老师的意见。我能做到在任何时候、任何情况下，都"想同学们之所想，急同学们之所急"。

第三，班长作为一个班组的核心人物，应该具有统御全局的"大德大能"，我觉得自己够条件——入校两年来，我各门功课的成绩都在良好以上，连续两年被评为校级三好学生。

我坚信，凭着我新锐不俗的"官念"，凭着我的勇气和才干，凭着我与大家同舟共济的深厚友情，这次竞选演讲给我带来的必定是下次的就职演说。

同学们，请信任我，投我一票，给我一次为大家服务的机会吧！我会经得住考验的！

谢谢大家！

【提示】 这份竞选词开篇即表明自己的意图，接着陈述自己的"实力"，内容具体、实在；语言质朴，意思表达清楚。特别值得注意的是，"给我一次为大家服务的机会吧！"一下子拉近了演讲者与同学们的距离，给人十分亲近的感觉。

实战训练

在上大学时担任班长，这既是人生的一段重要经历，也是一个十分重要的锻炼机会。很多人都想争取到这个机会，都想拥有这样一段经历。那么，怎样才能竞聘上班长这一职务呢？请你写一篇竞聘词，参加班长的竞选。

第六节 劳动合同

劳动合同

　　××学院毕业生李三到某公司工作。两个月试用期满后，公司同意继续用他，他接过劳动合同看都没看就签了字。一个月后他去领工资，财务人员说当月 900 元工资全被扣作风险抵押金。第二个月也只领到 300 元，说风险抵押金共 1 500 元，又扣了 600 元。李三感到很委屈，因为他在公司里差不多每天都加班加点，但公司却这样待他。他该怎么办呢？

 基础知识

　　劳动合同是劳动者与用人单位确立劳动关系、明确双方权利和义务的协议，也是维护劳动者和用人单位合法权益的法律证据。

　　劳动合同可以对劳动内容和法律未尽事宜做出详细、具体的约定，使双方明确各自的权利和义务，防止违约而承担责任。在发生劳动争议时，劳动合同是解决纠纷的重要证据。

一、劳动合同的分类

　　《劳动合同法》第十二条规定："劳动合同分为固定期限劳动合同、无固定期限劳动合同和以完成一定工作任务为期限的劳动合同。"

　　《劳动合同法》第十三条规定："固定期限劳动合同，是指用人单位与劳动者约定合同终止时间的劳动合同。""用人单位与劳动者协商一致，可以订立固定期限劳动合同。"

　　《劳动合同法》第十四条规定："无固定期限劳动合同，是指用人单位与劳动者约定无确定终止时间的劳动合同。"

　　《劳动合同法》第十五条规定：以完成一定工作任务为期限的劳动合同，是指用人单位与劳动者约定以某项工作的完成为合同期限的劳动合同。用人单位与劳动者协商一致，可以订立以完成一定工作任务为期限的劳动合同。

二、劳动合同的作用

　　劳动者同用人单位订立劳动合同，对于保障劳动者的合法权益，合理使用劳动力，增强企业活力，发挥劳动者的积极性和创造性，提高劳动生产率，促进社会主义现代化建设，都有重要的作用。劳动合同的作用主要表现在以下几方面。

　　（1）劳动合同是劳动者实现劳动权的重要保障。

　　（2）劳动合同是减少和防止发生劳动争议的重要措施。签订劳动合同，明确规定当事人双方的权利和义务，有助于提高双方履行合同的自觉性，促使他们正确地行使权利，严格地履行义务。这样，就可以减少和防止发生劳动争议。

　　（3）劳动合同是用人单位合理使用劳动力、巩固劳动纪律、提高劳动生产率的重要手段。用人单位可以根据生产经营或工作需要确定招收录用劳动者的时间、条件、方式和数量，并且通过与劳动者签订不同类型、不同期限的劳动合同，合理地使用劳动力。用人单

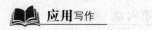

位享有依法订立、变更、解除、终止劳动合同的自主权，劳动者能进能出，可以促进劳动力流动，优化劳动力资源配置。劳动合同规定劳动者必须遵守其所在单位的劳动规则和其他规章制度。签订劳动合同的目的之一是提高劳动生产率。只要用人单位认真履行劳动合同，就能调动广大劳动者的劳动积极性，促进劳动生产率的提高。

 写作指导

一、劳动合同应当具备的条款

劳动合同应当具备的条款包括法定条款和任意条款。

（一）法定条款

（1）用人单位的名称、住所和法定代表人或者主要负责人。

（2）劳动者的姓名、住址和居民身份证或者其他有效身份证件号码。

（3）劳动合同期限。

（4）工作内容和工作地点。

（5）工作时间和休息休假。

（6）劳动报酬。

（7）社会保险。

（8）劳动保护、劳动条件和职业危害防护。

（9）法律、法规规定应当纳入劳动合同的其他事项。

此外，用人单位与劳动者可以约定试用期、培训、保守秘密、补充保险和福利待遇等其他事项。

（二）任意条款

1. 试用期条款

劳动合同期限三个月以上不满一年的，试用期不得超过一个月；劳动合同期限一年以上不满三年的，试用期不得超过二个月；三年以上固定期限和无固定期限的劳动合同，试用期不得超过六个月。

同一用人单位与同一劳动者只能约定一次试用期。

以完成一定工作任务为期限的劳动合同或者劳动合同期限不满三个月的，不得约定试用期。

试用期包含在劳动合同期限内。劳动合同仅约定试用期的，试用期不成立，该期限为劳动合同期限。劳动者在试用期的工资不得低于本单位相同岗位最低档工资或者劳动合同约定工资的百分之八十，并不得低于用人单位所在地的最低工资标准，否则补足并支付赔偿金。

在试用期中，除劳动者有不符合录用条件、有违规违纪违法行为，不能胜任工作等情形外，用人单位不得解除劳动合同。用人单位在试用期解除劳动合同的，应当向劳动者说明理由。用人单位违反本法规定与劳动者约定试用期的，由劳动行政部门责令改正；违法约定的试用期已经履行的，由用人单位以劳动者试用期满月工资为标准，按已经履行的超过法定试用期的期间向劳动者支付赔偿金。

2. 违约金条款

（1）涉及培训的：用人单位为劳动者提供专项培训费用，对其进行专业技术培训的，可以与该劳动者订立协议，约定服务期。

劳动者违反服务期约定的，应当按照约定向用人单位支付违约金。违约金的数额不得超过用人单位提供的培训费用。用人单位要求劳动者支付的违约金不得超过服务期尚未履行部分所应分摊的培训费用。

用人单位与劳动者约定服务期的，不影响按照正常的工资调整机制提高劳动者在服务期期间的劳动报酬。

（2）涉及保密的：用人单位与劳动者可以在劳动合同中约定保守用人单位的商业秘密和与知识产权相关的保密事项。

对负有保密义务的劳动者，用人单位可以在劳动合同或者保密协议中与劳动者约定竞业限制条款，并约定在解除或者终止劳动合同后，在竞业限制期限内按月给予劳动者经济补偿。劳动者违反竞业限制约定的，应当按照约定向用人单位支付违约金。

二、劳动合同签订应注意的问题

（1）注意合同条款的具体内容。签订劳动合同要遵循平等自愿、协商一致的原则，不得违反法律、法规的规定。

平等是指订立劳动合同时，用人单位和劳动者双方当事人法律地位平等。平等原则赋予了劳动者坚持自己意愿的权利，劳动者不必以为自己在劳动关系中处于弱者地位而不敢伸张自己的主张，不敢要求自己的利益。

自愿是指签订劳动合同完全是出于本人的意愿，不得采取强加于人和欺诈、威胁等手段签订劳动合同。

协商一致是指劳动合同的内容、具体条款，在法律、法规允许的范围内，必须由双方共同讨论、协商，达成一致意见后才能签订劳动合同。

（2）签订劳动合同要合法。无论是合同当事人的主体资格、合同的内容、形式，还是订立劳动合同的程序，都必须符合法律、法规和政策的规定。

劳动合同的内容合法，是指双方当事人在劳动合同中设立的权利义务条款必须符合国家法律、法规和政策规定。例如，国家规定工作时间为每日不超过 8 小时，平均每周工作时间不超过 40 小时，那么劳动合同中约定的工作时间只能在每日 8 小时、每周 40 小时以内确定。在签订合同前，双方一定要认真审阅每一项条款，就权利、义务及有关内容达成一致意见，并且严格按照法律、法规的规定，签订有效合法的劳动合同，避免由此引发劳动争议。

（3）当前我国人才流动比较频繁，为防止不正当竞争，用人单位一般与高级员工在劳动合同中约定，劳动者在终止或解除劳动合同后的一定期限内负有保密义务，不能到生产同类产品或经营同类业务且有直接竞争关系的其他单位任职，这是劳动合同中的竞业避止条款。因为竞业避止肯定会限制劳动者的职业自由，直接影响劳动者离开用人单位后的职业发展和经济收入，所以用人单位应向劳动者支付一定数额的补偿费。在竞业避止的年限内，补偿额一般不低于避止人员原工资的 50%，而且竞业避止的年限应当适当，一般不超过两年。劳动者在签订竞业避止条款时应特别注意工资补偿、避止年限、避止范围等。

（4）仔细审查合同细节。劳动合同主要应包含下列内容：劳动合同期限；工作内容；劳动保护和劳动条件；劳动报酬；劳动纪律；劳动合同终止的条件；违反劳动合同的责任。要仔细阅读相关岗位的工作说明书、岗位责任、劳动纪律、工资支付规定、绩效考核制度、

劳动合同管理细则和有关规章制度，做到心中有数。

（5）部分用人单位为了实现利益最大化，千方百计地在劳动合同中设立种种陷阱，侵害劳动者的合法权益。主要包括：在合同中设立押金条款；采用格式合同，不与劳动者协商；在合同中规定逃避责任的条款，对于劳动者工作中的伤亡不负责任。

（6）签订劳动合同后，及时申请劳动合同鉴证。劳动合同鉴证是劳动保障行政管理部门依法审查、证明劳动合同真实性和合法性的一项行政监督、服务措施，是为用人单位和劳动者提供政策、法规咨询服务的重要手段，是预防和处理劳动争议的一项基础工作。由于我国实行劳动合同制度时间相对较短，劳动合同立法滞后，用人单位和劳动者法律知识欠缺，劳动合同法律素质不高，也缺少签订劳动合同的经验，在劳动合同订立、变更时存在不少问题。从劳动合同争议处理情况看，劳动合同中的违法条款比较多，因而给劳动合同的履行带来了很多困难。因此，劳动合同签订后，应主动、及时地申请鉴证，发现问题及时纠正，减少无效合同或违法合同，预防和减少劳动争议。

实战训练

本节"话题与案例"中，李三在签订合同时没有坚持协商一致的原则，也没有仔细审查合同细节，因此给自己带来了麻烦。目前存在的劳动合同不规范，甚至不符合法律、法规规定的现象，主要原因是在签订劳动合同前双方没有认真协商合同条款，尤其是劳动者一方为了尽快获得一份工作，在对有些条款本来不愿接受的情况下，也违心地签订了劳动合同，这就违背了劳动合同签订的原则。因此，签订劳动合同，一定要注意本节所讲的"注意事项"。请你以一个应聘者的身份，拟写一份以完成一项工作任务为期限的劳动合同，具体工作任务根据自己的专业设置。

第七节 自 传

自传

话题与案例

沙湖学院能源工程系学生姚进希望加入党组织，在填写自愿表时看到上面有"自传"一栏，不知怎么写好，便去问教他们应用文写作课的老师。恰好，老师也在填写"职称评审表"，上面也有"业务自传"一栏。于是，姚进问老师："我们这两份表上的自传内容要素相同吗？"老师说："不完全相同。"接着，老师便给他讲了两种自传的写作要点。

基础知识与范例

自传是作者对自己生平的自述。具体一点讲，自传是将自己的经历、思想演变过程、工作业绩或专业成就等系统地记录下来的文字材料。自传的应用比较普遍，如加入一个组织或团体、申请一个项目、专业职务晋升、竞聘某个职位等都需要写自传。通过自传，可以使组织、团体、新单位及相关部门对自己有较充分的了解。

一、自传的特点

1. 纪实性
自传的着眼点在于记叙与介绍，是对自己所走过的生活道路的如实记录。

2. 亲历性
自传的取材限于作者亲身经历、亲眼所见、亲耳所闻的事实。

3. 目的性
自传的内容大多服务于一定的需要，因此写作时要有一定的重点。

二、自传的类型

1. 根据表现形式划分
根据表现形式的不同，自传可分为四类：小说体自传、回忆录体自传、小品体自传和文书体自传。

（1）小说体自传。小说体自传的最主要特征是它所记录的内容已不是客观事实的"真实"，而是艺术的"真实"，它对作者的生活做了一定的艺术加工。小说体自传与一般的小说不同：一般的小说往往是从作者的自身经历之外去集中概括大量的生活原型以创造人物形象，而小说体自传则是以作者的亲身经历为依据，再拿其他类似的人物来补充，以创造出典型人物形象。一些有着特殊经历或有典型意义的人物，常用自身素材写作这种小说体自传。

（2）回忆录体自传。回忆录体自传最主要的特征是真实、全面系统地追记本人过去的生活经历和社会活动。它排斥任何的虚构与合理想象。

（3）小品体自传（又称为自传小品）。小品体自传的最大特点是：在短小的篇幅中，采用独特的形式与生动的语言，说明自己的经历与思想。

小品体自传的写作讲究文艺笔调，它是用散文的笔法去写自传。因此它的表现手法是极为灵活自由的，常常运用打比方、联想、幽默诙谐、夹叙夹议等方法。

（4）文书体自传（即应用性自传）。这种自传是为了组织或别人了解自己而写的，要写明作者的一般情况，如姓名、性别、年龄、籍贯、家庭出身、学历、工作经历、社会关系、个人思想情况、工作成果及优缺点等。"干部履历表""入党志愿书""入团志愿书"上所要求写的自传，就属于这种文书体自传。

文书体自传的内容一般根据作者工作的性质而定，如作家主要记述自己的创作经历，一般干部则写自己的工作经历。文书体自传应注意以自己的思想发展过程贯穿生平的各个阶段。文书体自传还要有选择、有重点地介绍自己的事迹，不能堆砌材料。文书体自传的语言要简明朴实，切忌渲染夸张。

本节中主要介绍文书体自传的基本知识及其写作要点。

2. 根据自传内容侧重点划分
根据自传内容侧重点的不同，文书体自传可分为一般性自传和业务自传两种类型。

（1）一般性自传。一般性自传是指将自己的经历、思想演变过程、工作业绩或专业成就等系统而又有重点地记录下来的文字材料。

（2）业务自传。业务自传是指以第一人称来叙述自己从事某种专门事业或学问的经历和主要贡献的文章。

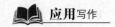

 写作指导

一、一般性自传的写作要点

一般性自传主要用于加入组织、团体和向用人单位介绍自己的基本情况等情形，其内容主要是将自己的经历和思想演变过程予以客观的介绍。一般性自传的基本格式及内容要点如下。

1. 标题

一般居中写"我的自传"（或自传）。

2. 正文

自传的正文部分主要包含以下三部分内容。

（1）写明个人和家庭主要成员、主要社会关系的情况。个人情况包括：姓名、性别、民族、出生年月日、籍贯、家庭出身、文化程度、现从事的工作及担任的职务等。家庭主要成员情况指父母、配偶和子女，以及和本人长期在一起生活的亲属的职业和政治情况。主要社会关系情况指与本人在政治上、经济上有直接联系的亲友等人的职业和政治情况。

（2）写明自己的经历。一般从小学写起，要写明何时、在什么学校读书或在何地从事什么活动；何时参加工作，在哪些单位工作过，担任什么职务。前后时间应衔接，每段经历要提供证明人。

（3）写明自己的思想演变过程。这是自传的主体部分。对于一些年岁较大、经历较复杂的人，可把自己的经历分成若干阶段，写明各段时间的思想变化。通过对这些思想演变过程的回顾和梳理，总结经验教训，提高思想觉悟，明确今后的努力方向。

写作一般性自传应该注意以下几个问题：一是要坚持实事求是的原则。要如实写自己的经历，实事求是地评价自己，不夸大、不缩小、不编造、不隐匿，包括时间、地点都要写清楚，一些重要事件要有证明人。二是要从实际生活中总结经验教训。写自传不仅仅是实录自己的生活经历，而应该从自己思想变化的分析中明辨是非，把握方向，增添前进的动力。三是写自传与填写"干部履历表""党员登记表"是不一样的，自传要写得详细些，对主要的经历、情节要写得具体。既要避免只直述经历而不触及思想，又要避免事无巨细、重点不突出。

范例6-6

著名作家老舍在四十岁时写下了一份自传，全文如下。

舒舍予，字老舍，现年四十岁，面黄无须，生于北平。三岁失怙，可谓无父，志学之年，帝王不存，可谓无君。无父无君，特别孝爱老母。布尔乔亚（"资产阶级"的法文音译）之仁未能一扫空也。幼读三百篇，不求甚解。继学师范，遂奠教书匠之基。及壮，糊口四方，教书为业，甚难发财。每购奖券，以得末奖为荣。示甘于寒贱也。二十七岁发奋读书，科学、哲学无所懂，故写小说，博大家一笑，没什么了不得。三十四岁结婚，今已有一男一女，均狡猾可喜。闲时喜养花，不得甚法，每每有叶无花，亦不忍弃。书无所不读，全无所获并不着急。教书作事均甚认真，往往吃亏，亦不后悔。如此而已，再活四十年也许能有点出息。

【提示】这篇自传，看似闲谈，仔细品味却妙趣横生，给人以阅读快感。

二、业务自传的写作要点

在专业技术职务评聘工作中，规定专业技术人员必须向各级评审组织提交专业工作"业务自传"。

业务自传是以第一人称来叙述自己从事某种专业或学问的经历和主要贡献的文章，是各级职称评审组织考核专业人员工作、衡量其是否有资格获得某种专业技术职称的重要依据。

业务自传分为技术性工作业务自传和研究性工作业务自传两大类。根据专业系列职称申报的要求，业务自传可分为履历型业务自传、总结型业务自传和综合型业务自传三种类型。

业务自传一般由标题、正文、结尾、署名及日期等组成。各部分的写作要点如下。

1. 标题

业务自传的标题一般由所从事的专业名称和文种名两部分构成，如"教育教学工作总结"。有时也可省去专业名称，只用文种名标注，如"专业工作自传""业务自传"等。

2. 正文

正文应包括个人基本情况、政治思想表现、学识水平、业务能力和主要工作成绩五个方面的内容。

（1）个人基本情况包括：姓名（曾用名）、性别、年龄（出生年、月）、民族、籍贯、家庭出身、文化程度、政治面貌及相关时间、参加工作时间及从事本专业时间、工作单位、现行职务、技术职称等内容，以及工作简历和应说明的奖励或处分（处罚）情况。

（2）政治思想表现是确定和晋升技术职称的主要考核内容之一，包括专业思想、遵纪守法、职业道德等有关内容。

（3）学识水平包括专业理论知识和技术知识、相关专业基础理论知识学习和掌握的广度及深度。

（4）业务能力是指完成专业工作能力，不仅包括"应会"的技能手段，还包括从事专业活动所必需的心理特征。

（5）主要工作成绩体现了个人的工作贡献。专业成绩不仅是对个人学识水平和业务能力的补充说明，而且标志着个人在专业领域的地位。因此主要工作成绩是确定或晋升业务职称的主要依据，是确定"特殊贡献"的主要标准。在必要情况下，主要工作成绩可以包括个人在近似专业取得的主要成绩。

3. 结尾

在正文记述的基础上，恰如其分地提出申报要求。

4. 署名及日期

在结尾的右下方，分两行署上申报者的名字和日期。

三、自传写作的一般要求

1. 真实

自传的真实是指自传的内容要完全真实。

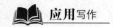

2. 以叙述为主要表达方式

由于自传是写自己的经历，因此在记叙表达上要求用叙述性的语言，客观、真实、公正地进行叙述，尽量不用抒情、议论、描写等手法。

 思路拓展

下面是著名的发明家诺贝尔写的一个自传。

阿·诺贝尔：仁慈的医生本当在呱呱坠地之时就结束他痛苦的生命。

主要优点：不沾光讨便宜，不成为任何人的负担。

主要缺点：终身未结婚，脾气暴躁，消化不良。

唯一的希望：不要让人活埋。

最大的罪过：不崇拜财神。

一生中重大事件：全无。

【提示】这个自传在夹叙夹议中极好地反映了这位发明家无私、谦虚的美德与广阔坦荡的心胸，给人极其强烈的感染和教育。

实战训练

自传的写作比较灵活，内容根据实际需要而有所侧重。一般来讲，不论是加入各类团体或组织的自传，还是用于业务考评的自传，都以德与才的描述为重点。试以加入某组织作为模拟情境为自己写一份自传。

第八节　小　传

小传

话题与案例

本书封面一打开，就可以看到"作者简介"，这份简介实际上就是一份内容有所侧重的个人小传。个人小传都写什么内容？有哪些用途？

基础知识与范例

小传属于传记体应用文的一种，它是篇幅短小、简略记叙人物生平事迹的文章。小传因短小灵活，在生活中运用广泛。一个人如果做出了突出的贡献，引起了社会的关注，新闻媒体往往会在报道他事迹的同时，配发他的小传，以满足人们了解他生平的要求。出版社出版重要著作，有时也会在书中附上作者小传，以便读者更多地了解作者。

一、小传的特点

1. 篇幅短小

与一般传记相比，小传篇幅十分短小，通常不过数百字，甚至几十字。

2. 内容简单明了

小传只记载人物生平事迹的要点，内容简洁明了。

3. 体式灵活

小传可将传主生平事迹概括叙述出来，也可只选其某一侧面加以重点描述。表现角度、表达手法，均可灵活处理。

二、小传的内容要点

小传只写人物的主要生活经历和思想，甚至可以选写人物生平的几件典型事例。小传的内容一般包括下面几个方面或者从下面几个方面的内容中进行取舍。

（1）人物身世。包括姓名、出生日期、籍贯和主要身份等。

（2）生活道路。包括人物不同时期身份的变化、从事的主要职业、所做的主要事情等。

（3）主要业绩和贡献。包括人物在事业上取得的成就，为社会做出的贡献及在社会上产生的影响等。

（4）性格特点。写其性格特点是为了使人物的形象鲜明生动，给读者留下深刻印象。

 写作指导

小传写作的一般要求如下。

（1）真实是小传的生命。写小传也要遵循传记的特点，要实事求是，不允许虚构和夸张。

（2）在充分占有材料的基础上，要严格选材，根据人物特点，选择典型材料。要选取最典型的事例来表现人物的主要思想性格特征，不能是履历表式的简单罗列。

（3）在有限的篇幅内，尽量比较全面地展示人物的主要思想性格特征，透视人物的精神世界。

（4）小传基本上采用客观叙述的方式，也可以适当穿插一点抒情和议论。对人物思想品格、是非功过的态度和评价，要持全面、客观、公正的态度。

（5）要注意"小"字。小传应在"小"字上下功夫：要小巧、精悍、扎实、言之有物；不要说空话、套话，不要面面俱到、求大求全。

范例6-7

作者小传写作示例

归有光（1506—1571），字熙甫，明朝昆山（今属江苏）人。少年时勤苦读书，至三十五岁才中了举人，此后曾八次考进士都未被录取，于是迁居嘉定安亭江上，读书讲学二十余年，学生有几百人，称他为"震川先生"。六十岁时才中进士，出任湖州长兴县知县。官至南京太仆寺丞。归有光重视宋唐文，对欧阳修尤为推崇，反对前后七子的"追章琢句，模拟剽窃"的复古主义和形式主义风尚。他以自己真实的生活感受写出了不少清新优美的散文，文笔简洁洗炼，情真意挚，颇有感染力。王锡爵为他写墓志时说他的文章："无意于感人，而欢愉惨恻之思，溢于言表。"这很能说明他散文的特色。著有《震川文集》。

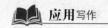

【提示】这则小传选取了人物一生中典型的经历来写，主要突出其文学成就，重点突出，给人留下了深刻印象。

实战训练

树人学院举行大学生演讲比赛，要求每个参赛选手在演讲前首先做一个简短的自我介绍。这个简短的自我介绍直接影响着评委对参赛选手的第一印象，因此要认真对待。假如你是一名参赛选手，请为自己写一份简短的自我介绍稿，也就是为自己写一份小传。

第九节 述职报告

述职报告

话题与案例

晚清时期，湘军主帅曾国藩奉命镇压太平军，但最初几年总是打一仗败一仗，特别是在鄱阳湖口一役中，连自己的命也险些送掉。他不得不上疏皇上表示自责之意，在他的上疏书里有一句"臣屡战屡败，请求处罚。"手下的一个幕僚看到后建议把"屡战屡败"改为"屡败屡战"。这一改，果然成效显著，皇上不仅没有责备他屡打败仗，反而还表扬了他。在这一典故中，曾国藩的上疏书就是我们今天所要介绍的述职报告。

基础知识与范例

述职报告是机关、团体、企事业单位的主管领导、部门负责人或者某一岗位的工作人员，就自己任职期间履行岗位职责情况，向上级领导部门、人事部门、专家组或本单位职工进行汇报陈述和自我评价的一种事务文书。

述职报告的使用主体是在某一岗位任职的个人，既包括党政机关的各级领导干部和一般干部，也包括企事业单位的各级负责人和其他业务人员；既包括经组织任命的公职人员，也包括由企事业单位招聘的受聘人员。

一、述职报告的作用

述职报告是报告人向上级领导部门、人事部门或本单位职工陈述自己在一定时期内的工作实绩、存在问题和今后设想的自我述评性的报告文书。其作用主要有以下几个方面。

（1）有利于改进工作，提高自身素质。通过述职，对过去的工作进行回顾，总结经验，吸取教训，改进工作方法。这不仅有利于改进工作，而且有利于述职者自身素质的提高。

（2）为上级机关和人事管理部门考核提供科学依据。上级机关和人事管理部门根据述职报告，全面掌握述职者的工作情况，对其进行考核，做出评价。

（3）接受群众监督，密切干群关系。述职报告是群众评议干部的主要依据。干部向群众述职，由群众评议，接受群众监督，有利于干群间的思想沟通，密切干群关系，提高领导干部的威信，鞭策、激励领导干部奋发上进。

（4）可以作为干部和职工升降、留任、调动的依据。述职报告可以全面反映述职者德、勤、能、绩的情况，从而为上级组织量才用人提供依据。

二、述职报告的特点

述职报告是述职者陈述自己在一定时期内的工作实绩、存在问题和未来工作设想的自我评述性的事务文书，其内容主要是对任职期间工作的自我回顾、总结和评价。其特点主要表现为以下几个方面。

1. 自述性

所谓自述性，就是报告人采用自述的方式述说自己在一定时期内履行岗位职责的情况，向有关方面报告自己的工作实绩，即个人在一定时期内按照岗位职责的要求，做了哪些事情，达到了什么目标，取得了什么成绩。

2. 自评性

所谓自评性，就是报告人依据岗位规范和职责目标，对自己任期内的德、能、勤、绩等方面的情况做自我评估、自我鉴定和自我定性。

3. 规定性

述职者的述职内容是有规定的，即述职者必须根据自己所在岗位的职责和目标，述说做了哪些工作、取得哪些成绩、工作效率如何、还有哪些地方存在不足、工作是否有失误、工作作风如何等，不能偏离或超出自己的工作职责范围。

4. 客观性

述职报告作为干部考核、评优、晋升的一个重要依据，要求述职者必须客观地陈述自己履行岗位职责的情况，不允许随意夸大事实，也不允许虚构事实，更不允许刻意掩盖工作中的失误。

5. 法定性

述职报告的使用主体是法定的，即只有担任一定职务者才能向特定对象陈述自己履行岗位责任的情况，不任职者不存在"述职"的可能。此外，任何人都不得代替他人述职。

三、述职报告与总结的区别

总结和述职报告虽然都是对某一时期工作的回顾、总结和自我评估，但二者的区别十分明显：一是写作目的不同。总结写作的目的是回顾过去、总结经验、吸取教训，以便今后更好地工作，而述职报告主要是根据某一职位的要求，着重汇报个人在一定时期内履行岗位职责的情况，主要回答自己称职与否的问题。二是作用不同。总结的主要作用是总结成绩，发现问题，寻找解决的办法，以利于推动工作向前发展。其中虽然也评价总结者的业绩，但对个人职务和职称的升迁不构成直接影响。述职报告是上级主管领导和有关评审组对述职者任职实绩和能力考核的依据之一，也是群众评议的基础，从某种程度上讲，具有鉴定的意义，直接影响述职者的升迁和去留。

四、述职报告的分类

依据不同的分类标准，述职报告可分为以下几种。

（1）依据内容划分，述职报告可分为综合性述职报告和专题性述职报告。综合性述职报告是一个时期所做工作全面、综合的陈述与自我评价。专题性述职报告是对某一方面的工作所做的专题汇报与自我评价。

（2）从时间上划分，述职报告可以分为任职述职报告、年度述职报告和临时性述职报

告。任期述职报告是对任现职以来的全部工作所做的报告。这类报告涉及的时间较长，涉及面较广，一般要写出任期内的全部情况。年度述职报告是一年一度的述职报告，其内容是写本年度岗位职责的履行情况。临时性述职报告是就担任某一项临时性的工作而做的述职报告。

（3）从表达形式来划分，述职报告可分为口头述职报告和书面述职报告。口头述职报告是向专家组或本单位职工所做的口头述职。书面述职报告是向上级领导机关或人事部门呈报的书面述职报告。

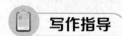 **写作指导**

一、述职报告的写作要点

述职报告由标题、称谓、正文和落款四部分组成。

1. 标题

述职报告的标题，主要有以下几种写法。

（1）文种式标题。此种标题只写"述职报告"四个字即可。

（2）时限＋文种式标题。即在文种前加上述职的时间范围，如《2020 年度述职报告》。

（3）公文式标题。公文式标题由任职时限＋所任职务＋文种名称构成，如《2020 年度教学副院长述职报告》。

（4）文章式标题。文章式标题一般用正题和正副题配合的方式标明，如《培养大学生的人文素质是大学教育的第一职责——航空旅游分院执行院长述职报告》。

2. 称谓

在正文上一行顶格书写主送单位或听取述职报告的人员的称呼，如"××人事部""×××领导"；如果是在一定的场合口头述职，则应用"各位领导""各位评委""各位同志"等称呼。

3. 正文

述职报告的正文由前言、主体、结尾三个部分组成。

（1）前言。又叫引语，一般交代任职的自然情况，包括何时任何职，变动情况及背景；岗位职责和考核期内的目标任务情况及个人认识；对自己工作尽职的整体估价，确定述职范围和基调。这部分要写得简明扼要，给听者一个大体的印象。

（2）主体。这部分是述职报告的中心内容，主要写实绩、做法、经验、体会或教训、问题。要重点写好以下几个方面：

① 对党和国家的路线、方针、政策、法规和指示的贯彻执行情况。

② 对上级交办事项的完成情况；对分管工作任务完成的情况；在工作中出了哪些主意，采取了哪些措施，做出了哪些决策，解决了哪些实际问题，纠正了哪些偏差，做了哪些实际工作，取得了哪些业绩。

③ 个人的思想作风、职业道德、廉洁从政和关心群众等情况。

④ 写出存在的主要问题，并分析问题产生的原因，提出今后改进的意见和措施。

⑤ 应简要写出述职者今后的努力方向、有关的态度、愿望等。

主体部分要写得具体、充实、有理有据、条理清楚。由于这部分内容涉及面广，宜分条列项写出。分条列项时要注意把内在的逻辑关系安排好。

（3）结尾。述职报告末尾还应有结束语，如"述职完毕，谢谢大家"，"以上报告，请批评指正"等。这类习惯用语既显示了对上级领导或下属群众的尊重，又在一定意义上表示了自己做好工作的愿望。

4. 落款

全文结束之后要有落款，即述职者职务、姓名和成文日期。如果在标题下已有署名，此处应略。

语文教师述职报告

本学期我担任16级药学和计算机电算化两个专业三个班的语文课。受就业指挥棒的影响，这些学生普遍重视专业课，看轻文化基础课，加上教材选文的审美性欠佳，致使他们对语文课的兴趣不浓。再加上长时间以来（指在中小学阶段）过重的课业负担等原因造成的厌学情绪，加大了教学实施的难度。在这样一种情况下，我采取了以下几个措施，取得了比较理想的效果。

1. 培养学生浓厚的学习兴趣。只要兴趣培养起来，热情激发出来，学生在课堂上互动起来，教学实施就容易了。那么，怎样培养兴趣呢？首先，我采用了避实就虚的办法。第一堂课一开始，我问：大家喜欢唱歌吗？"喜欢"的回答是主流声音。于是，我以《母亲》和《父亲》两首歌为例做了这样的引导：第一步，先让学生唱，唱完我来评点，就此引出一个话题——怎样才能进入情境，把歌曲要表达的感情完美地表现出来？第二步，指导学生反复诵读歌词，然后就歌词进行分析。第三步，让学生在透彻理解歌词的基础上再唱。通过这三个步骤，学生普遍有所感悟。其次，课内外结合，精选配有曲子的古典诗词让学生反复诵读、歌唱，感受语言的魅力。再次，见缝插针，给学生讲精彩的神话故事，如《女娲补天》、《夸父逐日》和《干将莫邪》等，让学生体验想象的乐趣。通过这些，学生学习语文的兴趣得到了培养，上语文课的热情高涨，我自己教得很轻松，学生也学得很愉快。

2. 以用促学。在让学生获得强烈的审美体验的基础上，让学生充分认识到语文能力的重要性，这是增强学生自觉学习语文内驱力的关键。所以，在培养学生对语文课兴趣的同时，我采用了以用促学的办法来引导学生自觉地学习。如在写作指导课上，我让学生随堂编写手机信息，编完后同学间互改，让学生实实在在地感受到遣词造句能力的重要。

3. 让学生在感动中不断进取。语文课有一个重要功能是培养和强化学生的人文素质。强化学生的人文素质，说明白一点就是要学生有一颗善良的心，使他们富于爱心，真诚、善良，尊重别人，能够与人和谐相处。这一教学目标一旦实现，不仅学生的灵魂得以纯洁，他们自觉学习的内驱力也将大大增强。为此，我在教学实施过程中从课外选了一些催人泪下、令人感奋的优美文章让学生读，让学生在动心的同时动情，使他们在感动中不断进取。

4. 让学生体验到成功的快乐。职业院校的学生普遍基础较差，有自卑感，对自己缺乏

信心。针对这一情况，我在教学过程中做了两个方面的工作：一是讲究教材处理的艺术，努力寻找文章所写内容与学生实际生活的最佳切入点，让学生对文章产生"似曾相识"的感觉；二是力求讲解浅显易懂——不求讲深，但求讲透，让学生听得懂，学有所获，增强他们学习的自信心。在作文训练方面，我尽量采用"小"题目，让学生人人都能做，都有兴趣做，稍加用心都能做好，使他们真切地体验到成功的快乐。

5. 牵住语文能力培养的"牛鼻子"。语文能力的形成有自己的规律——以丰富的思想、想象与联想能力和良好的语感为基础。为此，我在语文教学过程中一直重视学生思想的涵养与提高，加强学生想象与联想能力的训练，重视语感的培养与强化，取得了十分喜人的成绩。

总的来讲，作为一名语文教师，我的工作是尽职尽责的，取得的成绩是十分显著的。当然，需要改进之处也有：一是关于学生课外阅读的指导和引导问题，尤其是在杜绝学生阅读不健康读物方面还缺乏更好的措施和思路；二是在引导学生正确对待网络文学方面还研究不够；三是在丰富和提升学生的思想修养方面还需要做更多的工作。

×× 学院　×××

2017 年 12 月 12 日

【提示】这份述职报告比较详细地陈述了个人在教学工作中的具体做法，对自己一学期来的工作进行了自我评价，同时也写了需要改进之处。全文写得比较客观、实在，给人留下了十分清晰的印象。

二、述职报告的写作要求

1. 实事求是

述职报告不是一般的表态或思想汇报，写作时不要过分谦虚，而是应该将工作业绩理直气壮地全部摆出来。同时，不回避问题，不讳言失误。无论是讲成绩或是问题，都应客观、真实，是成绩就是成绩，是问题就是问题。用事实说话，必要时列出实际数字加以说明；实事求是，有一说一，有二说二，既不过分谦虚，也不浮夸。只有这样，群众和考核者才能对述职者做出客观、公允的评价。

2. 突出重点

述职报告的内容涉及德、能、勤、绩几个方面，面面俱到势必会使文章冗长，令人生厌。因此，述职报告的写作要突出重点，重在"述绩"。"述绩"也要抓重点，精心选择。对其中的重点部分，要写得详细、具体、充分、全面，次要部分则可一笔带过。

3. 突出个性

不同的岗位有着不同的职责要求，即使是相同的岗位，也由于述职者个人的个性差异，其工作方法、工作业绩也不相同。这就是说，每个述职者都有与别人不同的情况，因此写述职报告，应根据自己的实际情况，写出自己特有的做法和独有的贡献。同时，不同时期或阶段写的述职报告要在前面述职的基础上有所突破，这是衡量述职者是否具有创新意识、进取精神和开拓能力的重要方面。

4. 行文得体，语言通俗

述职报告的行文要庄重朴实，措辞要严谨，态度要谦恭；语言要精练、通俗，要尽可能让个性不同、情况各异的与会者都能听懂、听明白。

实战训练

述职是接受群众监督、使上级主管部门和领导了解自己工作情况的重要途径，不仅关乎到自己的群众威信，而且还决定着自己的升迁、去留等，关乎到自己的职业前途。因此，在写作述职报告时要把自己的成绩客观地摆出来，突出自己与众不同的个性与亮点，以获得群众或上级的认可。试模拟礼仪公司营销经理的身份写一份述职报告。写作时可以大胆想象，比如为了展示公司形象、提高公司知名度，经常"打着旗号"在街头开展公益性礼仪示范活动等。

第七章 >>>

经济应用文

经济应用文是经济部门、企事业单位用于处理经济事务，传递经济信息，协调经济活动时使用的具有相对固定格式的专用文书的总称，一般称为经济文书或经济应用文。

第一节　经济应用文概述

经济应用文广泛应用于生产、交换、流通、消费等经济活动的各个环节，直接服务于生产和经营，在企业生产和经营管理中起着指导、控制、协调、促进等作用。

一、经济应用文的作用

经济应用文之所以备受重视，源于它适应市场经济发展的需要，在经济活动中发挥着极其重要的作用。概括起来，经济应用文的作用主要体现在以下几个方面。

1. 信息传递作用

在市场经济中，信息起着至关重要，甚至是决定性的作用。一方面，科学的经济决策是建立在大量经济信息基础上的。从一定意义上说，决策的水平在很大程度上依赖于经济信息的质量。另一方面，市场竞争的关键是知己知彼，而知己知彼的关键在信息。信息的传递必须借助于一定的载体，经济应用文就是这样的载体。

2. 联系与纽带作用

在市场经济条件下，各经济部门之间，无论是进行一般业务询答，还是协调彼此之间的关系，或者是建立受法律保护的经济协作关系，都需要借助经济应用文，如商务函件、合同、协议、招标书、投标书等。经济应用文既是各经济部门相互联系的纽带，也是经济领域人们相互交往、沟通、协调、制约的重要手段和工具。

3. 凭证作用

在经济交往中，难免会出现一些纠纷，如经济合作中权利和义务的冲突、执行合同过程中的违约、债务纠纷等，这些问题的解决常常要求助于经济仲裁机构和人民法院。仲裁机构和人民法院解决这些问题的"事实"依据，就是双方经济往来的函件、标书、合同、协议。

二、经济应用文的特点

1. 经济性

经济应用文的经济性主要体现在三个方面：一是直接服务于经济活动；二是以讲求经

济效益为写作的出发点；三是遵循经济规律，维护经济秩序。

2. 合法性

经济应用文的合法性主要表现在两个方面：一是以党和国家的方针、政策为指导，符合党和国家在一定时期内的经济政策要求；二是依法拟制，如合同、公司章程、商品广告等的撰写，要遵守相关的法律规定。

3. 时效性

经济应用文是经济信息的载体，而经济信息，特别是市场信息瞬息万变。作为信息载体的经济文书，必须及时、准确地反映急速变化的经济活动情况，要写得及时、发得及时、办得及时。

4. 数据性

运用翔实的数据是经济应用文写作的突出特点之一。在生产、交换、分配、消费等各个环节中，无论是企业的产品产量、品种、质量、产值、成本、利润，还是国民经济的行业比例及国家的预算、决算等，无不建立在数据分析的基础之上。事实上，经济文书有时传递给人们的经济信息就是一组数据。一篇经济应用文能否精确描述经济现象、正确反映经济活动，往往取决于对数据运用得准确与否。

5. 规范性

经济应用文要及时传递经济信息，正确反映经济活动的各种情况，以取得相应的经济效益，就必须讲求格式的规范性。因为格式规范，可以使内容明确、重点突出，为信息检索提供方便。

三、经济应用文的分类

根据内容及其作用来划分，经济应用文可以分为以下几类。

1. 经营管理类

经营管理类应用文是在经营管理过程中产生，并对经营管理起促进作用的文书。经营管理涵盖企业管理的各个层次、各个环节、各项职能，因此经营管理类应用文是很多的。比如，涉及经营决策方面的就有市场调查、市场预测、经营决策方案等；决定内部管理体制的有股份制文书等；涉及合作协调方面的有商务函件、招标投标文书、协议、合同等。

2. 评估检查类

评估检查类应用文，是在对经济活动进行调控、管理过程中产生的文书。评估检查是政府或其主管部门对社会经济活动的宏观调控手段之一，主要体现在生产经营过程中定期或不定期地进行财政、税务等检查，以及对经营状况进行评估，对经营效果进行分析评价等。评估检查类应用文包括审计文书、税务文书、经济活动分析报告等。

3. 传播推广类

传播推广类应用文是指借助一定的传播媒介，通过一定渠道，将经济发展动向、生产经营过程中供需情况及商品动态等，向生产经营管理者、消费者进行广泛宣传的文书。这类文书可提供信息、记录与分析成果、介绍商品等，如商品广告、商品说明书和服务说明书等。

4. 涉外经济类

随着经济全球化步伐的进一步加快，我国与世界各国的商贸活动、经济合作与技术交流更加频繁，涉外经济应用文的使用频率越来越高，使用范围越来越广。中外合资意向书、中外合资建议书、涉外仲裁申请书、涉外贸易索赔书与理赔书等，都属于这一类。

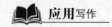

四、经济应用文的写作要求

1. 合理合法

经济应用文的内容要符合国家的方针、政策及政府的法令、法规，要建立在不损害公共利益的基础之上，要公平、公正。

2. 深入实际，广泛获取信息

经济应用文以信息为基础，这就要求作者必须深入实际，充分了解并掌握经济活动过程中的各种信息资料。只有这样，才能写出内容翔实、有指导价值的经济文书。

3. 真实准确

经济应用文承载的信息必须真实准确，这样才能发挥应有的作用。

4. 表达得体

得体，包括两个方面：一是经济应用文常常涉及大量的数据和分类信息，要善于使用表格等表现形式，使表达条理清晰；二是语言运用要严谨、准确，忌用"大约""大概"等模糊语言。

第二节 合 同

话题与案例

当今时代，合作是谋求更好更快发展的重要途径。而任何一项合作关系的形成，都要经历表达意向、磋商、洽谈和签约等过程。其中，签约是十分关键的一个环节。

基础知识

合同，也称合约或契约。《中华人民共和国民法典》（以下简称《民法典》）规定，合同是"民事主体之间设立、变更、终止民事法律关系的协议。"

在经济生活中，合同是指平等主体的自然人、法人、其他组织之间为了实现一定的经济目的，明确相互权利义务关系而订立的协议。

一、合同在经济生活中的作用

合同在经济生活中的作用主要表现在以下三个方面。

1. 有利于稳定社会经济秩序

合同明确了当事人的权利和义务，当事人按照合同规定享受权利、承担义务，使得经济活动在依法有序的状态下进行，减少了不必要的混乱，有利于社会经济秩序的稳定。

2. 有利于保护当事人的合法权益

依法签订的合同，一经成立，便具有了法律效力，对于在合同的履行过程中由于当事人恶意破坏合同条款而给另一方造成损失的，可依《民法典》的规定进行追偿甚至诉诸法律，以保护当事人的合法权益。

3. 有利于当事人经济目的的实现

合同的签订是为了实现当事人的经济目的。对合同条款的履行过程，也就是经济目的的实现过程。

二、合同的基本内容

《民法典》第四百七十条规定："合同的内容由当事人约定，一般包括下列条款：（一）当事人的姓名或者名称和住所；（二）标的；（三）数量；（四）质量；（五）价款或者报酬；（六）履行期限、地点和方式；（七）违约责任；（八）解决争议的方法。当事人可以参照各类合同的示范文本订立合同。"

根据《民法典》的规定，一份完整的合同应该包括以下内容。

1. 当事人的姓名或者名称和住所

姓名是指公民个人在身份证或户籍登记上的正式称谓；名称是指法人或其他组织在登记机关登记的正式称谓。住所，对公民个人而言，是指其户籍所在地或经营居住地；对法人和其他组织而言，是指其办事机构所在地。

合同中标明当事人的姓名或者名称和住所，也就确定了责任人和义务人；写明住所，也就明确了债务履行地点。

2. 标的

标的是指合同当事人各方权利、义务共同指向的对象，即指某种实物、劳务、行为或货币。例如，购销合同的标的是某种产品，货运合同的标的是某种劳务活动，保管合同的标的是保管行为，借款合同的标的是货币，等等。

任何合同都要有标的，否则当事人的权利、义务就不能实现，也就无法履行合同。

3. 数量

数量是指标的的计量，如产品数量、完成的工作量、借款的金额等。它是衡量合同当事人各方权利义务大小的尺度。数量是通过计量单位来表现的。

4. 质量

质量是指标的的特征，如产品的品种、成分、性能、规格、款式，工程项目的标准等。它是检验标的内在素质和外观形态的标志。

5. 价款或者报酬

这是标的的代价，即取得对方产品或接受对方劳务所应支付的代价，以货币数量来表示。它是有偿合同的主要条款，是标的的价值反映。如果标的是货物，应标明货款；如果标的是劳务，应标明报酬。标的的价金，政府有规定的，按规定计价；有政府指导价的，当事人可在指导价规定的幅度范围内确定价格；政府没有规定的，由当事人议定。除法律、行政法规另有规定外，以货币履行义务时，必须用人民币计算和支付；除国家允许使用现金履行义务的以外，必须通过银行转账或者票据结算。

6. 履行期限、地点和方式

期限是合同履行的时间范围，也就是支付标的或支付价金的时间。地点，是指当事人承担义务的地方，即交付、提取标的的地方。方式，是指履行义务的具体方式，即当事人采取什么方式、手段来履行合同中的义务。这几项是标的运行的时间和空间及其运动形式的具体化，关系到合同履行的程度和各方的利益。

7. 违约责任

违约责任是指不履行或不完全履行合同约定的义务应负的责任。这是对违约的一种制裁措施，包括继续履行、采取补救措施，支付违约金、赔偿金、罚没定金等。

8. 解决争议的方法

当事人之间在履行合同过程中发生争议，需要采取一定的方式或途径来解决。一般情况下解决争议有三种途径：一是和解或调解，前者指由当事人双方通过友好协商的方式解决争议，后者指当事人双方共同邀请第三者作为调解人进行调解；二是仲裁，即当事人双方将争议提交仲裁机构，由仲裁机构依法仲裁；三是诉讼，即当事人向人民法院起诉，由人民法院依法进行审理、判决。诉讼与仲裁分属两种不同的争议解决方法，二者中只能选一种，因此当事人在订立合同时要约定解决争议的方法。

三、常见合同的条款内容

1. 买卖合同

这是指出卖人转移标的物的所有权给买受人，买受人支付价款的合同。其内容除一般条款外，还应包括包装方式、检验标准和方式、保险条款、风险条款、结算方式等。

2. 供用电合同

这是供电人向用电人供电，用电人支付电费的合同。其内容包括供电方式、质量、时间，用电容量、地址、性质，计量方式，电价、电费的结算方式，供用电设施的维护责任等。

3. 借款合同

这是借款人向贷款人借款，到期返还借款并支付利息的合同。其内容应有借款种类、借款币种、借款用途、借款数额、借款利率、借款期限和还款方式等。

4. 租赁合同

这是出租人将租赁物交付承租人使用，承租人支付租金的合同。其内容包括租赁物的名称、租赁数量、租赁用途、租赁期限、租金及其支付期限和方式、租赁物的维修等。

5. 承揽合同

这是承揽人按照定作人的要求完成工作，交付工作成果，定作人给付报酬的合同。其内容包括承揽的标的、数量、质量、报酬、承揽方式、材料的提供、履行期限、验收标准及方法等。

6. 建设工程合同

这是承包人进行工程建设，发包人支付价款的合同。其内容包括工程勘察、设计合同和施工合同。其中，勘察、设计合同的内容应有提交有关基础资料和文件（包括概预算）的期限、质量要求、费用及其他协作条件等条款；施工合同的内容应有工程范围、建设工期、中间交工工程的开工和竣工时间、工程质量、工程造价、技术资料交付时间、材料和设备供应责任、拨款和结算、竣工验收、质量保修范围和质量保证期、双方相互合作等条款。

7. 技术合同

这是当事人就技术开发、转让、咨询或者服务订立的确立相互之间权利和义务的合同。有技术开发合同、技术转让合同、技术咨询合同和技术服务合同之分。技术合同的内容一般包括项目名称，标的的内容、范围和要求，履行的计划进度、期限、地点、地域和方式，技术情报和资料的保密，风险责任的承担，技术成果的归属和收益的分成办法，验收标准和方法，价款、报酬或者使用费及其支付方式，违约金或者损失赔偿的计算方法，解决争议的方法，名词和术语的解释等。

8. 仓储合同

这是保管人储存存货人交付的仓储物，存货人支付仓储费的合同。存货人交付仓储物，保管人应给付仓单。仓单上应有存货人的名称或者姓名和住所、仓储物的品种、数量、质量、包装、件数和标记、仓储物的损耗标准、储存场所、储存期限；仓储费；仓储物已经办理保险的，其保险金额、期限及保险人的名称；填发人、填发地和填发日期等内容。

写作指导与范例

一、合同的写作要点

1. 标题

一般写明合同性质，即标明是哪一类合同，如"买卖合同""货物运输合同"。有的还进一步写出内容，如"食油订购合同"。

2. 立合同人

空两格并列写各方单位名称及代表姓名，也可一行连着写，并注明一方为"甲方""供方""卖方""发包方""出租方"，另一方为"乙方""需方""买方""承包方""承租方"。

3. 正文

合同的正文主要包括以下几项内容。

（1）签订本合同的目的或依据。依据，多指法律依据及实际情况。例如："根据国家规定，借款方为进行基本建设所需贷款，经贷款方审查同意发放。为明确双方责任，恪守信用，特签订本合同，共同遵守。"而多数合同只要写出签订本合同的目的即可。

（2）协议的具体内容。这是合同最重要的部分，包括一般条款和特殊条款。例如购销合同，一般包括品名、规格、质量、数量、单位、单价、交提货日期、交提货方式、违约责任等。

（3）合同的有效期限。如"本合同有效期自 2021 年×月×日至 2031 年×月×日，过期作废"，"本合同自鉴证之日起生效，有效期至 2021 年×月×日"。

（4）合同的份数和保存方法。如"本合同一式四份，甲乙双方各执一份，副本两份，送双方上级主管机关存查"。如有附件，可写在或附在正文后面，并注明附件名称、序号、份数。

4. 落款

当事人各方及代表签名盖章，有时还要鉴证机关的意见及盖章。最后写上签订日期，有的还要注明生效日期。

范例7-1

订 货 合 同

立合同单位：××市××商贸大厦（以下简称甲方）
　　　　　　××省××电子厂（以下简称乙方）
甲方向乙方订购货物，经双方协商，订立合同如下：
货物名称：××牌×××毫米遥控落地电风扇

规　　格：××××—×××型

订购数量：×××台

货物单价：×××元

货款总额：×××××元

交货日期：××××年×月×日以前全部交清

交货地点：××市×××火车站

交货办法：铁路托运，由乙方负责办理，费用由乙方支付。如有运输损失由乙方承担。

付款办法：银行托收。本合同签订后，一周之内一次付清。

误期交货处罚办法：误期七天以内，每台按原价百分之五交付罚款；超过七天，按百分之十罚款；超过一个月，按百分之二十罚款；超过三个月按百分之五十罚款。

合同变更：中途如甲方要求增加订货，双方另行商定；如要求减少订货，乙方按减少台数原价百分之六十退款。

损失赔偿：交货后如发现产品确因质量问题造成甲方减价销售的损失，由乙方负责赔偿；无法销售的，乙方负责更换。

本合同在执行中发生纠纷，合同双方不能协商解决时，可于三个月内向仲裁机构申请裁决。

签订合同日期：××××年×月×日

本合同自签订之日起生效。货款两清后，其效力终止。

本合同一式两份，双方各执一份。

××市××商贸大厦	××省××电子厂
经办人：×××（印章）	经办人：×××（印章）
××××年××月××日	××××年××月××日

【提示】这份购销合同格式完整、条理清楚，标题即点明合同性质，立合同人也一目了然，正文内容齐全。购销合同应有的条款基本具备，所列事项具体，特别是对供货方（乙方）的责任规定明确、细致。缺点是：如果甲方没有在规定付款期限内付清货款怎么处罚，这一违约责任不明确。另外，条款少了"开户银行"与"账号"。

二、合同的写作要求

1. 合理合法

所谓合理，是指合同的签订要满足三点：一是必须遵循自愿、公平的原则。合同当事人享有自愿订立合同的权利，应通过平等协商，公平地确定各方的权利和义务，不允许任何一方把自己的意志强加给对方。二是必须遵循诚实守信的原则。当事人在合同签订中要诚实、守信用，以善意方式履行合同义务，不得以分割他人利益来实现自己的利益。三是要注意合同的可行性，即要从本企业生产能力、经济基础和市场需求出发，这样签订的合同才是科学的、合理的。

所谓合法，就是"订立、履行合同，应当遵守法律、行政法规，尊重社会公德"，必须符合国家政策的规定。合同内容不得与国家法律相抵触，不得扰乱社会经济秩序，不得损害国家利益和社会公共利益，也不能超越自己的经营范围。当事人必须具备相应民事权利能力和民事行为能力，代理人不能超越代理权限，不能没有授权委托书而签订合同。

2. 要审慎

一是要弄清楚签约人身份，弄清楚当事人是否具备签订合同的资格。二是弄清楚签约人履行合同的能力，其中包括弄清楚对方经营范围与所要订立的合同内容是否一致，弄清楚对方有没有支付大笔款项的能力、信誉如何等。

3. 条款要完备、具体

合同的条款不仅要完备，而且要具体，不能有遗漏。比如，标的物不仅要写明数量，而且要明确计量单位；不仅要标明品种、规格型号，而且要说明质量的技术要求和标准。价款和报酬，要有计算标准、结算方式和程序。

4. 概念明确，防止歧义

合同中使用的概念，尤其是关键性概念都具有法律效力，必须做到概念明确，否则就可能引起纠纷。例如同是经济制裁，"违约金""赔偿金""罚金"，概念不同，处理的结果也不同。

5. 手续完备

依法订立的合同受法律保护，合同中规定的债、权、利，当事人必须遵守和全面履行。任何一方不得从自身的经济利益出发，擅自修改或终止合同，否则应负赔偿责任和违约责任。如需变更或终止合同，必须经双方协商同意，并签具修订或撤销合同的协议，加盖公章报鉴证机关备案，方为有效。

为了保证合同的履行，合同拟定后，可以履行鉴证程序，请业务主管部门或工商行政管理部门进行鉴证或公证。

实战训练

根据下文，拟写一份承揽合同。

深圳市××铝合金厂（甲方）的代表雷××于 2020 年 10 月 15 日与香港××建筑公司（乙方）的代表陆××签订了一份合同。经过协商：乙方不作价，来料按样委托加工电热器 40 万只，单件加工费每只 2.50 元（港币）；铝合金窗框 30 万副，单件加工费每副 5 元（港币）；铝锅 60 万只，单件加工费每只 1.40 元（港币）。乙方每月提供原料×吨，厂房及设备由甲方负责，原料及包装物料由乙方运至甲方工厂，运输和装卸由乙方负责。产品由甲方运至香港乙方公司，运输和装卸费由甲方负责，损耗率为 2%。甲方加工的产品于 2021 年 10 月 15 日以前交完给乙方验收，每月交电热器不少于 3.3 万只，铝合金窗框不少 2.5 万副，铝锅不少于 5 万只，交货须经双方在出货单上签字生效。由乙方负责投保，加工费以支票付款，每月结算一次。乙方开户银行是香港××银行，账号是 83193207743211162。甲方开户银行是深圳市××银行，账号是 95599178480956442278。若乙方未按量提供原料，则乙方负甲方损失的责任，按来料不足部分价值的 10% 赔偿加工费；若甲方未按时、按质、按量交付产品，则甲方应负乙方损失的责任，按未能如期交付产品价值的 10% 赔偿。合同期一年。本合同一式五份，正本两份，甲乙双方各执一份，副本三份，送鉴证机关及双方开户银行。

第三节 协　议

　　张某 2018 年 7 月应聘进入一家机电股份有限公司工作。进入公司后即与公司签订了为期三年的劳动合同，在合同执行了两年的时候，公司决定派张某到某大学学习。公司与张某在平等自愿的基础上签订了一份"继续教育协议"。协议约定：公司出资 30 000 元送张某进修，张某在进修后继续为公司服务三年，原劳动合同的期限也随之延长，若三年内张某要求解除劳动合同，应承担相应的赔偿责任。张某完成继续学习的学业后回到公司，在公司只工作了一年，于 2021 年 5 月提出解除劳动合同。公司同意解除劳动合同，但要求张某赔偿公司为其支付的学习费用 30 000 元。张某以公司提出的赔偿数额过高为由，拒绝履行相关承诺，双方遂产生争议。现在，双方原来签订的"继续教育协议"就成了解决争议的重要依据。

基础知识

　　协议是国家、政党、社会团体、企事业单位或个人，对某一事项、某个问题或某项工作，经过谈判协商，在取得了一致意见之后，用书面形式表现出来，共同签订的具有政治的、经济的或其他关系的契约性文书。

　　协议是由双方（或三方以上）当事人为了共同实现一定的目的，明确相互之间的权利、义务关系而制定的书面契约。协议作为一种契约、信用文书，它的应用范围十分广泛。在经济活动、涉外经济合作、民事活动中，它有时是直接代替合同，对双方当事人的合作事项及权利义务做出规定；有时它作为合同的补充形式，或用于合同履行一段时间后，对某些条款进行补充和修订；或用于发生纠纷后，经双方协商，提出处理意见，为仲裁、解决纠纷提供依据。它与合同一样具有法律效力。

一、协议的特点

1. 契约性

　　协议是一种具有合同性质的契约。它与合同具有相同的效力，但使用起来又不像合同那样详尽、严谨，它只是使合作双方协商一致的意见更加明确和具体，体现了契约性的特点。

2. 一致性

　　协议是双方当事人在平等互利的基础上，经协商一致后所订立的，其反映的主要内容是合作双方真实的意思表示，任何一方都不可能将自己的意思强加于对方，否则就失去了合作的可能。

3. 约束性

　　协议是合作双方协商的结果，双方对协议的内容都负有履行的义务，并要保证按共同意愿逐步得以实现。从这个意义上说，协议对双方的行为均有一定的约束力。如果协议经公证机关公证，则它就具有法律上的约束力，任何一方违约，都要依法承担相应的法律责任。

二、协议的种类

协议的种类很多。按涉及的经济活动对象划分，可分为一般（或称国内）协议、涉外协议；按内容划分，主要有经济协议、技术协议、人员聘任协议、文化交流协议和社会服务协议等。

三、协议与合同的区别

从广义上讲，合同是一种协议；从狭义上讲，协议与合同又有区别。合同与协议的概念虽然接近，但使用范围不同，不能互换使用。从集合的角度讲，合同是协议的一个子集。也就是说，合同一定是协议，而协议不见得都是合同。可以说具备合同成立要求的、具有强制执行力的协议才是合同。一般来讲，协议与合同的区别主要表现为以下几点。

（1）从使用范围来看，"协议"和"合同"经常用作同义词，但"协议"这一术语含义更广。合同的适用范围较窄，多用于经济领域；协议不仅用于经济领域，还用于其他领域，如政治、军事、文化、教育等，协议的适用范围更具开放性、广泛性。

（2）从立约主体的角度来看，合同对订约主体有较为严格的限制，法律规定必须是平等主体的自然人、法人和其他组织。协议对订约主体没有限制，国家与国家之间、国家与政党之间、国家与单位之间、单位与单位之间、单位与个人之间、个人与个人之间等都可以签订协议。

（3）从内容方面来看，协议的内容一般比较概括，合同的内容一般比较详尽和具体；合同内容较为全面、规范，协议的内容比较单一；实际使用中，协议可不受必备条款的限制，合同则少不了必备条款。

（4）从表达形式来看，合同写作可采用条款式、表格式、条款与表格结合式；协议一般只采用条款写法，协议的条款多少不受任何约束，可以有一项，也可以有多项，篇幅不受限制。

（5）从时效的角度看，合同的时效一般比较固定，协议的时效则比较灵活，变化比较大，有的可以长达数年、数十年，如子女收养、过继协议，有的可以短到几天、几个小时，如赔偿协议。

（6）从使用外延来看，协议的外延更为宽泛，如"离婚协议"，而不能说"离婚合同"。

写作指导与范例

一、协议的写作要点

协议一般由标题、名称、正文和落款四个部分构成。

1. 标题

标题要写明协议的性质，如"赔偿协议""代理协议""委托协议"等，也可以只写"协议"两个字。

2. 名称

在标题下、正文之前，要写明协议各方当事人的名称，并在立约各方当事人名称之后注明一方是甲方，一方是乙方，便于在正文中称呼。

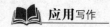
3. 正文

协议的正文包括签订协议的原因、目的和双方商定的具体内容。签订协议的原因、目的是正文的开头部分，即导言。交代完签订协议的目的、原因、依据之后，紧接着可用程式化语言，如"现就有关事项达成协议如下"，转入双方商定的具体内容，这是协议的主体部分。主体部分要求就协议有关事宜做出明确的、全面的说明，尤其要着力写好协议双方的权利和义务。主体部分大多用条款罗列，不同类型、不同性质的协议所包括的条款也不一样，由双方协商的结果而定。

4. 落款

即签名和日期，协议最后必须写明协议双方当事人的名称，并加盖公章。若有中间人的，中间人也要签字盖章；如果是内容重要的协议，则应到公证处公证，并签署公证意见、公证人姓名、公证日期、加盖公证机关印章。最后写上签订协议的日期。

范例7-2

科 研 协 议

甲方：××市橡胶厂   乙方：××科技大学

为共同协作解决××市橡胶厂帘布复胶厚度自动测量显示、自动调整控制这一研制课题，双方订立协议如下：

一、客体的目的、要求：帘布复胶厚度自动测量显示、自动调整控制是××市橡胶厂生产实际中迫切需要解决的科研课题之一，也是在化工系统内橡胶、胶卷等许多行业有实际推广价值的重大科研项目，双方本着科研为生产服务，为加速发展国民经济的原则，一致协议，共同承担这一研制课题。要求在协议生效后一年半投入使用。

二、实现途径：初步方式和主要技术指标

经中国××科技大学有关领导、教师在××市橡胶厂实地调研考察，与××市橡胶厂领导、技术人员、工人等进行了详细讨论，提出了以下的初步方案和主要技术指标要求：

1. 初步方案：

以现有放射性同位素测厚探头作为自动测厚的基础，在半年内调研、试验全套厚度显示、控制线路，然后进行现场试验，共同确定最后实施方案。

2. 主要技术指标要求：

（1）初仪每10秒钟给出厚度平均值显示，便于操作工人监测。

（2）厚度超过工艺要求时，给出超差控制信号。偏厚、偏薄分别予以控制。

（3）控制信号启动滚动筒间隙调整电机，每次控制微动量0.02～0.03毫米。

（4）在联机试验中，要求解决通过窗布接头时，自动控制不动作，解决干扰问题。

（5）仪表工作性能要求稳定可靠，操作方便。

（6）以上确定的各项技术指标作为试验的数据，现场试验时根据实际工艺要求需要再予调整。

三、协作分工：

1. 双方必须密切协作，齐心协力，共同配合，完成任务。各方组织必要的人员，共同组织课题协作组。

2. ××科技大学主要负责自动控制的技术方案，研制并提供自动控制主机，除在本校做必要试验、调整外，要组织人力、物力来厂做现场试验，结合生产实际，解决问题。

3. ××市橡胶厂主要负责现场联机试验，提供现有测厚仪灵敏度响应数据，控制电机脉冲数据，屏蔽壳设计制作和现场安装等工作，必要时，也派人去××科技大学参与共同研制，了解全过程。

四、时间进度：

1. 协议生效后半年内，要求××科技大学完成电子电路设计试验，提供现成试验线路。要求××市橡胶厂完成现有测厚仪灵敏度响应和提供控制电机脉冲驱动数据。

2. 用三个半月的时间进行现场试验，进一步改进试验线路和进行样机设计，要求××科技大学来人和××市橡胶厂在现场共同试验、工作。

3. 从第十个月开始：完善工艺，制作样机，××市橡胶厂完成仪器屏蔽壳设计和制作以及控制电装置安装工作。

4. 第十四个月开始：共同进行调试和现场安装试验。选择两台样机留厂运行，一台样机留××科技大学继续最后改进试验和完善全套技术资料，为鉴定做技术准备。

五、经费来源：

1. 双方共同申报，提请科技部拨款伍拾万元人民币、伍万外汇作为科研试验费，双方再按任务分工合理分配。

2. 在部经费下达以前，××市橡胶厂先垫款叁拾万元给××科技大学，负责采购元件，试制整机，最后向××市橡胶厂提供自动控制样机。

六、双方应积极创造条件，保证该项目试验和生产应用的成功，双方必须按期完成，不能半途而废，否则各方应承担经济责任。

七、因帘布复胶自动控制投入正常生产具有推广意义，对该技术项目资料，各方不得随意向第三方提供。确需提供时，须双方共同协商确定转让技术的一些问题。

八、项目投入生产以后，××科技大学应把有关技术数据和图纸供给××市橡胶厂，以便有利维修工作的进行。

九、本协议经双方领导机关盖章鉴定生效。

十、其他未尽事宜，可由双方进一步商定补充协议。

××市橡胶厂（公章）　　　　　　　　××科技大学（公章）

负责人：　　　　　　　　　　　　　　负责人：

××××年×月×日　　　　　　　　　××××年×月×日

【提示】这是一份科研合作协议，就双方的权利义务及费用的负担问题做了详细的约定。值得注意的是，其中一些条款写得比较概括，不像合同那么具体。如第六条"双方应积极创造条件，保证该项目试验和生产应用的成功，双方必须按期完成，不能半途而废，否则各方应承担经济责任。"其中的"积极创造条件""承担经济责任"都是原则性的条款。

二、协议的写作要求

1. 突出主要内容

协议是合作各方进行洽谈磋商后签订的，有不同的类型，既有综合的，又有单项的；既有等同于合同的，又有作为合同补充的，或订于合同之前，或订于合同之后。写作时，

其内容不要面面俱到，只需写明双方议定的有关事项即可。

2. 语言表达简明

协议的条款必须是订立协议的当事人双方或多方协商一致的结果，是建立在平等互利的基础上的，故条理要清晰，语言表达要简洁、明确、周密、严谨。

实战训练

白鹭软件中心（甲方）与海燕科技学院（乙方）达成协议，协议的基本内容如下：

1. 甲方为乙方在校生提供实习岗位，不收取实习费，也不向实习学生支付劳动报酬；甲方向乙方毕业生提供合法的就业岗位，按国家法律法规提供劳动保护、社会保险等。

2. 乙方为甲方提供订单式人才培养，按照甲方要求制订培养计划，确保毕业生达到高等教育专科毕业水平。

3. 甲、乙双方可在对外宣传中宣称对方为自己的合作伙伴。

请根据以上资料拟定一份合作协议。

第四节 意 向 书

话题与案例

××大学经管系大二学生李闯想承包经营校园里的一个书店，就自己的想法写了一份意向书，希望借此达到与书店所有者进行初步沟通的目的。

基础知识

意向书是国家机关、企事业单位、团体及公民个人相互之间，对某项事务在正式签订条约、达成协议之前，由一方向另一方表明基本态度或提出初步设想的具有协商性质的应用文书。这里，"一方向另一方表明基本态度或提出初步设想"是其中的关键词。这种意向书表达的是单方的意愿，有待于对方的认同。这是最常用的一种意向书。

另一种意向书是合作双方就某一合作事项已有一些共识，但还没有经过认真的磋商或还没有进入实质性的谈判，在这种情况下草签的表达初步接触后双方意愿的文书。这种意向书表达的是双方的意愿。

一、意向书的作用

意向书的主要作用是传达"意向"，提请对方注意或供参考。意向书是双方进行实质性谈判的依据和基础，是签订协议（合同）的前奏。

二、意向书的特点

1. 意向性

意向书的写作有两种情况：一种是在一方产生与对方就某事进行合作的意向，但尚未与对方接触，不知对方是否愿意的情况下表达单方意愿，请对方考虑；另一种是双方或多方当事人经过初步接触，达成愿意合作的初步意向，但还需进一步磋商，先就彼此合作的意愿草签一种备忘式的文件。不论是哪种情况，其核心内容都是表达愿意合作的意愿，具有意向性。

2. 协商性

写意向书多用商量的语气，不带任何强制性。有时还用假设、询问的语气。

3. 灵活性

意向书的灵活性主要表现在两个方面：一是可以随时改变自己的主张。意向书发出后，对方如有更好的意见，可以直接采纳，部分改变或全部改变都是可能的；二是在同一份意向书中可以提出多种方案供对方选择，或者对其中的某项某款同时提出几种意见或建议，让对方比较和选择。

4. 临时性

意向书是协商过程中各方基本观点的记录，一旦达成正式协议，便完成了意向性的使命。意向书不像协议、合同那样具有法律效力。

 写作指导与范例

一、意向书的结构和写作要点

表达单方意愿的意向书与表达双方意愿的意向书的结构有所不同。

1. 表达单方意愿的意向书

表达单方意愿的意向书一般由标题、对方称谓、正文和意愿表达者署名四个部分构成。

（1）标题。标题的主要形式有两种：一种是直接写文种，即"意向书"；另一种是由合作项目名称和文种构成。

（2）对方称谓。在标题下顶格写对方的单位名称或负责人的职务、敬称等。

（3）正文。表达单方意愿的意向书首先要表明自己愿与对方进行合作的项目、合作方式及具体合作内容；然后具体阐述双方的合作能给对方带来的好处；接下来叙述自身所具备的与对方合作的条件，其中包括自己这一方在人力资源、资金等各方面的情况；最后提请对方给予答复，写清自己一方的联系方式、联系人。

（4）意愿表达者署名。写清楚表达合作意愿者的单位名称或个人姓名，以及意向书的成文时间。

范例7-3

联合办学意向书

×××教育学院：

为了使我院现有教育资源能够得以有效地利用，我院有意与贵方联合开办成人教育脱产班。具体意向如下：

一、基本意向

2007年秋，我院招收汉语语言文学、人力资源管理、历史学、旅游与中国文化和音乐教育五个"高起专"脱产班学员500人，招收汉语言文学"专起本"脱产班学员100人。学员入校后，由我院负责组织复习、备考，参加2007年成人高考。凡成绩合格者，由贵方负责办理录取手续，我院负责教学实施。学员毕业，由贵方颁发成人教育脱产班文凭。在整个教育过程中，我院与贵方各自的职责是：

我院负责招生、教学实施和学生日常管理。学员统一在我院就读，一切教学与生活设施均由我院提供，师资由我院配备。开学日期与放假日程，均与贵方学员保持一致，教学时数在贵方课时计划的基础上只增加，不缩减；学员日常管理实行双重保险（平安险与校园险）与治安保卫相结合的办法，确保学员在校就读期间绝对安全、安宁；师资配备尽可能精良，确保教学质量。

贵方负责学员的统一录取、学籍管理、教学监督、课程结业测试和毕业发证工作。

二、我院的办学条件及招生优势

我院地处西安经济技术开发区，占地228亩，建筑面积三万五千多平方米，设施完备，办学条件优越，生活设施完善。现有条件同时可容纳3 000余名学生学习和生活。我院的前身系×××国际学校国际部，系教育部认定的全国百所外国留学生培训基地，现外国留学生在校生数三百多人。办学十年来，教育部、省教育厅、市、区教育局领导一直给予我院以极大的关心和支持。经国务院批准，×××国第×××届总理×××博士欣然出任我院名誉院长。十年艰辛，十年辉煌，我院的汉语教学声名远播海内外。

目前，我院聚集了一批国内知名的专家和学者，如主编、主审多部大学汉语专业国家级规划教材的×××副教授，在古汉语教学研究上成果颇丰的×××教授，汉语言文学专业师资力量雄厚。

世界多国的近二十所院校与我院建立了良好的合作关系，相互间互派留学生和教师的工作已形成制度。特别值得一提的是，多所合作院校要求我院为其代培和选送汉语教师。

2007年3月，我院正式跨出国门，在英国投资创办汉语言学院。与此同时，我院还与韩国、新加坡和哈萨克斯坦等国的多所院校联合办学。到2010年，我院的国外自办学院和联合办学点需要一大批优秀的对外汉语教师。

从世界范围看，"汉语热"不断升温。据教育部对外公布的数字和世界各国对汉语教师的急切需求看，到2010年，全球对外汉语教师缺口在四百万到五百万人。对外汉语教学已成为炙手可热的职业，将汉语言文学教育与对外汉语教学进行科学的对接，可以增强我们双方的办学活力。

我院是教育主管部门批准设立的对外汉语教师培训专门机构，在对外汉语教师培训方面具有极其丰富的经验和多方面的优势。我院与贵方联办的汉语言文学专业，在严格执行国家教学计划的基础上，采用增加课时的办法增加对外汉语教学内容。与此同时，充分利用我院外国留学生数量大的优势为学员提供"对外汉语教学"实习条件，使学员通过几年的学习，既拿到贵方颁发的学历证书，又能拿到国家教育部颁发的"对外汉语"教师高级资格证书，为学员到国外就业奠定良好的基础。

以"对外汉语"为支点和"卖点"具有极大的吸引力和感召力，这是我院与贵方联合开办汉语言文学专业的招生优势。据保守估计，2007年暑期，仅汉语言文学专业我院可招来学员400人左右，其中"高起专"300人，"专起本"100人。

在联办其他专业方面，我院也有自己的一些优势。开办旅游与中国文化专业：我院拥有×××大酒店和×××大酒店两个涉外酒店，每年接待大量的国内外旅客，具有十分优越的学员实习条件和推荐就业优势。

三、学生毕业后的就业去向

我院与贵方联办的汉语言文学专业，增加了"对外汉语"教学内容，学员毕业后可以较顺利通过国家的对外汉语教师资格考试，就业前景十分广阔。他们不仅可以选择国内就业，还可以选择国外就业。国内就业渠道与普通汉语言文学专业毕业生相同；国外就业的途径有四种：一是在我院的国外办学点任教；二是由我院选派到国外合作院校；三是申请国家"对外汉语教学"志愿者；四是通过人才中介机构出国。当然，到国外任教关键是"对外汉语"教师资格证书。国外汉语教师需求量巨大，只要拿对外汉语教师资格证书，出国十分方便和容易。

其他专业学员的毕业出路除与各院校安置渠道相同外，我院还拥有×××大酒店和×××大酒店的"安置桥头堡"优势。因为×××大酒店和×××大酒店均为星级酒店，接待的贵宾较多，我们将充分利用这一有利条件积极推荐学员就业。推荐的方式除在酒店大堂、电梯设置相关信息广告外，在每个房间的"旅客须知"文件夹中放置相关资料。与此同时，我们还将利用行业信息网络对学员进行推介、安置。

四、联合办学将给贵方带来的潜在效益

我院与贵方联办学历教育班，在可以给贵方带来直接经济效益和更大的社会效益的同时，还能为贵方带来巨大的潜在效益。其主要内容包括：（一）可以为贵校相关专业学生提供"对外汉语教学"方面的培训，提升贵校的生源竞争力；（二）可以组织外教和外国留学生到贵方进行交流，扩大贵方的对外影响；（三）可以为贵方外语系的学生提供与外教和外国留学生的交流机会；（四）可以为贵校学生出国留学提供一切帮助；（五）联办班学员大量出国任教后可以为贵校带来巨大的社会影响；（六）在贵方具有接收外国留学生资格的情况下，我院可以为贵方选派外国留学生到贵方就读。

以上所述，有异议处，尽可磋商；未尽事宜，据情再议。

欢迎贵方领导来我院实际考察和指导工作。

此致

敬礼

×××学院

2007 年 3 月 19 日

【提示】这是一份表达单方合作意愿的意向书，合作意向表达清楚，自身实力与双方合作后给对方带来的益处两个部分写得很充分，能够激发对方的合作兴趣。

2. 表达双方意愿的意向书

表达双方意愿的意向书一般由标题、正文和签署三个部分构成。

（1）标题。一般有三种构成形式：第一种是由意向内容和文种构成，如《兴建麦秆草席加工厂的意向书》《合作经营××××箱包玩具厂的意向书》等；第二种是由项目性质和文种构成，如《中外合资项目意向书》等；第三种由文种构成，直接写为"意向书"。

（2）正文。正文由导言、主体和结尾三部分构成。

① 导言。一般写各方当事人的单位名称，因何事项进行了协商，以及合作的指导思想，继而用"双方就有关事宜，达成如下意向"等承上启下的惯用语导出主体部分。

② 主体。主体部分是意向书的重点内容，一般写双方的意图及初步商谈后达成的倾向性认识和比较认同的事项。多采用分条列项的形式，条款之间的界限要清楚，各条款的内

容要相对完整。

③ 结尾。一般应写明"未尽事宜，在签订正式合同时予以补充"之类的话，以便留有余地。

（3）签署。写明意向书签订各方的名称、签订时间、地址、电话号码等。

意 向 书

××厂（甲方）、××××公司（乙方）双方于××××年×月×日在×地，就建立合资企业事宜进行了初步协商，达成意向如下：

一、甲、乙两方愿以合资或合作的形式建立合资企业，暂定名为××有限公司。建设期为×年，即从××××年—××××年全部建成。双方意向书签订后，即向各方有关上级申请批准，批准的时限为×个月，即××××年×月×日—××××年×月×日完成。然后由××厂办理合资企业开业申请。

二、总投资××万元（人民币），折××万美元。××部分投资××万元（折××万美元）；××部分投资××万元（折××万美元）。甲方投资××万元（以工厂现有厂房、水电设施及现有设备等折款投入）；乙方投资××万元（以折美元投入，购买设备）。

三、利润分配：各方按投资比例或协商比例分配。

四、合资企业生产能力：（略）

五、合资企业自营出口或委托有关进出口公司代理出口，价格由合资企业定。

六、合资年限为×年，即××××年×月—××××年×月。

七、合资企业其他事宜按《中外合资法》有关规定执行。

八、双方将在各方上级批准后，再行具体协商有关合资事宜。

本意向书一式两份。作为备忘录，各执一份备查。

××厂（甲方）　　　　　　××公司（乙方）

代表：　　　　　　　　　　代表：

××××年×月×日

【提示】这是一份表达双方意愿的意向书，其中关于双方的合作内容、双方各自的职责、利益分配等问题都做了明确的约定，为下一步签订合同奠定了基础。

二、意向书的写作要求

（1）内容简洁。意向书是合作双方合作的初步意向，正文涉及的内容应该只是规定双方合作的大体原则和方向，而不必像合同、协议那样涉及全面事项和要求，只把合作项目和双方应做的主要事项逐条简明地写清楚即可。

（2）设想可行。意向书中对合作双方的工作和权利义务的规定必须考虑其可行性，不能做过高的设想，要为以后的深入谈判、订立协议书或合同留有余地。

（3）语言平和。意向书的内容比较概括，不像合同、协议书那样带有确定性、规定性，而是带有协商性。因此，要多采用商量的语气，多使用富有弹性的词语，语言平和、灵活，如用"尽可能""适当"等，绝不要使用"必须""应当""否则"之类的用语。

（4）要忠实地表达各方协商的事项。

实战训练

请以下列一段文字为素材，拟写一份意向书。

浙江出版联合集团与英国普罗派乐卫视在伦敦签署出版合作框架协议。双方将利用各自的资源和渠道，优势互补，进行出版、发行等领域的合作开拓，并在英国建立出版机构；向英国读者提供英文版图书；合作建立新的汉语学习栏目；开展电视购书、数字阅读、网上书店等新媒体业务。

第五节　广　告　文　案

话题与案例

推销人：新配方益智饮品，喝了记忆力倍增。你想一天牢记五百个英语单词吗？你想过目不忘吗？新配方益智饮品帮你成就梦想。

众学生："给我来一瓶""我两瓶""我要一箱"……

基础知识

广告是指企事业单位或个人，以公开介绍或者说明、说服、劝诱的方式，通过特定的传播媒介，有计划、有目的地引导消费者或服务对象对商品、劳务、文化活动的信息产生需求，以便开展业务或扩大销路所采取的大众化的宣传手段。

广告文案特指广告作品中的文字部分，即广告文本。

广告具有传播信息、加速流通、促进生产、指导消费等作用。广告有广义和狭义之分。广义的广告是指为了达到某种目的，通过一定形式的媒介物，公开、广泛地向社会公众传递信息的一种宣传手段。狭义的广告则特指商品广告，即为了达到促销的目的，通过一定形式的媒介物，向社会公众传递某种商品、劳务、商业服务等方面信息的一种宣传手段。

一、广告的特点

1. 商业性

企业和商家利用广告广泛地传播信息，宣传自身形象，提高企业或产品的知名度、美誉度，从而达到商业目的，获取最大商业利益。

2. 文化性

广告不仅传播着商业信息，而且包含着大量的文化信息，能给人带来一定的精神上的享受。

3. 沟通性

广告使生产、流通、交换和消费几个环节相互沟通。

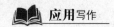

二、广告的作用

在商品经济空前繁荣的今天，广告在生产流通及人们的生活中起着重要的作用。

1. 促进生产，推广技术

广告有利于沟通生产、流通、交换、消费的各个环节，从而促进生产，加速资金的周转，有利于新产品的研发和新技术的推广。

2. 加强交流，活跃经济

广告可以借助各种媒体广泛地传递商品信息，有利于企业之间、地区之间的信息交流。人们可以借助广告信息各供所有、各取所需，盘活资金，活跃经济。

3. 指导消费，方便生活

广告可以帮助消费者认识和了解商品的性能、特点、用途等，从而方便快捷地购买所需的商品。

4. 发展国际贸易

通过广告，可以让国外消费者了解我国出口的商品，进而引发他们购买和使用的兴趣，有利于发展对外贸易，开拓国外市场。

三、广告的分类

（1）根据制作的直接目的，广告可分为销售广告和信誉广告。后者的最终目的也是促销。

（2）根据发布媒介，广告可分为电视广告、报刊广告、广播广告、路牌广告、网络广告等。

（3）根据所采取的表现形式，广告可分为文字广告、图像广告等。

（4）根据所承载的信息，广告可分为商品广告、劳务广告、租赁广告、旅游广告等。

（5）根据表达方式和文体形式，广告可分为论证体、陈述体、问答体、文艺体、抒情体、证书体、书信体等。

📖 写作指导与范例

一、广告文案的一般结构及写法

广告文案主要由标题、副标题、广告正文、广告口号组成。它是广告内容的文字化表现。在广告设计中，文案与图案、图形同等重要，图形具有前期的冲击力，广告文案具有较深的影响力。

广告文案的结构一般包括标题、正文、随文、标语四个部分。

（一）标题

广告标题是广告文案的主题。标题一般传达广告作品中最重要或最能引起诉求对象兴趣的信息，在最显著位置以特别字体、特别语气或特别语句来表现。它的作用在于吸引人们对广告的注意，引起人们对广告的兴趣。因为只有当受众对标题产生兴趣时，才会阅读正文。广告标题的设计形式有：情报式、问答式、祈使式、新闻式、口号式、暗示式、提醒式等。

（二）正文

广告正文是广告作品中承接标题，对广告信息进行展开说明，对诉求对象进行说服的文字。广告文案的正文是广告标题的具体化,它向消费者介绍广告的具体内容和细节性信息,借以增加消费者对产品或服务的了解和认识。

广告文案的正文一般由引言、主体和结尾三部分组成。

1. 引言

引言又称前言、开头。好的引言既能吸引读者,又有利于下文的展开。例如红牛饮料平面广告正文引言:"都新世纪了,还在用这一杯苦咖啡来提神!你知道吗?还有更好的方式来帮助你唤起精神。"此则广告的开头紧紧围绕标题进行阐释,既充分吊起了读者的"胃口",又有利于广告下文的展开。

2. 主体

主体即中心段,是广告信息最集中且最具有说服力的部分。它根据广告的目的,对商品的某一方面或某几方面的优点,如质量优势、实际消费优势等进行较详细的阐述。

3. 结尾

结尾一般用简洁精当的语言激发读者的消费欲望,鼓动读者施行消费行为。

(三)随文

随文也叫附文,用于补充说明正文,一般包括厂名、厂址、电话、传真、标价、时期、销售地、银行账号、联系人等。

(四)标语

广告标语又称广告口号、主题句、标题句,是为了加强诉求对象对企业、产品或服务的印象而在广告中长期、反复使用的简短口号性语句。它是企业长期使用的能表现企业理念或产品特性的宣传语。

广告标语一般长期不变,在反复的宣传过程中可以给人留下深刻的印象,从而在消费者消费时起到潜在的导向作用。例如,"海尔,真诚到永远。"

以上所谈广告的标题、正文、随文、标语,是广告写作的完整结构,但在实际写作中,由于受种种因素(如版面、时间)的限制,各部分内容不一定齐备,需具体情况具体对待。

范例7-5

美肌精平面广告文案

广告语:名门闺秀 充满魅力的女人

标题:美肌的哲学

正文:

如果,你是一位追求魅力的女性,那么肌肤之美,将成就你的梦想。名门闺秀美肌精,蕴涵神奇的大自然能量,银杏、珍珠、灵芝、红景天……精华凝聚,为肌肤注入鲜活能量源,每一滴都蕴藏着肌肤的至爱。肌肤细胞从此变得鲜活、充盈,富有青春生命力!

让肌肤远离衰老、晦暗、细纹、松弛等问题的困扰,在一天天的改变中,肌肤日臻完美。你,越来越美!

【提示】这是一则内容要素比较完备的广告,其中包括广告的标题、正文和标语等几个部分。

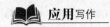

二、广告文案的写作要求

1. 内容客观真实

《中华人民共和国广告法》规定："广告应当真实、合法、符合社会主义精神文明建设的要求。""广告不得含有虚假的内容，不得欺骗和误导消费者。""广告主、广告经营者、广告发布和从事广告活动，应当遵守法律、行政法规，遵循公平、诚实信用的原则。"在撰写广告文案时一定要按照《中华人民共和国广告法》的要求，客观真实地反映广告内容。

2. 创意新奇，雅俗共赏

广告的目的是引起消费者的注意，激发消费者购买的欲望。因此，广告设计要讲究创意，要独具匠心，既不流俗又为消费者喜闻乐见，从而激起消费者对广告的阅读兴趣。

3. 言简意赅，通俗易懂

面对不同类型的消费者，广告文字要简洁流畅，中心明确，便于传诵。广告中的文字切忌晦涩难懂，拖沓冗长，否则就达不到预期的广告目的。

4. 语言精练

人们在初读广告时，往往是在无意识的状态下，且没有明确目的，若语言烦冗则很难卒读。因此，在撰写广告文案时，从标题到正文，都应该做到语言精练。

实战训练

感恩是中华民族的传统美德。我们不仅要感恩父母，感恩老师，还要感恩母校。向他人推介母校、宣传母校，是感恩母校的一种重要方式。请根据对母校的了解，为母校写一个推介性的广告文本。

第六节　产品说明书

话题与案例

甲：麻烦您帮我看看，我半小时前吃了五粒这个药，现在恶心、头痛。

乙：说明书上写着，这种药品的毒副作用较大，每次最多只能服用 0.2 克，也就是两粒，你服用过量了。

基础知识与范例

产品说明书，也叫商品说明书，是企业向消费者介绍产品的用途、性能、成分、功用、使用及保养方法、注意事项等方面知识的科技文书。其写作目的是指导消费者正确地使用该产品。

产品说明书具有以下作用。

1. 指导消费

消费者在初次使用某种商品时，对其性能、特点、功用、注意事项等往往处于一知半解的状态，这就需要有必要的说明和指导——产品说明书就可以起到这个作用。

2. 广告推销

产品说明书在介绍、说明产品时往往将该产品的独特功用、优越性能等展示给消费者，这样能激发消费者的购买欲望。

3. 普及知识

有些产品说明书在介绍商品功用、性能的同时，往往涉及相关的专业性知识，如功用原理、结构原理等，从而起到了普及知识的作用。

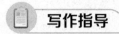 **写作指导**

一、产品说明书的写作要点

产品说明书的结构一般由标题、正文、落款三部分组成。

1. 标题

产品说明书的标题大多位于正文上方的正中间。完整的标题的形式是"商品名+文种"，如《爱德牌可调蒸汽喷雾电熨斗使用说明书》；有时文种省略，如《×牌×型家用洗衣机》《金嗓子喉宝》。为醒目起见，标题往往采用比正文大的字号。

2. 正文

正文是产品说明书的主体，主要介绍产品的基本情况，包括产品的成分、性能特征、用途、用法、注意事项、保养方法、结构原理、技术指标等。大众用品往往无须说明结构原理、技术指标等，而对于药品则必须要说明生产日期、有效期限。

3. 落款

落款位于正文的下方，包括企业名称、地址、邮编、电话、传真等。

 **范例7-6**

真汉子剃须刀使用说明书

充电：将电源插头插入 AC 220 V 电源之中，充电指示灯亮，充电 12～16 h。注意：充电时间不要过长，以免影响电池寿命。

剃须：将开关键上推至（on）开启位置，即可剃须。为求最佳刮须效果，请将皮肤拉紧，使胡子成直立状，然后以逆胡子生长的方向缓慢移动。

修剪刀：如有修剪刀功能的剃须刀，请在剃须前先将修剪刀推出，修短胡须后再用网刀剃净。

清洁：剃须刀要经常清洁。清洁前应先关上开关，旋下网刀，用毛刷将胡须屑刷净。清洁后轻轻放回刀头架且到位。清洁时应轻拿轻放，避免损坏任何部件。

保修条例：保修服务只限于一般正常使用下有效。一切人为损坏，例如接入不适当电源，使用不适当配件，不依说明书使用；因运输及其他意外而造成之损坏；非经本公司认可的维修和改造，错误使用或疏忽而造成损坏；不适当之安装等，保修服务立即失效。此保修服务并不包括运输费及维修人员上门服务费。

保修期外享受终身维修，维修仅收元器件成本费。

剃须刀中内、外刃属消耗品不在保修范围内。

　　保修期：正常使用六个月。
　　注意事项：充电时间 12～16 h。
　　　　　　　换刀、网刀头时一定要选用原厂配件。

　　【提示】这则说明书采用分条列项的写法清楚地说明了真汉子剃须刀的使用和保养方法及相关注意事项等，条理清晰，层次清楚，语言通俗易懂。

二、产品说明书的写作要求

1. 实事求是，科学真实
　　产品说明书的内容必须与产品的实际情况相符，实事求是，形容要恰当，描绘要真实，要经得起实践的检验，切不可为达到某种目的而夸大其词，否则既损害了消费者利益，也不利于企业的长远发展。

2. 突出重点，针对性强
　　产品说明书要突出产品的主要性能、功效、使用方法和注意事项，以便于消费者使用。说明内容的详略要针对消费者对商品的了解情况而定。

3. 语言简明，通俗易懂
　　产品说明书面向的是社会大众，其文化层次不一，理解能力不同，因此在撰写时一定要做到语言简洁、明确，通俗易懂。尽量使说明的内容清楚明白，一目了然。

实战训练

　　在信息技术高度发达的今天，计算机已经成为人们日常学习、工作和生活的重要工具。在使用计算机时，很多人被一些"弹窗"所困扰。请你查阅相关资料，整理出一份简明扼要，能够使计算机小白看得懂、会操作的"禁止计算机弹窗设置"的操作说明。

第八章>>>

法律应用文

　　法律应用文是国家司法机关在行使法律职能和公民行使法律权利时所使用的各种文书的统称。它不仅包括公安机关、人民检察院、人民法院在依据法律处理刑事、民事案件活动中所使用的各种司法文书，而且包括从事法律事务的专业人员及公民依据法律，按规定格式撰写的诉讼文书等，是一切在法律上有效的或具有法律意义的文件、文书、公文的总称。

第一节　法律应用文概述

　　法律应用文，是公安机关、检察院、法院、监狱等国家机关和律师、仲裁机构、公证机构，以及当事人和其代理人在进行诉讼活动或与诉讼有联系的非诉讼活动中，依据法律所制定的具有法律效力或法律意义的文书。与其他应用文相比较，法律应用文具有内容合法、形式规范、语言准确等特点。

一、法律应用文的分类

　　法律应用文可分为规范性法律应用文和非规范性法律应用文两大类。所谓规范性法律应用文，是指国家有关权力机关依照职权所制定并正式颁布，要求人们普遍遵守的行为规则，它包括宪法、法律、法规，还包括国家立法、地方立法及各企事业单位的各项规章管理制度。所谓非规范性法律应用文，是指国家司法等机关在其职权范围内制作的有关办理刑事、民事、经济纠纷等案件和非诉讼事件的各种文书。它不是普遍的行为规范，而是仅对某一案件（事件）所涉及的当事人的法律规范，因而只对特定的案（事）件当事人有效。

　　这里所讲的法律应用文仅指非规范性法律应用文，不包括规范性法律应用文。也就是说，这里所讲的法律应用文，是指我国各法律主体依照法律规定，按照各自的职权或权利，在办理各类诉讼案件和从事非诉讼事件的活动中，为正确运用、实施法律而依法制作的具有法律效力或法律意义的文书。

二、法律应用文的应用范围

　　从法律应用文的概念可以看出，其包含以下内容。

　　法律应用文的制作主体为国家司法机关及其司法组织和当事人。司法机关包括公安机关、国家安全机关、检察机关、人民法院；司法组织包括律师机构、公证部门、仲裁机构、

劳改机关；当事人包括法人和公民。法律应用文的制作必须依照一定的法定程序与社会约定进行，严格按照法律诉讼的不同阶段对法律应用文的不同要求进行设计。

法律应用文中的一部分具有直接的法律效力，一部分具有一定的法律意义。这是法律应用文和一般应用文最大的不同之处。直接的法律效力是指该类应用文一经使用就产生特定的强制性，不容抗拒，必须执行。一定的法律意义是指某些法律应用文虽不产生直接效力，但对法律的正确实施等能起到有力的保障。

三、法律应用文的特点

法律应用文的突出特点是：法律的严肃性，逻辑的严密性，事实的准确性，格式的特定性。

1. 法律的严肃性
法律的严肃性是指写进法律应用文的内容要符合国家的法律法规，处处做到于法有据，事事做到合理合法；引用法律法规要正确、具体。

2. 逻辑的严密性
逻辑的严密性是指法律应用文中陈述的事实，以及事实间的因果关系要符合逻辑。

3. 事实的准确性
事实的准确性是指写进法律应用文的事实要完全真实，陈述准确无误、清楚明白。

4. 格式的特定性
格式的特定性是指法律应用文有特定的格式要求。写作法律应用文必须符合要求，即格式规范、要点清楚、层次清晰。

第二节 起 诉 状

话题与案例

××学院大二学生杨某在一餐厅就餐时，被餐厅顶上掉下来的灯具砸破了脑袋，住院一个多星期，花了两千元的医药费。在杨某被砸伤后和住院期间，餐厅老板从来没有任何表示。事后杨某找餐厅老板讨要说法，还被餐厅老板找人打了一顿。于是，杨某决定依法向人民法院提起诉讼。这份诉状应该怎么写？

基础知识与范例

起诉状是国家机关、企事业单位和公民个人为了维护自身权益，依法向人民法院提出诉讼请求时所使用的法律文书。起诉状既是人民法院审查立案和审理案件的根据，也是被告方应诉答辩的依据。

一、起诉状的特点

1. 诉讼的直接性
国家机关、企事业单位、社会团体和公民在其民事权益受到侵犯或与他人发生纠纷时，当事人或其法定代理人都可以直接向人民法院递交起诉状。需要注意的是，起诉状必须有明确的被告，有具体的诉讼要求，有充足的事实根据，有相关的法律条文作依据。

2. 适用范围的特定性

起诉状针对的是归人民法院管辖而未被审理过的案件。其中民事起诉状主要适用于案件归人民法院管辖而未被法院审理的案件。刑事起诉状适用于"告诉才处理"的案件和不需要侦查的轻微刑事案件。

3. 处理案件的参证性

起诉状要以事实为根据、以法律为准绳，特别是要以法律法规为依据论证当事人诉讼请求的合法性和正确性。

4. 格式的规范性

起诉状有特定的内容和格式要求，不能随意增减其中的项目，也不能变动各项的先后次序，否则，人民法院不予受理。

二、起诉状的适用情形

起诉状的适用情形分下列三种情况。

（1）民事起诉状是指公民、法人和其他组织在认为自己的民事权益受到侵害或者与其他人发生争议时，向人民法院提出要求人民法院公正裁判的书面诉讼请求。例如，公民因家庭纠纷，或者公民、法人、其他组织因其民事权益受到侵害，或者与他人发生财产权益争议，依法向人民法院提起诉讼时都可以使用民事起诉状。

根据我国《民事诉讼法》的第一百二十二条规定，民事起诉必须符合以下条件：原告是与本案有直接利害关系的公民、法人和其他组织；有明确的被告；有具体的诉讼请求和事实、理由；属于人民法院受理民事诉讼的范围和属于人民法院管辖。

（2）刑事自诉状，也称刑事起诉状或刑事诉状，是指被害人或其监护人就某一事件，为追究被告人的刑事责任，向人民法院递交的书面诉讼请求。根据我国《刑事诉讼法》的规定，刑事起诉状限于侮辱、诽谤、暴力干涉婚姻自由、虐待等诉讼处理的案件，以及其他不需要侦查的轻微刑事案件。刑事自诉状主要写明控告被告人侵犯自身权益的犯罪行为的罪名，要求人民法院依法判决。刑事自诉状一般适用于下列三种情形：告诉才处理的案件；被害人有证据证明的轻微刑事案件；被害人有证据证明被告人侵犯自己人身、财产权利的行为应当依法追究刑事责任，而公安机关或者人民检察院不予追究被告人刑事责任的案件。

（3）公民、法人或其他组织认为行政机关的具体行政行为侵犯其合法权益，依照行政诉讼法的规定向人民法院提起的诉讼，称为行政诉讼。行政诉讼的适用情形如下：① 认为具体行政行为（包括不作为行为）侵犯其人身权、财产权的；② 法律、法规规定可能向人民法院提起诉讼的其他案件。

三、起诉状的种类

根据诉讼性质的不同，起诉状可分为民事起诉状、行政起诉状、刑事自诉状以及刑事附带民事起诉状。

1. 民事起诉状

民事起诉状是民事案件的原告或其法定代理人就民事权利和义务的争执或纠纷向法院

提交的请求维护其民事权益的起诉文书。民事起诉状的法定适用范围主要包括两类：一类是以"家"为核心的案件，即离婚、抚养、赡养等案件；另一类是以"财"为核心的案件，即所有权、财产继承、损害赔偿、分割共有财产、经济合同纠纷等案件。

民事起诉状

原告：江××，男，1985 年 8 月生，汉族，××省××市人。

所在地址：××市××区××街××段××号

邮政编码：××××××

委托代理人：蒋××，××律师事务所实习律师。

被告：刘××，男，1970 年 2 月生，汉族，××省××市人。

所在地址：××市××区××街××段××号

诉讼请求：

一、判令被告支付原告住院费及工伤赔偿金等共计 67 625.4 元。

二、诉讼费由被告承担。

事实和理由：

原告于 2018 年 6 月 12 日进入被告刘××的家具厂做工，当时双方并未签订书面的劳动合同。2018 年 7 月 5 日上午 8 时左右，原告在操作电动工具时，不慎被机械扎伤左手，失去了左手拇指和小指，此后原告在××市第一人民医院住院治疗 10 天后出院。住院期间，被告只给过原告人民币 1 000 元。2018 年 9 月 15 日经××市劳动能力鉴定委员会鉴定，原告属于七级伤残。

自 2018 年 7 月 5 日至现在，虽然原告多次要求被告支付原告的医药费、伤残赔偿金，但都被被告拒绝。原告认为，虽然原告与被告并未签订书面的劳动合同，但双方已形成了事实上的劳动关系，原告在被告厂内受伤，理应受到相应的工伤待遇。根据《中华人民共和国劳动合同法》和《工伤管理条例》的规定，被告刘××应支付原告工伤赔偿金、住院费、护理费、住院伙食补助等各项费用共计 67 625.4 元。

证据和证据来源：

1. 司法伤残鉴定材料

2. 医药费单据

此致

赣州市××区人民法院

附：1. 本诉状副本 1 份

    2. 司法伤残鉴定材料 1 份

    3. 医药费收据 1 张

起诉人：刘××

代书人：蒋××

二〇一八年十二月二日

【提示】本诉状格式规范，诉讼的请求明确具体，事实的叙述清楚明白，这样就便于法院受理、审查。

2. 行政起诉状

行政起诉状是公民、法人或其他社会组织认为行政机关及其工作人员的具体行政行为侵犯其合法权益时，依法向人民法院提交的要求法院裁判的诉讼文书。

行政起诉状是一种民告官的法律文书。行政诉讼的被告只能是做出具体行政行为的行政机关或者法律、法规授权的组织。行政机关的工作人员不能当被告。

行政起诉状

原告：冯××，男，35 岁，上海市××区××街××号

邮政编码：××××××

被告：上海市××区劳动和社会保障局

地址：上海市××区××街

法定代表人：谭××，职务：局长

请求事项：

请求法院认定上海市××区劳动和社会保障局拒不履行其工伤认定的职责属于行政不作为行为。判令被告履行职责。

事实和理由：

原告从 2017 年 4 月 23 日始一直在××市××厂工作，2017 年 8 月 3 日因为车间堆放的物品倒塌，致伤原告。原告向××市劳动局申请工伤认定，于 2017 年 12 月 20 日提出申请，被告在法定的 2 个月内没有对原告的申请给予答复；此后，原告又多次催问，依然没有得到答复。原告之伤需经劳动保障行政部门认定方能享受工伤待遇，由于被告拒不履行法律规定的认定职责，给原告造成了很大损失，致使原告身心受到了极大的伤害。根据《行政诉讼法》的规定，特具状起诉，请人民法院审查、受理，依法判决，维护法律尊严和原告的合法权益。

此致
上海市××区人民法院

附：本诉状副本 1 份

起诉人：冯××

二〇一八年三月二日

【提示】格式上，标题、首部、正文和尾部要规范；内容上，诉讼请求要合理，事实叙述要清楚明白，理由阐述要具有说服力。

3. 刑事起诉状

刑事起诉状分为刑事自诉状和刑事公诉状两种。刑事自诉状是自诉人（被害人或其法定代理人）为追究被告人的刑事责任而直接向法院提起刑事诉讼的文书。刑事公诉状是公诉人（检察机关）代表国家为指控犯罪，追究被告刑事责任，而向人民法院提起公诉的文书。

4. 刑事附带民事起诉状

刑事附带民事诉状，是指有权提起附带民事诉讼的人，向人民法院提起的附带民事诉讼，要求在追究被告人刑事责任的同时，责令被告人赔偿经济损失的书面请求。

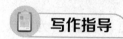 **写作指导**

一、起诉状的写法

起诉状由标题、首部、正文和尾部四部分构成。

1. 标题

即"民事起诉状""行政起诉状""刑事自诉状""刑事附带民事自诉状"。

2. 首部

指当事人的基本情况。当事人包括原告、被告和他们的代理人，按照先写原告后写被告的顺序，依次写清楚双方当事人的基本情况。如果原告与被告是公民，则写清楚姓名、性别、出生年月、民族、工作单位、职务、住址等。如果原告与被告是机关、团体、企事业单位，则写清楚名称（全称）、所在地址、法定代理人的姓名与职务，以及电话等。

3. 正文

正文包括诉讼请求、事实与理由、证据和证据来源三项内容。

（1）诉讼请求。诉讼请求是原告向法院提起的诉讼意见和要求。要写得明确、具体，要合理、合法，各自独立的请求事项要分项列出。

（2）事实与理由。这是起诉状的核心部分。法院审理、判决，只能以事实为根据，所以，一定要把事实和理由写充分、讲清楚。

事实方面，一是完整概括案情。二是围绕"诉讼请求"叙述事实，凡是有利于实现诉讼请求的具体材料，均应写进诉状，与诉讼请求无关的材料，则不应写进诉状。三是叙事要真实，不违背常理。四是一边写重要事实，一边举证据。

理由方面，有事实理由和法律理由两项内容。所谓事实理由，即在叙述事实的基础上，分析纠纷的性质，说明是非曲直，分析危害后果，说明过错责任，论证权利义务关系，说明所提诉讼请求是合情合理的。所谓法律理由，即用法律规定衡量纠纷事实，从法律角度说明孰是孰非，并全面、具体地援引法律条文，阐明请求和起诉的法律依据，从而说明其所诉请求的合法性。理由必须与事实、诉讼请求相一致。援引法律条款要全面、准确和规范。

（3）证据和证据来源。要列举证据名称和内容，证明事实；要说明证据的来源和可靠程度；要注明证人的姓名、职业、住所；要提交证据原件或复印件。

叙写证据的位置一般都在正文之后，在附件中用列清单的方式写出。

4. 尾部

起诉状的尾部一般要写清以下内容：

本起诉状提交的人民法院的名称。文末先写明"为此"（或"为……"），"特依法向你院起诉，请依法判决"一类请求语，接着换行写"此致"，再换行顶格写"×××人民法院"。

附件。主要写明提交本状副本×份和提交的证据×份的顺序号和名称。

起诉人署名。如"原告×××"或"具状人×××"。如系律师代写，则要写清楚律师的姓名及事务所名称。

盖章。起诉人为个人的要加盖个人印章，为法人或其他组织的要加盖单位印章。

起诉状制作的日期。要注意用小写的汉字。

二、起诉状写作应注意的事项

要写好起诉状，关键在于严格遵守以事实为依据，以法律为准绳的原则，忠于事实真相，有理有据，符合法律政策的规定。一般来讲，写作起诉状要注意以下几点。

（1）要从实际出发，实事求是，言之有理，持之有据，引用政策、法律、法规条文要准确、贴切、翔实，要经得起推敲，经得起被告人及其辩护律师的反驳。

（2）叙述的事实要真实准确。请求事实要客观、具体、全面，反映事情的本来面目，数字必须准确无误，做到不歪曲捏造，不夸大渲染。

（3）诉讼理由要充足有力。要抓住问题的关键进行详细叙述，诉讼理由要以充分的证据和明确清楚的事实为基础，要摆事实，讲道理，重证据，不要空口无凭。案件事实与理由的因果关系清楚，引用的法律、法规条文要准确、完备，要做到引用原文一字不漏。

（4）注意人称的一致性。叙述的人称要前后一致，如用第三人称时要称原告与被告。

（5）语言要简洁清晰。语言做到简洁、准确、严谨，表述清晰，富有逻辑性。避免歧义，避免口语化，避免空话套话。

实战训练

秦岭学院大三学生张梦航利用暑假时间在超市从事一种化妆品的推销工作，双方约定：每天基本工资120元，外加销售额10%的提成，每一个月结算一次报酬。为了保障自己的合法权益，张梦航同学还与超市签了一份协议。由于张梦航同学待人和气、脑子灵活，所以把这种化妆品推出去了好多。干了一个月后，按照约定超市应该付给张梦航基本工资加提成19 800余元，但超市以"提成上线不能超过基本工资"为由，只付给张梦航同学7 200元，其余应付的一万多元不给。几次讨要未果后，张梦航同学决定向所在地人民法院提起诉讼，依法维护自己的合法权益。请根据事实代张梦航同学写一份起诉状。

第三节 答 辩 状

话题与案例

信息学院李四同学的父亲开办了一个建筑公司，在承包一栋高层建筑重新粉刷工程时，招用了几个临时工。临时工招来后，首先进行了安全知识培训，并且为每人配备了安全设备。然而，一位姓马的临时工空中作业时，未按规定系好安全带和保护绳，不慎从高处落下摔伤。事情发生后，李四同学的父亲第一时间拨打了120，并且亲自陪同到医院办理好各种手续。幸运的是，姓马的临时工伤情不重，住院治疗了一段时间后完全康复。

姓马的临时工住院期间的医疗费、护工费和伙食费等全部都是李四同学的父亲承担的。姓马的临时工出院后，向李四同学的父亲提出了远远超过相关标准的误工损失赔偿，遭到拒绝后，一纸诉状将李四同学的父亲告到了法院。请你为李四同学的父亲写一个答辩状。

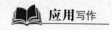 应用写作

 基础知识与范例

答辩状是各类案件的应诉方（被告方或被上诉方），在接到原告方的起诉状或上诉方的上诉状副本后，在法定期限内就起诉状或上诉状的内容进行答复或辩驳而使用的一种诉讼文书。

答辩状的使用，有利于法院全面查明案情，公正判决或裁定，防止误判或误裁，有利于维护当事人的合法权益。

一、答辩状的特点

1. 内容的针对性

对于起诉状的答辩，被告要有针对性地从事实和法律两个方面对起诉的事实与理由进行驳诉。对于上诉状的答辩，作为一审胜诉方的答辩人，既有可能是原审原告，也有可能是原审被告。如果是原审原告上诉，答辩状只要针对上诉状的内容，补充提出确凿的证据和法律、法规依据，将对方上诉理由一一驳倒即可。如果是原审被告上诉，答辩人还要有针对性地从事实和法律两个方面对上诉状进行驳诉。

2. 作者的特定性

答辩状必须由民事、行政案件的被告，上诉案件的被上诉人，刑事案件的被告人提出。

3. 时间上的规定性

人民法院收到起诉状、上诉状后，按法律程序应当在规定的期限内将起诉状或上诉状副本发送被告或被上诉人，被告或被上诉人要在规定的时限内提出答辩状。

4. 行文方式的论证性

答辩状的提出是一种应诉的法律行为，答辩状必须要针对起诉状或上诉状中提出的诉讼请求、事实或理由，以及证据等内容进行答辩。答辩人要摆事实、讲道理，运用有利的论据、有关的法律条文进行论辩和反驳。

二、答辩状的适用情形及作用

答辩状一般适用于两种情形：一是原告向第一审人民法院起诉后，被告就诉状（起诉状）提出答辩状；二是案件经第一审人民法院审理终结后，一方当事人不服，提起上诉，被上诉人就上诉状提出答辩状。

人民法院在收到原告的起诉状和上诉人的上诉状以后，应当在规定的期间内将副本送达被告或被上诉人，被告或被上诉人应当在法定的期限内提交答辩状。

被告和被上诉人通过答辩状，可以针对原告或上诉人提出起诉或上诉的事实、理由和根据以及请求事项，进行有的放矢的答辩，阐明自己的理由和要求，并提出事实和证据证实自己的观点。

 **范例8-3**

离婚答辩状

答辩人：白××，男，××岁，满族，××省××市人，现住××市××区××路××号。

答辩人因邱××诉我离婚一案，现提出答辩如下。

答辩人认为原、被告夫妻感情并没有破裂，不同意离婚，理由有三：

一、原、被告夫妻系自由恋爱，1993结婚至今，已历二十载，经受住了时间的考验，说明感情基础牢靠；

二、原、被告性格相近，兴趣、爱好相同，有共同语言；

三、原、被告共同生活中，一直和睦相处。

答辩人认为原告在诉状中谈到的夫妻经常吵架，不是事实，吵架不是没有，但一没有经常吵，二没有影响到夫妻感情。

此致

××市××区人民法院

答辩人：白××

××××年×月×日

【提示】答辩状是被告方在接到原告起诉状后，针对原告提出的诉讼请求及事实与理由提出同意、反驳或反诉意见，在法律规定时间交给法庭，作为对起诉状的一个答复。本例中，答辩的理由具体、贴切，用语简洁，并就案件事实部分进行了答辩。

三、答辩状的分类

两审终审制是我国的基本审级制度，据此，答辩状可分为两类：一类是一审程序中的答辩状，是被告针对原告的诉状提出的；另一类是二审程序中的答辩状，是被上诉人针对上诉人的上诉状提出的。

如果从案件的性质分类，答辩状可分为民事答辩状、行政答辩状和刑事答辩状三种。

写作指导

一、答辩状的写法

答辩状由标题、首部、正文和尾部四部分构成。

1. 标题

属于一审程序的，标题名称应写清楚性质，如"民事答辩状"或"行政答辩状"；属于二审程序的，则应标明审判程序，如"民事上诉答辩状"。

2. 首部

首部直接写出答辩人的基本情况，即写明答辩人的姓名、性别、年龄、民族、职业、住址等。当事人是法人或其他组织的，写明其名称、所在地、法定代表人的姓名与职务。

3. 正文

正文包括答辩缘由、答辩理由、答辩请求三部分。

（1）答辩缘由。一审和二审答辩状都应在当事人基本情况之下，用一句话概括答辩缘由，通常用固定的套语表述。一审和二审答辩状的套语有所不同，分述如下。

一审："因××（原告名称）诉我××××（对案由的概括）一案，现提出答辩如下：……"

二审："因××（原告名称）不服××人民法院［××××］（年份）××初字第××号判决（或裁定）上诉一案，现提出答辩如下：……"

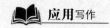

（2）答辩理由。应针对原告或上诉人的诉讼请求及其所依据的事实与理由进行反驳与辩解，提出自己的主张并阐明理由。

（3）答辩请求。即答辩人在充分阐明答辩理由的基础上向人民法院提出的要求和主张。写答辩请求，要有事实根据，要符合法律规定，要针对当事人的诉讼请求列举有关法律规定，论证自己主张的正确性，请求人民法院保护自己的合法权益。

4. 尾部

写明答辩状应呈送的人民法院名称、附件，答辩人姓名和答辩状的制作日期。附件包括副本的份数、证据的名称和数量。写法与起诉状相同。

民事答辩状

答辩人（系被告人）：赵××，男，31岁，××公司工人，现住××市××县八里镇。

被答辩人（系原告人）：王××，女，30岁，无业，现住同上。

答辩人就被答辩人所诉离婚一案，具体答辩如下。

答辩人认为被答辩人所诉离婚之理由纯属捏造的不实之词。答辩人不能同意被答辩人离婚的要求。理由有三：

一、被答辩人诉称答辩人不务正业，对家务事不管不顾，夜不归宿，经常在外参赌，致使被答辩人生活困难，有时买面买油都得回娘家要钱等情况，确系捏造，严重与事实不符。事实是：答辩人单位工作制度系几班倒，上夜班是经常的事，答辩人下夜班后还干包工活，根本没有赌博之事，可到工友中调查取证。根本不存在买面买油伸手向娘家要钱的事。

二、被答辩人诉称近四五年来，答辩人经常夜不归宿，在外赌博，被答辩人稍加询问，对被答辩人张口就骂，举手就打，逼得被答辩人曾经自杀，此话同样不符合事实。答辩人曾经打过被答辩人一两次，不过那都是七八年前的事了。最近四五年，从未打过被答辩人，更未痛下狠手，另外除夜班外，答辩人都在家住，周围邻居可以作证。至于被答辩人曾试图自杀，只是因大女儿与其赌气所致，与答辩人毫无关系。这样说，虚构的事实是不能作为离婚的证据的。

三、应当说明的是，被答辩人生活作风有问题。曾于××××年与别人发生过婚外情，答辩人发现后，由于被答辩人表示悔改，答辩人才压下了心头之火。事情过后，答辩人考虑到两个女儿尚未成年，愿等待被答辩人改正错误，重修旧好。故答辩人请法院对合法婚姻予以保护，对被答辩人的不法行为给予教育，对其无理要求给予驳回，作出公正判决。

此致！

×××人民法院

答辩人：赵××

二○二○年五月八日

【提示】这份答辩状答辩请求明确，理由陈述清楚，抓住被答辩人在事实陈述过程中所存在的与事实不符的证据逐条驳斥，显得有理有据，且较为有力。

二、答辩状的写作要求

（1）有的放矢，针对原诉而作。一定要抓住原诉状中的关键性问题，针锋相对地摆事实、讲道理。

（2）尊重客观真实，不焦不躁行文。答辩状要尊重客观事实，只有真实才有力量。要理性地分析陈述，不要加入个人感情。

（3）应注意与原诉状的区别。答辩状与原诉状最主要的区别是：答辩状只是对原诉状的回应和辩驳，并不另行提出诉讼主张和请求。

三、答辩状写作的注意事项

答辩状是被告方在接到原告起诉状后，针对原告提出的诉讼请求及事实与理由提出同意、反驳或反诉意见，在法律规定时间交给法庭，作为对起诉状的一个答复。答辩状的写作一般应注意以下几个问题。

1. 尊重事实

答辩状应尽量让事实说话，用事实证明自己的答辩理由是充分的，而不是隐瞒、掩饰甚至歪曲某些事实，更不能无理诡辩。当然如果自己确有错误也应当承认，但这种承认应是在澄清事实的过程中带过，不做过多分析，更不能把答辩状写成检讨书。

2. 抓准关键，据理反驳

答辩状应找准产生争执的关键，要抓住对方陈述的错误事实或引用法律条文的错误，根据确凿事实与证据予以反驳，证明自己行为的合理性；应依据有关法律条文，说明答辩理由的正确性。

3. 注意答辩时限

针对不同的诉讼类型，我国现有法律所规定的答辩期限有所不同，递交答辩状必须在规定的时限内。

4. 语言的运用

答辩状的语言应简洁，言简意赅；语气应平和，以理服人，不能恶言嘲讽。

实战训练

结合下面诉讼案例，将其整理为一篇答辩状。

答辩人：王锁梓

被答辩人：肖文美

答辩事由：原告（被答辩人）肖文美控告答辩人在 2021 年 6 月 30 日酒醉驾车撞伤其夫柳××，要求答辩人负全责，并赔偿医疗费等各项费用 62 309.53 元。

基本事实：答辩人并未饮酒；因当天下雨，路面湿滑，能见度低，柳××骑车沿马路左边逆向行驶，且车速过高，又适逢拐弯，避让不及，撞车致使柳××腿部骨折；为避免碾压柳××，答辩人所驾车辆撞上路边护栏，车辆修理费及道路设施毁损赔偿金共 18 547.8 元，答辩人也负了轻伤，花去包扎费 65.46 元。

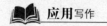

第四节　上　诉　状

　　张先生在与妻子的离婚诉讼中遇到了一个难题。在财产分割过程中，一审法院混淆了婚前财产与婚后财产的区别，致使张先生的婚前财产——一套价值64万元的三居室单元楼与153万元的企业红股被作为夫妻共同财产予以分割。自己保存的相关公证文件及股金证一时找不到，公证机关保留的存根在一场大火中被付之一炬。现在一审判决马上生效，张先生很着急，到底该不该上诉，他一时拿不定主意。请大家为张先生出出主意。

 基础知识

　　上诉状是刑事、民事或行政案件中的当事人或其法定代理人不服人民法院的第一审判决或裁定，按照法定的程序和期限，向原审法院的上一级人民法院递交的提起上诉，要求撤销、变更原审裁判或重新审判而提出的书面请求。

　　上诉是法律赋予当事人的一种诉讼权利，它对及时纠正确有错误的裁判，保证国家审判权的正确行使，保护人民的合法权益具有不可忽视的作用。上诉状是第二审法院受理案件并进行审理的依据，第二审法院通过上诉状了解上诉人不服第一审裁判的理由。

一、上诉状的作用

　　上诉状是案件当事人或代理人对原法院或职能部门判决、仲裁的态度与主张的表达，也是通过自我干预维护合法权益、以期影响或改变审判、裁定进程或结果的正当手段。同时，上诉状能够引起上级法院（职能部门）对下级法院（职能部门）裁判进行全面细致的审查，这对于协助、督察人民法院或职能部门正确行使审判、裁定权，提高办案办事质量与效率具有积极意义。

二、上诉状的分类

　　上诉状分为民事上诉状、刑事上诉状、行政上诉状三类。

　　民事上诉状是民事案件当事人或者法定代理人不服一审人民法院所做出的裁判，在上诉期间内要求上一级人民法院进行审理、撤销、变更原裁判所提出的书面请求。

　　《中华人民共和国民事诉讼法》规定，当事人不服法院一审判决的，有权在判决书送达之日起十五日内向上一级人民法院提起上诉。民事上诉状的作用主要是：有利于保护第一审民事案件败诉一方当事人的合法权益，有利于防止错案的发生，有利于保证审判质量。

　　刑事上诉状是刑事案件当事人或者法定代理人不服一审人民法院所做出的裁判，在上诉期间内要求上一级人民法院进行审理、撤销、变更原裁判所提出的书面请求。

　　行政上诉状是行政案件当事人或者法定代理人不服一审人民法院所做出的裁判，在上诉期间内要求上一级人民法院进行审理、撤销、变更原裁判所提出的书面请求。

三、上诉状的特点

1. 上诉者身份的限定性

提出上诉者必须是当事人或其诉讼权利承担人、法定代理人。特别授权的委托代理人，可以不经过被告人同意而提出上诉；其他近亲属和辩护人未得到被告人同意，即使认为判决或裁定有错误，也无权提出上诉，只能提出申诉。我国法律规定：上诉状必须由诉讼当事人及其法定代理人提起。

2. 内容的针对性

上诉必须是对地方各级人民法院的第一审裁判不服所提起的，上诉状中应指出法院第一审判决认定事实的错误、原判理由的不充足或适用法律的错误。

3. 诉讼的时限性

上诉者必须依照法定程序和期限，向制作第一审裁判的上一级人民法院提出上诉，超过法院规定的有效时间进行上诉被视作服从一审判决。

 写作指导与范例

一、上诉状的写作要点

上诉状由首部、正文、尾部三部分组成。

1. 首部

首部包括标题、当事人的基本情况和案由。

（1）标题。根据具体案件情况，写明诉讼性质与文种，如"刑事上诉状""民事上诉状"或"刑事附带民事上诉状"。

（2）当事人的基本情况。除需注明当事人在一审中所处的地位外，其他与起诉状相同。

（3）案由。这部分应表明案件的性质，概括写明因何事上诉，即不服第一审判决或裁定的原由。通常格式为：因×案不服人民法院于×时、以×字号（×字第×号）发出的判决或裁定而提出上诉。

2. 正文

正文部分包括上诉请求、上诉理由两项内容。

（1）上诉请求。首先概述案情全貌，接着写明原审裁判结果。其次指明是对原判全部或哪一部分不服。最后写明具体上诉请求：是要求第二审人民法院撤销或变更原审判决或裁定，还是请求重新审理。

（2）上诉理由。这是上诉状的关键所在，是证明诉讼请求成立的重要依据。在论证理由上，主要是针对原判，而不是针对被告。上诉理由应全面陈述对第一审人民法院在认定事实和适用法律上的不当或错误，提出事实和理由，包括在一审程序中未提供的事实、理由和证据。主要采用驳论的方法，从四个方面来写：第一，针对原审判决或裁定对事实的认定有错误，出入和遗漏，或证据不足，而提出纠正或否定的事实和证据；第二，针对原审判决或裁定对事实的定性不当，而提出恰当的定性判断；第三，针对原审判决或裁定引用的法律条文不准、不对，而提出正确适用的法律根据；第四，针对原审判决或裁定不合法定程序，而提出纠正的法律依据。

3. 尾部

上诉状的尾部一般包含两部分内容：一是结语和署名、日期；二是附项。上诉状附项写于日期下一行顶格位置。附项包括本状副本份数、物证件数、书证件数等。

离婚上诉状

上诉人：刘春，男，32 岁，汉族，工人，住××区××村 9 栋 2 号；

被上诉人：杨洋，女，28 岁，汉族，无业，住址同上。

上诉人因离婚一案，不服××区人民法院 2021 年 9 月 7 日（2021）×民一初字第 254 号一案判决书，现提起上诉。

上诉请求：双方所生之女刘静随上诉人刘春生活，被上诉人杨洋按每月 1 000 元的金额一次性支付婚生女的抚养费自今年至婚生女 18 周岁时止，共计人民币 118 000 元。

上诉理由：根据《中华人民共和国民法典》第一千零五十八条"夫妻双方平等享有对未成年子女抚养、教育和保护的权利，共同承担对未成年子女抚养、教育和保护的义务。"和《中华人民共和国民法典》第一千零八十五条："离婚后，子女由一方直接抚养的，另一方应当负担部分或者全部抚养费。负担费用的多少和期限的长短，由双方协议；协议不成的，由人民法院判决。"

要求被上诉人一次性支付婚生女抚养费的理由：第一，因被上诉人无固定收入，长期在外地打工、居住，无法联系。第二，被上诉人自婚后一直逃避或拒绝承担子女和家庭的所有费用。其打工所得均用于购买自己的各种养老、医疗保险或存入私人账户。第三，被上诉人获得了上诉人唯一的财产——房产的一半，计 250 000 元，具有一次性支付婚生女抚养费的能力。

现在，上诉人要单独抚养年仅八岁的女儿，实际发生的生活费用、教育费用、医疗费用以及婚生女的保险等费用明显高于上诉人的支付能力。上诉人除了现在居住的房子和抚养的女儿之外，一无所有！上诉人恳请法院判如诉情，不胜感激。

此致
××市中级人民法院

上诉人：刘 春
二〇二一年九月十二日

附：本上诉状副本 1 份

【提示】这份上诉状主要围绕离婚诉讼过程中夫妻双方就子女抚养费用所形成的矛盾与分歧展开，上诉状中诉讼请求适用法律依据准确，合情合理。

二、上诉状的写作要求

（1）上诉状的请求与理由必须针对一审所存在的错误提出。

（2）上诉的事由必须以法律为依据，实事求是。

（3）上诉状必须在一定限期内递交上一级人民法院，过了上诉期限，法院将不予受理。

如果未提交上诉状，判决会在上诉期过了之后自动生效。

实战训练

在本节"话题与案例"中，张先生实际上诉了，就是因为上诉，他为自己赢得了宝贵的时间。在上诉期间，张先生终于找到了有关公证文件，并在二审过程中纠正了一审中对属于自己的婚前财产的错误切割，维护了自身的权益。请代张先生写一份上诉状。

第五节　申　诉　状

话题与案例

小王放暑假在家，邻居张大伯来找小王，请求他代写一份申诉状。说他儿子的二审判决下来了，但他们全家对这一判决不服，想提出申诉。要申诉先要向有关单位递交申诉状。小王学的是非法律专业，对法律专业术语还一时搞不清，不知道该怎么写。要弄清楚怎么写，首先要搞清楚什么是申诉状。

基础知识

申诉状是指刑事案件中的当事人、被害人及其家属或者其他公民，民事案件中的当事人或其法定代理人，对已经发生法律效力的判决、裁定认为有错误而不服，向人民法院或者人民检察院（刑事案件）提出申诉，请求重新审查案件的文书。

当事人或法定代理人如果申诉有理，就会为司法机关所受理。需要指出的是，提交申诉状后并不能停止已生效的判决、裁定的执行。

一、申诉状的作用

申诉是法律赋予当事人、法定代理人及其亲属的一项诉讼权利和民主权利，体现了实事求是、有错必纠的精神，旨在保护当事人的合法权益。

申诉状是当事人及其近亲属或其法定代理人，对已经发生法律效力的刑事判决或民事裁定不服，向人民法院或人民检察院提出的要求重新审理主张的书面材料，具有维护当事人的合法权益和维护司法公正等作用。

二、申诉状的分类

依据申诉状的内容，申诉状可以分为两类：一类是诉讼上的申诉，是指当事人、被害人及其家属或者知道案件情况的其他公民，认为人民法院已经发生法律效力的判决或裁定有错误，向人民法院或者人民检察院提出要求依法处理、予以纠正的行为；另一类是非诉讼上的申诉，是指公民或者企业事业等单位，因本身的合法权益问题不服行政部门的处理、处罚或纪律处分，而向该部门或其上级机关提出要求重新处理、予以纠正的行为。基于此，可以把申诉状分为诉讼上的申诉状（民事申诉状或刑事申诉状）和非诉讼上的申诉状。

依据申诉状的性质，申诉状可分为民事申诉状、刑事申诉状、行政申诉状三类。

民事申诉状是民事案件的当事人，认为已经产生法律效力的判决、裁定有错误，在该

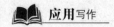

判决、裁定生效后两年内向原审人民法院或上级人民法院提出诉讼，请求复查纠正或重新审理的书面材料。

刑事申诉状是刑事案件的当事人、法定代理人、被害人及其家属或者其他公民，认为已经产生法律效力的判决、裁定有错误，在该判决、裁定生效后两年内向原审人民法院或上级人民法院提出诉讼，请求复查纠正或重新审理的书面材料。

行政申诉状是行政案件的当事人及法定代理人，认为已经产生法律效力的判决、裁定有错误，在该判决、裁定生效后两年内向原审人民法院或上级人民法院提出诉讼，请求复查纠正或重新审理的书面材料。

三、申诉状的适用情形

申诉状一般适用于以下几种情形：有新的证据，足以推翻原判决、裁定；原判决、裁定认定事实的主要证据不足；原判决、裁定适用法律确有错误；人民法院违反法定程序，可能影响案件的正确判决、裁定；审判人员在审理该案时有贪污受贿、徇私舞弊、枉法裁判的行为。

此外，当事人对已经发生法律效力的调解书，提出证据证明调解违反自愿原则或者调解协议的内容违反法律的，可以申请再审。经人民法院审查属实的，应当再审。

当事人申请再审，应当在判决、裁定发生法律效力后两年内提出。

四、申诉状与上诉状的区别

申诉状与上诉状的性质、目的相同，都是对原判不服，要求纠正错误。但两者又有区别：申诉状是针对具有法律效力的判决、裁定进行申诉，上诉状是对未发生法律效力的判决、裁定进行上诉；申诉状没有严格的时间限制，上诉状有时间限制；申诉状可向原判的法院或检察院提出，而上诉状只能向上一级法院提出。

 写作指导与范例

一、申诉状的写作要点

申诉状由首部、正文、尾部和附项组成。其写法除标题与称谓外，其余部分与上诉状相同。

1. 首部

（1）标题。民事申诉状的标题部分可以写申诉状、民事申诉状或再审申诉状；刑事申诉状和行政申诉状的标题可为申诉状或××申诉状。

（2）申诉人的基本情况。包括申诉人的姓名、性别、年龄、民族、职业、工作单位和住所。如果诉讼的原告涉及法人或者其他组织，应注明法人或者其他组织的名称、住所和法定代表人或者主要负责人的姓名、职务、所在地；如果诉讼的原告有代理人，应写明申诉代理人的姓名、单位、代理权限和有关情况（如果是律师，还应写明属于哪个律师事务所）。申诉状可不写"被申诉人"一项，如果写，与申诉人结构相同。

（3）案由。即申诉人因什么案件对哪个人民法院的哪起生效判决或裁定提出申诉。一般表述形式为：申诉人××，对人民法院于何时、以何字号（×字第×号）发出的判决或裁定，提出申诉（或申请再审）。

2. 正文

（1）申诉请求。概括写明申诉人请求人民法院或人民检察院解决的具体问题，并写明是要求撤销、变更原裁判，还是要求查处或再审。

（2）事实和理由。这是申诉状的关键所在。通常先采用综合概述的方法叙述案情事实、原来的处理结果，然后针对原判确有错误的部分进行重点阐述，最后得出申诉人请求重新审理的必然结论。

3. 尾部

写明文书致送的人民法院或人民检察院的名称、申诉人的签名及申诉日期。

4. 附项

申诉状最后一页的左下角写附项，具体包括：原审判决书、裁定书的原件、复印件，本申诉状副本份数，物证件数，书证件数等。

范例8-6

民事申诉状

申诉人：陶××，女，35岁，汉族，××市人，××市××小学教员，住××市××区××路46楼3单元401号。

申诉人因所购车的归属权一案，不服××市××中级人民法院（××）民终字第××号民事判决。现提出申诉：

申诉请求：

我和余××婚姻关系存续期间所购的汽车应判归我个人所有。

事实和理由：

1. 我和余××婚姻关系存续期间所购的汽车，车款是我独自筹措，也由我独自承担偿还的，有债权人吴××、马××证明。

2. 买车时，我的丈夫因不会开车，公开表态：不与我共买此车。我坚持要买，故双方签订了不愿共同买车的声明（声明内容请见附件）。

3. 一审法院只是简单地认定了事实，对我提出的证人证言没有采纳。

4. 夫妻关系存续期间所得财产，应理解为包括双方或一方的劳动所得。如属这样的性质，这辆车应归夫妻所共有。我买的车虽在婚姻关系存续期间，但购车款是由我个人借债来支付的，我靠个人的劳动所得偿还的。一审法院引用有关法律条文，只讲"夫妻在婚姻关系存续期间所得财产，归夫妻共同所有"，是不适当的，忽视了"双方另有约定的除外"这一法律条文。

根据以上理由，敬请××中级人民法院按审判监督程序调卷审理，依法重判，保护当事人的合法权益。

此致

×××中级人民法院

申诉人：陶××

××××年×月×日

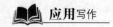

附：1. 证明材料 4 份。

2. 一审判决书副本 1 份。

【提示】这是一份格式规范的民事申诉状。标题明确了诉讼文书的性质，正文的"事实和理由"部分依事据理，举以实证，层层深入，有据有理。

二、申诉状的写作要求

（1）申诉状应附一二审的判决、裁定书的原件或复印件，以便进行核实；申诉状由于是对已经产生法律效力的案件的申诉，所以事实应更清楚、准确，法律根据应更充分、有力。

（2）要依法进行申诉。申诉必须符合法定条件：人民法院已做出裁判并已发生法律效力；裁判确有错误；申请再审必须在法定的两年内提出。

（3）要实事求是。申诉状所列事实必须真实，必须是在案件审理前已经发生的事实；对原审裁定中对的、属实的处理，应承认而不应反驳。

（4）要引用新的证据。尽量列出新证据做后盾，以实证服人。

 实战训练

阅读下面材料，回答问题。

小张大学毕业后到一家服装公司从事销售工作，业绩十分突出。根据合同约定，公司应该给小张 8 万元的奖励，但公司以"一单销售合同给公司造成很大损失"为由拒绝付给小张 8 万元的奖励。为此，小张以"此单合同虽然是自己签订的，但自己对于此单损失没有责任"为由先后两次将公司起诉到法院，结果都败诉。

终审判决生效后，小张找到了两份对自己十分有利的证据：一份是购买以"面料与合同约定不符"为由的退货说明；另一份是公司就这批服装被退货涉及的相关责任人的处罚决定的文件原件，这份决定中所列责任人中并没有小张。

现在，小张要用上面找到的两份证据向人民法院提述申诉，请你替小张拟写这份申诉状。

第六节　授权委托书

话题与案例

张先生组团参加广交会，而公司与消费者因"家乐"健身器质量问题发生争执，并被消费者起诉到当地法院的经济庭，作为该公司的法人代表，张先生无法抽身出庭应诉。在这样的情况下，张先生该怎么办？

基础知识与范例

授权委托书，也叫代理证明书，是指由被代理人出具的、证明代理人具有代理权的书面法律文件。授权委托书的基本内容是授权人将自己在民事、商务或法律诉讼活动中的权利，全部或部分授予代理人行使。

一、授权委托书的种类

（1）根据授权委托书的性质，授权委托书一般分为民事诉讼代理授权委托书和民事行为代理授权委托书。

民事诉讼代理委托书是当事人、第三人、法定代理人委托他人代为诉讼的一种文书，是委托代理人替被代理人进行诉讼的依据。这类代理书的基本内容是授权代理人代行诉讼权利，如查阅案卷、陈述辩论、审查证据等。在实际使用中，这类授权委托代理书写好后，被代理人应当向受理案件的人民法院送交，以证明代理权的确定及其范围。如果代理权变更或解除，被代理人应当书面报告人民法院，并通知有关当事人。案件在审结、裁判或双方和解后，授权委托书的效力即告终结，代理权也同时消失。

民事行为代理授权委托书是指非诉讼性的委托代理文书，由被代理人委托代理人在一定权限范围内进行民事法律行为，如委托他人出卖、管理房屋等。这类授权委托书所委托的权限，应当依法进行，不得违反法律、法规的规定；必须出于被代理人的自愿，代理人不得强行要求代理；委托人委托的代理权限应具体明确，不能笼统含糊。

（2）根据授权行为主体，授权委托书可分为法定代表人授权委托代理书和个人授权委托代理书。

法定代表人授权委托书是企业法人委托他人代为行使某种法律行为的法律文书。法定代表人因事不能亲自实施某种行为时，可以通过授权委托方式，指派他人去办理。这时，就需要制作法定代表人授权委托书，被委托人在授权的范围进行活动，对委托人直接产生法律效力。

个人授权委托书是指公民因为各种原因不能参加诉讼活动或不能直接行使有关民事权利时，委托他人代为参加诉讼活动或行使民事权利的书面证明文件。

（3）根据授权委托书的内容，授权委托书可分为商务授权委托书、房屋出售委托代理书、著作权委托代理书等多种。

二、授权委托书的作用

授权委托书的作用主要体现为以下几点。

（1）授权委托书是代理人行使代理权利的有效证明。实践中，代理人实施代理行为时，只需出具授权委托书，即可表明其代理权的存在，而不必出示委托合同。

（2）授权委托书是委托人行使自己权利的一种形式，是当事人维护自身合法权益、实现各种民事权利的途径。

（3）保证审判工作的正常进行。在审判实践中，常常遇到当事人是未成年人、精神病人、生理上有缺陷的人，也经常遇到由于某种原因不能亲自到庭应诉的人。他们有的还没有诉讼行为能力，有的是丧失了诉讼行为能力；有的虽有诉讼行为能力但或因年迈多病，或因急事外出，或因卧病在床等，不能亲自参与诉讼；或者认为自己不懂法律，对法律或专业术语不其了解，在接受与理解方面存在一定障碍，缺乏娴熟运用的技能技巧；或者认为自己出庭说不清理由，或者法律知识不全；或者由于工作缠身、时空阻隔，分身乏术，或者属于外籍人士，对中国的法律体系不大明白等。在这些情况下，就要书写授权委托书，委托他人代为诉讼。这不仅可以使审判工作正常进行，而且在案件审理中能使事实摆得更

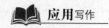

清楚，理由说得更充分，案件的实质提示得更透彻。

三、授权委托书的必备要素

授权委托书必须具备以下几个要素。

（1）代理人的姓名或名称，以及代理事项。

（2）代理权限。代理事项和代理权限应明确、具体，不易发生歧义。依照法律或者惯例应予特别授权的代理行为，代理证书未特别指明的，视为未予授权。委托书授权不明的，既有委托人意思表示不明的责任，也有代理人未提出纠正意见的责任，这种情况下导致的法律责任，代理人和被代理人都要承担。

（3）代理权行使的有效期限。因为代理人实施代理行为时，只需出具授权委托书，只要授权委托书没有收回，委托人又未公开声明授权委托书无效，则代理人持授权委托书实施的法律行为，其法律责任仍归于被代理人。因此，授权委托书必须写明代理权的行使期限。

授权委托书

委托人姓名：张三

工作单位：××大学××××学院　　　　电话：×××××××

受委托人姓名：李四

工作单位：××××律师事务所　　　　电话：×××××××

现委托＿＿＿李四＿＿＿在我与王五关于遗产继承纠纷一案中，作为我的诉讼代理人参加诉讼。委托权限如下：

一、一般代理；（×）

二、全权代理：（√）

1. 参与诉讼；　　　　2. 代为承认、变更、放弃诉讼请求；

3. 代为进行和解；　　4. 提起反诉。

委托人：张三（签名或盖章）

2020 年 5 月 7 日

注：1. 本委托书供公民当事人委托参加诉讼的委托代理人用。

　　2. 本委托书由委托人签名或盖章后递交人民法院。

【提示】该文严格按照授权委托书的具体格式书写，要点清楚，言简意赅；授权事项与范围清楚明白，准确无误地交代了委托人与被委托人的责、权、利。

 **写作指导**

一、授权委托书的写作要点

（一）民事诉讼代理授权委托书的写作要点

民事诉讼代理授权委托书一般由标题、委托人和受委托人的基本情况、委托代理事项和签署四个部分组成。

1. 标题

授权委托书的标题一般十分简洁，直接写"授权委托书"即可。

2. 委托人（被代理人）和受委托人（委托代理人）的基本情况

委托人（被代理人）和受委托人（委托代理人）的基本情况包括姓名、性别、年龄、民族、籍贯、职业、住址。

受委托人可以是当事人的近亲属，即夫妻、父母、成年子女和兄弟姐妹，也可以是律师、人民团体和当事人所在单位推荐的人，或是人民法院许可的其他公民。未成年或被剥夺政治权利的人，不能担任代理人；参与案件审理的审判员及其近亲属，不能担任本案的代理人。

3. 委托代理事项

委托代理事项部分一般分两个层次来写：一是点明委托代理事项，即要写明案件的名称，如离婚案、物业纠纷案、继承案或是经济合同纠纷案等；二是具体说明委托的事项和权限。诉讼授权委托书应说明是特别授权委托或一般委托。如果是特别授权委托，应说明"代为承认、放弃、变更诉讼请求，进行和解，提起原诉或者上诉"。其目的是明确责任，以便受委托人按委托人明确的委托权限进行诉讼。如有超越代理权限的行为，对委托人不发生效力。

按照诉讼授权委托书中所规定的代理权所实施的一切诉讼行为，其法律后果均由委托人承担。因此，诉讼授权委托书在具体说明委托事项和权限时，其法律用语的含义应十分明确，不能笼统。

4. 签署

委托人和受委托人分别签名或盖章，注明具文日期（年、月、日）。

（二）民事行为代理授权委托书的写作要点

民事行为代理授权委托书也由以上四个部分组成，其写法大致与诉讼代理相似，主要区别在于委托代理事项部分。如果是一次性有效的委托书，应当规定实施某一特定行为的权限；如果是专门委托书，应当规定在某一时期内实施同一行为的权限（如某企业委托某人出卖产品的委托书）；如果是全权委托书，应当规定实施由于经营财产所产生的各种法律行为的权限（如全权代理处理房产的委托书）。

二、授权委托书写作注意事项

（1）授权委托书的主要作用是证明受委托人的身份，并把委托人的部分权利通过授权委托书赋予受委托人，因而对受委托人身份的认定就至关重要。哪些权利能授予，哪些权利不能授予一定要搞清楚。同时在保障委托人最大利益的前提下，也不排除授予受委托人有限度地灵活处理有关事务的权利。

（2）委托的事项一定要写明确、具体。应当注意的是，在民事代理中，代理人受托的事项必须是具有法律意义的、能够产生一定法律后果的民事行为。我国《民法典》明确规定："依照法律规定或者按照双方当事人约定，应当由本人实施的民事法律行为，不得代理。"如具有人身性质的遗嘱、收养子女、婚姻登记等法律行为。

（3）委托的期限一定要写明起与止的时间。

（4）特别授权委托书如果是公民之间的，应当办理公证，以确保委托行为的真实性、

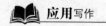

合法性。

（5）授权委托书要由委托人签名或盖章，否则就不能发挥其民事或法律效力。

实战训练

授权委托书是使用频率比较高的法律文书，凡是自己享有的各种权利需要行使而自己不便行使或无法行使时，可以采用授权委托的办法使自己的权利得以行使。比如书法家，当自己的书法作品要寻求发表机会而自己又缺乏这方面的途径时，可委托他人来行使自己的著作权。假定你是一个书法家，就自己书法作品著作权的行使问题拟写一份授权委托书。

第九章 >>

实习与毕业考核应用文

在完成大学学业的过程中，不论是哪个专业的学生都必须会写实习报告、自我鉴定和毕业论文三种应用文体，理工类及需要完成毕业设计的学生还必须会写毕业设计报告。

在这一章中，我们将详细地介绍实习报告、自我鉴定、毕业论文和毕业设计报告四种文体的写作知识与写作要点。

第一节 实习报告

话题与案例

实习是把学到的理论知识拿到实际工作中去应用和检验，是学生在校期间的一种实战性技能培训。实习对于大学生来讲，主要有四个方面的作用：一是验证自己的职业兴趣，培养职业意识；二是了解目标工作内容，在知识与能力方面查漏补缺；三是熟悉工作规程、学习企业标准；四是培养实际工作能力。实习结束，按照规定，每个学生都要写实习报告。那么，实习报告都写些什么呢？

基础知识与范例

实习，是大学生在校期间由学校组织或个人联系，到工作岗位参加社会实践的过程。实习结束时，对实习过程、结果及体会用书面文字写出来就是实习报告。

一、实习报告的特点

1. 作业性
实习是教学过程中理论联系实际的一个重要环节，实习结束后写作的实习报告实际上是学生上交给学校和指导老师的一次作业。

2. 实践性
实习实际上是通过实践检验自己的专业知识的掌握情况，是专业知识的应用实践活动。实习报告是对专业知识初步应用于实践的一种总结，其撰写必须以实习实践为基础，体现所掌握的基础理论和专业知识在实际工作中的应用情况，必须写出自己在实习过程中的感悟、体会和收获，以及对本专业的进一步认识。

257

3. 总结性

实习报告的实质是对实习工作的一种总结,其重点是写出参加实习后自身经历过什么、收获过什么、感受到什么。

4. 概括性

实习报告要记录实习的过程,但是要有目的、有重点地记录,不能事无巨细、有事必录,是用概括的方式总结实习过程的点点滴滴,反映将知识化为能力的过程。

二、实习过程的记录

丰富的第一手资料是写好实习报告的基础。要写好实习报告,必须注意做好各种实习记录,特别是注意记录以下内容。

(1)在实习期间,学习了哪些内容,采用了什么学习方式,学习后的效果如何,对自己专业知识和实践能力的提高有什么帮助。

(2)专业知识在工作中是如何灵活运用的。比如法律专业,注意法官或法律工作者在执法过程中是如何灵活运用法律条款,以及如何运用法律以外的手段解决民事纠纷,提高结案率的。

(3)观察周围同事是如何处理问题、解决矛盾的。实习是观察体验社会生活,将学到的理论知识转化为实践技能的过程,所以既要体验又要观察。从同事、前辈的做法中去学习,以此作为自己行为的参照。

(4)实习单位的工作作风、工作纪律、办事规程等对自己的启示或启发。

📖 写作指导

一、实习报告的内容要素与写作要点

实习报告一般由标题、前言、主体、结尾四部分构成。

1. 标题

实习报告的标题一般有三种写法:一是可以直接用"实习报告"四个字作为标题;二是由实习报告的性质加"实习报告"组成,如《毕业实习报告》;三是由实习的岗位名称加"实习报告"组成,如《秘书岗位(工作)实习报告》。

2. 前言

前言部分一般简要叙述实习的目的、意义和要求,扼要介绍相关的知识背景,实习的时间、地点或实习单位和部门,主要实习内容,以及自己的实习表现等。

3. 主体

实习报告的主体部分具体写实习内容、主要做法和实习结果。

叙述实习内容,重点放在如何将所学理论知识应用到实际工作中,包括向他人请教和学习工作方法等。

叙述实习结果,一是要突出实习体会和经验,二是要对实习中发现的问题进行分析,提出解决问题的对策、建议等。

4. 结尾

在写感受和体会的基础上,写本次实习对今后的学习及将来走向工作岗位会产生哪些影响等。

二、实习报告写作的要求

1. 要如实报告

实习报告要反映实习活动的真实过程，用事实来验证和丰富所学的理论知识，描述自己获得的经验和体会。

2. 要突出重点

实习报告不是工作日记，不能事无巨细，要围绕报告的主旨，突出重点。

3. 要条理清晰

写作实习报告，要对材料、数据、事例等分层次、按顺序、按类别地加以归纳、提炼，确保条理清晰。

4. 选好下笔的角度

实习报告要根据个人的实际情况，选择好报告的角度和内容，可全面记录实习情况，也可着重记录某一方面的具体情况。

实战训练

××学院中文系学生张林毕业前夕被安排到一家出版社实习。实习期间，他积极认真、勤奋好学，在工作中遇到不懂的地方，就虚心向富有经验的前辈请教；与周围的人和谐相处，遵守各项规章制度。在一个多月的实习时间里，他将所学的知识灵活应用到具体的工作中去，很好地完成了指导老师交给的工作任务，自觉收获很大。与此同时，他还发现了自己在知识和能力两个方面的薄弱点，决定在今后的学习中弥补和加强。

请根据以上情况，帮张林拟写一份实习报告。

第二节　自我鉴定

自我鉴定

话题与案例

大学毕业前，每个同学都要填写一份"毕业生登记表"，其中有一栏"自我鉴定"是很多同学都感到较难填写的。主要表现为两点：一是不知道写什么内容；二是不知道怎样写好。于是，有的同学干脆随便填写一下了事。这是对自己极不负责任的一种做法，因为"毕业生登记表"是要进入个人档案的，"自我鉴定"是别人对你进行考察的重要参考，可能会影响你一生的职业选择与发展。

基础知识与范例

自我鉴定是对自己在一个时期或一段时间里的生活、学习和工作等各方面的表现情况进行的自我总结和自我评价。自我鉴定将同组织鉴定、学习成绩单、学位学历证明等一起归入个人档案，同时自我鉴定也是给用人单位的第一印象材料，所以每个同学都应该高度重视，实事求是、恰如其分地写好自我鉴定。

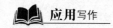

一、自我鉴定的基本内容

自我鉴定一般包括以下四个方面的内容。

1. 思想政治方面

思想政治方面主要包括对国家在新时期的路线、方针、政策的认识和态度，以及在各项社会活动中自己的思想认识和表现等。

2. 道德风尚方面

道德风尚方面主要包括能否自觉遵守公共行为准则和学校的各项规章制度，以及尊敬师长、团结同学、爱护集体、遵守公共道德等方面的情况。

3. 学习和健康方面

学习和健康方面主要包括学习目的、学习态度、学习成绩，以及重视课外体育锻炼、身体健康、心理健康等方面的情况。

4. 存在的主要缺点和今后的努力方向

大多数毕业生在谈到自己的优点时，往往会列举许多事例，并且津津乐道，可一旦说到缺点时，则往往避重就轻，好像说到缺点就意味着一个人犯有严重错误似的。事实上，每个人都有优点和缺点，所谓缺点是指不足之处，不一定就是原则性的问题，完全可以坦言。不过表达时定义要准确，用词要恰当。

二、自我鉴定的作用

（1）总结以往思想、工作和学习情况，展望未来，克服不足，改进今后工作。

（2）帮助领导、组织了解自己，提前做好入党、入团、求职、职称评定、职位晋升等方面的材料准备。

（3）重要的自我鉴定将成为个人生活中一个阶段的小结，被收入个人档案后具有史料价值。

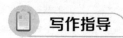 写作指导

一、自我鉴定的格式及写作要点

自我鉴定篇幅短小，语言概括、简洁，具有评语和结论性质。一份完整的自我鉴定一般由标题、正文和落款三部分构成。

1. 标题

自我鉴定的标题有两种形式：一是内容性质加文种构成，如《××××学年教学工作自我鉴定》。二是用文种"自我鉴定"作标题。如果是填写自我鉴定表格，则不写标题。

2. 正文

正文一般由前言、优点、缺点、今后打算四部分构成。

（1）前言。概括全文，常用"本学年个人优缺点如下""本期业务培训结束了，为了发扬成绩、克服不足，以利于今后工作、学习，特作自我鉴定如下"等习惯用语引出主要内容。

（2）优点。一般按政治思想表现、工作、学习等方面的内容逐一写出自己的成绩和长处。

（3）缺点。一般从主要缺点写到次要问题，或只写主要的，次要问题一笔带过。

（4）今后打算。用简洁明了的语言概括今后的打算，表明态度，如"今后我一定×××，争取进步"等。

自我鉴定的正文可用一段式，也可用多段式，要实事求是、条理清晰、用语准确。

3. 落款

在右下方署明鉴定人姓名，并在下面注明年、月、日。

二、怎样写好自我鉴定

（1）要认真听取老师和同学们的意见。老师看问题比较透彻，对学生的各方面情况有比较全面的了解；同学之间朝夕相处几年，互相之间比较了解，临别之际，也能讲肺腑之言。听取他们的意见，对写好自我鉴定会有一定的帮助。

（2）自我鉴定必须写实，使人看了鉴定如见其人，能依据自我鉴定判断你的品质、能力、性格等。

（3）态度要端正，字迹要工整。有些同学对自我鉴定不太重视，常常是条理不清，文笔不畅，字迹潦草，口号连篇，马马虎虎，敷衍了事。这种鉴定给人留下的印象或是缺乏责任心，或是玩世不恭，或是水平不高，会让人怀疑写作者的能力。

大学毕业生自我鉴定

在过去的四年时间里，经过市场营销专业的学习，以及在商品房销售方面的实习实践，我对营销这一职业产生了浓厚的兴趣，从业心理更加成熟，职业志向更加坚定。

这四年中，我不仅掌握了市场营销的专业理论知识，而且通过实习实践培养了一定的营销技能。与此同时，自己的计算机应用水平、英语水平、社交能力都有了很大程度的提高。

本人吃苦耐劳，工作积极主动，勤奋诚实，具备团队协作精神；身体健康、精力充沛，能够适应高强度的工作。

我的生活准则是：认认真真做人，踏踏实实做事。我的最大特点是：勇于拼搏，吃苦耐劳，不怕困难。特别要说的是，我有强烈的事业心、高度的责任感和团队合作精神。

杨 华
2022 年 4 月 16 日

【提示】这份自我鉴定紧扣自己的专业来写，写得具体、实在，层次清晰，主旨明确、突出。

黑格尔的鉴定

健康状况不佳，中等身材；不善辞令，沉默寡言；天赋高，判断力健全，记忆力强；文字通顺，作风正派，有时不太用功；体质一般；神学有成绩，虽然定式讲道不无热情，但看来不是一名优秀的传教士；语言知识丰富，哲学上十分努力。

【提示】这是 1793 年黑格尔从图宾根神学院毕业时，神学院给黑格尔的评语，短短的几十个字使黑尔格形象地站在了我们面前。从对黑格尔的评语中可以得到一点启示：只有把一个人真实的优点和缺点都写出来，才能客观全面地把一个人的面貌反映出来，从而避免或减少用人上的失误。

实战训练

大学生毕业时都要写自我鉴定，这份鉴定要归入个人档案，所以一定要写好它。毕业自我鉴定写什么？说简单一些就是对自己进行自我评价，看自己是否达到了一名合格大学毕业生的要求。这其中包括自己在知识与技能、思想品德修养、人文素质以及身体和心理素质等各个方面所达到的程度。请根据提示，假如自己是一个即将毕业的学生，为自己拟写一份自我鉴定。

第三节　毕业论文

话题与案例

大学毕业前，每个人都要写毕业论文，这是检验大学生知识掌握程度、考察其分析问题和解决问题能力的综合测试。那么，怎样才能写好毕业论文呢？

基础知识与范例

毕业论文是高等院校的学生在系统学习了所修专业开设的全部课程，经过一定的实习和综合实践活动之后，针对某一问题，运用自己所学专业知识进行理论探讨或实践研究，在此基础上写出来的具有作业性质的论文。

毕业论文是大学生完成学业的标志性作业，是对大学学习的综合性总结和检验，是大学生从事科学研究的初步尝试，同时也是检验学生掌握知识程度、考察其分析问题和解决问题能力的一个综合测试。

一、毕业论文的特点

毕业论文是一种特殊的学术论文，它既有学术论文的共性，又有自己的特殊之处。毕业论文具有以下几个特点。

1. 科学性

所谓科学性，就是毕业论文所阐述的理论要有大量的事实和实验结果作为依据，关于解决某一实际问题所持的观点、见解必须有科学理论作为根据，能够反映事物发展的客观规律，能经得起实践的检验。

科学研究的目的在于揭示事物发展的客观规律，得出真理性的结论，帮助人们认识世界、改造世界。毕业论文的写作过程实际上是一个研究、探讨过程和对研究情况进行记录的过程，这就要求写作者必须本着实事求是的态度，对客观事物进行深入、细致、周密的观察、研究、分析和总结，寻找规律、揭示本质，得出真理性的结论。

2. 理论性

毕业论文的理论性首先表现在其论述的系统性和完整性上。毕业论文的写作过程也是一个从感性认识到理性认识的过程，从问题的提出、材料的分析，到结论的获得要进行科学系统的推理，过程必须严谨、完整。其次，论文的观点反映的是客观事物发展的规律和本质，有一定的深度。它是在对事物表面现象感性认识的基础上上升到理性认识，通过对具体材料的分析、具体问题的论证抽象出具有普遍性、规律性的深层次的东西。

3. 创造性

所谓毕业论文的创造性，是指论文中要提出新问题，解决新问题，得出新观点，即在原有理论的基础上要有新发现、新见解，解决实际问题要有新思路、新办法。

4. 习作性

大学生撰写毕业论文就是运用已有的专业基础知识，独立地进行科学研究活动，分析和解决一个理论问题或实际问题，是把知识转化为能力的实践训练。写作的主要目的是培养学生综合运用所学知识解决实际问题的能力，为将来作为专业人员写学术论文做好准备。从这个意义上讲，毕业论文实际上是一种习作性的学术论文。

5. 层次性

与学术论文相比，毕业论文的要求要低一些。专业人员的学术论文是为了记载和表述科研成果而撰写的，一般反映某专业领域的最新研究成果，具有较高的学术价值。而大学生的毕业论文是一种作业性质的论文，要求大学生完成毕业论文的主要目的是培养学生独立进行科学研究的能力、掌握科学的思维方法和形成科学的思维方式等。

6. 考查性

毕业论文作为大学生毕业前的最后一次综合性作业，旨在考查毕业生对专业知识的掌握情况，检验其运用所学专业知识进行科学研究及解决实际问题的能力。毕业论文不仅能反映写作者专业知识的掌握情况和运用能力，而且可以反映写作者的思维能力、创造能力、文字表达水平等。

二、毕业论文写作的意义

指导学生撰写毕业论文是高等学校教学的一个重要环节，其目的在于培养学生运用所学知识分析和解决实际问题的能力。具体地讲就是：传授给学生科学的思想、方法，培养学生科学思维的能力，最终使学生具备运用所学知识解决实际问题的能力和科学研究的能力。与此同时，培养学生的创新意识、创新能力和获取新知识的能力，以及严谨、求实、刻苦钻研和勇于探索的精神。

毕业论文不是一项单纯的作业，而是培养学生各方面能力的一项综合训练。撰写毕业论文是促使学生将所学知识向实际运用能力转化的一条重要途径。

三、毕业论文写什么

有相当一部分同学提起写毕业论文就头疼，最根本的原因是对毕业论文写什么感到很茫然。其实毕业论文所写的内容无非三种情况：一是解决学科中某一问题，用自己的研究成果加以回答；二是只提出学科中某一问题，综合别人已有的结论，指明进一步探讨的方向；三是对所提出的学科中的某一问题，用自己的研究成果给予部分的回答。

毕业论文写作的核心是对客观事物进行理性分析，指出其本质，提出个人的学术见解

或解决某一问题的方法和意见。其写作过程也很简单——毕业论文具有议论文的一般特点，由论点、论据、论证三大要素构成。

毕业论文注重对事物的理性分析，在大量事实和实验数据的基础上，通过深入细致的分析和严密的推理，得出令人信服的科学结论。

四、毕业论文的种类

（一）按内容性质和研究方法，毕业论文可分为描述性论文和理论性论文

描述性论文主要通过对事物本身所表现出来的各种现象的客观记录和描述来显示事物的本质，揭示事物自身的内部规律，其中所提出的基本观点和得出的结论是依据事物本身表现出来的各种现象而做出的判断。

理论性论文有两种：一种是以纯粹的理论为研究对象，研究方法是通过严密的逻辑推理和数学运算得出结论，有时也涉及实验与观测，用以验证论点的正确性；另一种是以对客观事物和现象的调查、考察所得资料及有关文献资料、数据为研究对象，研究方法是对有关资料进行分析、综合、概括、抽象，通过归纳、演绎、类比，提出某种新的理论和新的见解。

（二）按论证方式，毕业论文可分为立论性的毕业论文和驳论性的毕业论文

立论性的毕业论文是指从正面阐述、论证自己的观点和主张；驳论性的毕业论文是指通过反驳别人的论点来树立自己的论点和主张。

（三）按研究问题的大小，毕业论文可分为宏观论文和微观论文

凡属全局性、带有普遍性并对局部工作有一定指导意义的论文，称为宏观论文。它研究的面比较广，具有较大范围的影响。反之，研究局部性、具体问题的论文，称为微观论文，它对具体工作有指导意义，影响的面窄一些。

（四）按综合因素，毕业论文可分为专题型论文、论辩型论文、综述型论文和综合型论文

1. 专题型论文

专题型论文是指在分析前人研究成果的基础上，以直接论述的形式发表见解，从正面提出某学科中某一学术问题的一种论文。

2. 论辩型论文

论辩型论文是指针对他人在某学科中某一学术问题的见解，凭借充分的论据，着重揭示其不足或错误之处，通过论辩形式来发表见解的一种论文。

3. 综述型论文

综述型论文是指在归纳、总结前人或今人对某学科中某一学术问题已有研究成果的基础上，加以介绍或评论，从而发表自己见解的一种论文。

4. 综合型论文

这是一种将综述型和论辩型两种形式有机结合起来写成的一种论文。

📖 写作指导

毕业论文的写作过程可以分为三个阶段：准备阶段、写作阶段、修改定稿阶段。

一、准备阶段

准备阶段包括选择课题、研究课题和谋篇布局三个部分。

1. 选择课题

选择毕业论文的论题也就是确定"写什么"，要围绕什么问题展开研究和论证。选题是毕业论文写作的第一步，也是非常关键的一步，选题的成败直接关系着毕业论文写作的成败及论文的价值。一般来说，选题应该遵循以下几个原则。

（1）价值性原则。即要选有价值的课题。这里讲的价值，包括实用价值和理论价值。实用价值是指所研究的课题应该是和现实生活密切相关的，是现实生活中亟待解决的问题。一切研究的目的是更好地认识世界、改造世界，以推动社会的不断进步和发展。因此，毕业论文的选题，必须以促进科学事业发展和解决现实问题作为出发点和落脚点。理论来源于实践，而理论的研究可以反过来指导实践，为实践服务。因此，课题研究首先要与实践结合起来。

科学研究着重探讨事物发展的客观规律，是在事实的基础上以逻辑思维的方式展开严谨的推理过程，得出可靠的结论。一些选题的研究结论可能一时还不能运用于实践，但可以帮助解决其他方面的理论难题，或可作为其他理论成立的依据，对科学或文化的发展起到推动作用，这便体现为它的理论价值。

坚持价值性原则选题，一般应从以下三个方面来着手。

① 要从现实中所存在的问题入手来选题。学习了专业知识，不能仅停留在书本上和理论上，要理论联系实际，用已掌握的专业知识去解决现实中亟待解决的问题。

② 从学科研究的空白处和学科边缘处寻找课题。任何学科都有研究的空白处，从这些空白处做文章，容易找到有价值的研究课题。另外，每一门学科的边缘处常常存在大量需要研究和解决的问题，着眼于此，很容易有所发现。

③ 从发现前人研究的不足和错误入手来选题。在前人已经研究的课题中，大量存在因受当时条件局限，研究不透彻、片面甚至错误的问题，随着社会的不断发展，对前人关于这些问题的研究进行补充和完善，这种补充性或纠正性的研究课题，也是很有价值的。

（2）可行性原则。毕业论文能否顺利完成，取决于主观和客观两个方面的条件。因此，在选题时一定要结合自己对专业知识的掌握程度及自己分析问题、解决问题的能力来选择难易适中的课题。与此同时，还要考虑有无充足的相关资料——资料是写作的基础，资料不足很难写出像样的论文。

（3）创新性原则。在选题时要尽量选择比较有新意的课题，选择能提出新的观点、新的见解的课题。比如说，开辟别人从未涉足的领域；对旧的课题运用新的论据重新论证；推翻已有的定论等。

2. 研究课题

选好课题后，接下来的工作就是研究课题。研究课题主要包括：搜集资料、研究资料、明确论点和选定材料。

（1）搜集资料。搜集资料是研究课题的基础工作。搜集资料有三个途径：一是查阅图书馆、资料室的资料。查阅资料时要熟悉、掌握图书分类法，要善于利用书目、索引，要熟练地使用各类工具书，如年鉴、文稿、表册等。二是做实地调查研究。调查研究能获得最真实、最可靠、最丰富的第一手资料。调查研究要做到目的明确、对象明确、内容明确。调查可采用的方法有：普遍调查、重点调查、典型调查、抽样调查。三是实验与观察。实

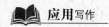

验与观察是搜集科学研究数据、获得感性知识的基本途径，是形成、产生、发现和检验科学理论的实践基础。

常用的搜集材料的方法有：① 复印法，即用复印机把所需资料复印下来；② 剪贴法，即将所需资料从报纸刊物上剪下来集中贴在笔记本上；③ 笔记法，即在阅读时记录所需资料的内容，也可将阅读的感想、体会及时写出来；④ 做卡片，即将原文的片段、观点、结论等写在卡片上，以便分类、保存、查找。

（2）研究资料。研究资料是研究课题的重点工作。研究资料的主要目的是判定资料的价值和对资料进行分类。这就要求对已经搜集到手的资料进行通读、选读和研读。通读是对搜集到的所有资料进行浏览，判定其价值大小，对其进行分类；选读是在通读的基础上对有用的部分或有用的内容进行再阅读，以便对其价值做出更为准确的判断；研读是对与研究课题有关的内容进行全面、认真、细致、深入、反复的阅读，目的是从中发现研究问题的线索，理顺研究问题的思路。

对材料进行通读、选读和研读的最终目的是对所搜集到的材料进行鉴别。所谓鉴别，就是对材料的认识——对材料表象和实质的认识、典型和一般的认识、真伪主次的认识、本质义和旁属义的认识等。

（3）明确论点和选定材料。这是研究课题的核心工作。论点是在对材料分析、研究的基础上确立起来的。一篇成功的论文，其中心论点与分论点共同构成一个完整的体系，即毕业论文论点的确立就是从整体上确立一个论点体系——首先要确立文章的中心论点，接着确立支撑中心论点的分论点，并依据写作的目的将各个分论点合理地组织起来。

论点确定之后，接下来的工作就是围绕论点来选择典型的、真实的、可靠的材料。

3. 谋篇布局

所谓谋篇布局，就是考虑和安排文章的整体结构。结构是文章的骨架。确定了主题，选定了材料，接着就要把文章的框架搭起来。一般来说，毕业论文是遵循"提出问题、分析问题、解决问题"这样一个顺序来安排结构的，开头处有摘要，结尾处有结论，当然也不能一概而论。但是不管怎么安排，都必须做到脉络清楚，逻辑推理严密；有详有略，重点突出；层层深入，行文流畅，赏心悦目。

安排结构的基本要求是：要围绕中心论点安排结构；层次清楚，条理清晰；各部分内容之间有着密切的联系，全篇论文形成统一的整体。

（1）毕业论文的几种结构类型

毕业论文的结构主要有三种类型：纵式结构、横式结构和纵横式结构。

① 纵式结构。纵式结构是清晰地体现总论点、分论点和小论点三者层次关系及分论点之间、小论点之间逻辑顺序的一种结构形式。

一篇论文为了阐述总论点，要列出几个分论点，每个分论点扩展为一个部分，各个分论点之间、各个部分之间应有内在的逻辑联系。每个分论点又分为几个小论点，每个小论点又扩展为一段，各个小论点之间、各个段之间也应有内在联系。这样，全篇论文的纵向逻辑关系便体现出来了，并且形成完整而严谨的结构。

② 横式结构。横式结构是把每一个完整的论证单元作为一个部分，将各个部分按并列式或近似于并列式的关系排列起来的一种结构形式。所谓一个完整的论证单元，是指一个分论点及其论据借助于论证凝聚而构成的一个相对完整的部分。

论文要有很强的说服力，就必须做到论点明确、论据充分、论证严密，充分揭示出论点和论据的必然联系。首先，只有把总论点和材料有机地结合起来，论文才有生命力，才能收到令人信服的效果。其次，处理好分论点和材料的关系以及小论点和材料的关系，通过直接证明分论点或小论点，间接地为突出总论点服务。

③纵横式结构。这是毕业论文采用最多的一种结构形式，其特点是既体现出总论点、分论点和小论点三者的层次关系，又体现出各个部分之间的紧密联系。这种结构的论文，有的以纵向展开为主，有的以横向展开为主。以纵向展开为主的论文，以"总论点、分论点、小论点"为主脉，各个部分的内部结构关系又是分层并列式的；以横向展开为主的论文，从大的层面上看，各个部分之间是一种并列式或近似于并列式的关系，而各个部分的内部结构又是按照"提出问题、分析问题、解决问题"这样的顺序来安排的。

（2）以意为线，首尾贯通

一篇论文要用到的材料很多，安排不好，就会使文章显得杂乱无章，设置行文线索是解决这一问题最为有效的办法。毕业论文写作最好的行文线索是文章的"意"，即文章的中心论点。抓住中心论点，紧扣不放，一线到底，中途不转换论题，不停滞、不跳跃，就能使论文首尾贯通、中心突出。

一篇论文，从思想的表达来说，意思要一层一层地讲，讲透了一层再讲另一层。开头提出的问题，文中要有分析，结尾要有回答，这样文章就显得逻辑严密、论证透彻、令人信服。

（3）层次清楚，条理清晰

层次清楚、条理清晰是对毕业论文结构安排最基本的要求，达到了这一要求，文章就能给人以十分清晰而深刻的印象。而要做到层次清楚、条理清晰，首先要处理好材料之间的关系。一般来讲，写进毕业论文中的材料之间具有以下几种关系：①平行关系。文章各部分材料之间，没有主从关系，在顺序上谁先谁后都可以，影响不大。②递进关系。文章各部分材料之间是一种一层比一层深入的关系，颠倒了就会造成逻辑混乱。③接续关系。前一部分与后一部分有直接的逻辑联系，前一层的未尽之意有待后面续接。④对立关系。文章论述的事理是对立统一体，其中包括正与反、表与里、前与后、质与量、胜与负、成绩与缺点等。它们既有联系又有区别，论述时首先要明确它们是辩证的统一，不能强调一面而忽略了另一面。

二、写作阶段

一篇完整的毕业论文通常由标题、内容摘要、目录、关键词、绪论、本论、结论和参考文献等部分组成，各部分的写作要点如下。

1. 标题

关于"标题"一词，《现代汉语词典》是这样解释的："标明文章、作品等内容的简短语句。"从这一解释可以得到这样的启示：毕业论文的标题要能够揭示文章的主旨或者概括文章的主要内容，或者能够体现作者的写作意图。一句话，毕业论文的标题必须具有"窗口"的作用，能够使人透过它了解文章的基本内容、主要观点或作者的写作意图等。

与一般文章标题不尽相同，论文的标题常常是由多种标题构成的一个标题系统。一般情况下，毕业论文的标题由总标题、副标题和分标题几个部分构成。

（1）总标题。总标题是论文标题的第一层次，犹如一篇论文的"眼睛"，能够揭示论文的主旨、高度概括全文内容，或集中体现作者的写作意图。总标题最常见的写法有以下几种。

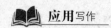

① 点睛式标题。这种形式的标题高度概括全文内容，或直接揭示文章的中心论点，便于读者把握全文内容和主旨，明确作者的写作意图，如《试论理科教学模式在语文教学中的应用》《浅谈"课堂教学节奏"对教学效果的影响》等。

② 问题式标题。问题式标题通常采用一个设问句来揭示作者的观点或文章的主要内容，具有提请读者注意、启发读者思考的作用，如《怎样快速提高语文能力》《写作能力的核心是什么》等。

③ 提示式标题。当一篇论文的主旨不好用一句话来揭示或者其内容不易用一句话来概括时，可以采用这种标题形式对文章内容的范围做出提示，如《大学生人文素质培养散议》《高职院校学生厌学情绪的理性分析》等。

④ 判断式标题。定义和判断是揭示概念本质内涵的重要方法，采用判断句作论文的标题，能够揭示和凸显文章的主旨，如《诵读是最好的语文学习方法》《思想博大是写作能力的基石》等。

（2）副标题和分标题。为了点明论文的研究对象、研究内容、研究目的，对总标题加以补充、解说，有的论文还可以加副标题。

设置分标题是论文写作过程中安排结构的一种重要方法。分标题的设置，可以使文章层次清晰、条理清楚、主旨突出。每一个分标题都是其所对应内容的高度概括或分论点的凸显。

对于毕业论文标题拟写的要求主要有三点：一是要明确，即能够揭示论点或文章的主要内容，使人看了标题便知晓文章的主要内容及作者的写作意图。二是要简练。论文的标题不宜过长，过长了容易使人产生烦琐和累赘的感觉，得不到鲜明清晰的印象。此外，标题也不能抽象和空洞，以免使读者费解。三是要新颖。标题和文章的内容、形式一样，应有自己的独特之处，要做到既不标新立异，又不落窠臼，能够引人入胜，赏心悦目。

2. 目录

一般来说，篇幅较长的毕业论文，因其内容的层次较多，整个理论体系较庞大、复杂，通常设目录。设置目录的主要目的如下。

（1）使读者能够在阅读该论文之前对全文内容有一个大致的了解，以便其决定读还是不读、是精读还是略读等。

（2）为读者选读论文中的某个部分提供方便。长篇论文，除中心论点外，还有许多分论点，各个分论点标明了各部分的具体内容。当读者需要重点了解某个问题时，就可以依靠目录来选择，这样可以节省时间。

目录一般放在论文正文的前面，可以说是论文的导读图。要使目录真正起到导读的作用，必须注意以下几点。

（1）准确。目录必须与全文的纲目相一致。也就是说，论文的标题、分标题与目录存在一一对应的关系。

（2）清楚无误。目录应逐一标注该行目录在正文中的页码，标注页码必须清楚无误。

（3）完整。目录既然是论文的导读图，就必须具有完整性。也就是说文章的各项内容，都应在目录中反映出来，不能遗漏。

目录有两种基本类型：一是用文字表示的目录；二是用数码表示的目录（这种目录较少见）。

3. 摘要

摘要就是内容提要，它是以通俗、简洁的语言对全文内容进行的高度概括。论文的主要内容、中心论点、所反映的主要研究成果及作者的独到见解等，都应该在摘要中体现出来。好的摘要是一篇具有独立性的短文，便于索引与查找，易于作为一种信息收录到大型资料库中。摘要在信息交流方面具有至关重要的作用。毕业论文摘要的写作有以下几个要求。

（1）字数有限定。论文摘要分为中文摘要和外文（一般为英文）摘要两种，在篇幅方面有限定，通常中文摘要不超过 300 字，英文摘要不超过 250 个实词，中英文摘要应一致。

（2）摘要必须写成完整的短文，可以单独使用，即要求不看论文全文，仍然可以了解论文的主要内容、作者的观点和课题研究所要达到的目的、课题研究所采取的方法、研究的结果与结论等。

（3）叙述完整，突出逻辑性，结构要合理。

（4）文字简明扼要，只提取论文中的重要内容，不加评论和注释；采用直接表述的方法，删除不必要的修饰；不含与此课题无关的内容，做到用最少的文字提供最大的信息量。

（5）摘要中不使用特殊字符、图表和公式及由特殊字符组成的数学表达式等，不列举例证。

一份完整的论文摘要应该由目的、方法、结果和结论四个要素构成。目的部分包括课题研究的范围、目的、重要性、任务和前提条件；方法部分简述课题研究的过程，研究的主要内容，在研究过程中所做的工作，包括对象、原理、条件、程序、手段等；结果部分重点陈述研究的重要发现、最新成果及所取得的成果的价值，包括通过调研、实验、观察取得的数据；结论部分通过对这个课题研究所得出的重要结论（包括从中取得证实的正确观点）的分析研究，预测其在实际生活中运用的意义以及理论与实践相结合的价值。

摘要作为一种特殊的陈述性短文，其写作必须以论文为基础。首先，从摘要的四要素出发，通读论文全文，将文中的重要内容一一列出，特别是每段的主题句和论文结尾的归纳总结，保留梗概与精华部分，提取用于编写摘要的关键信息。其次，看这些信息能否完全、准确地回答摘要四要素所涉及的问题，并要求语句精练。若不足以回答这些问题，则重新阅读论文，摘录相应的内容进行补充。最后，将这些零散信息组成符合语法规则和逻辑规则的完整句子，再进一步组成通畅的短文，通读此短文，反复修改，使其达到摘要的要求。

有些毕业论文还要求加上英文摘要。一般来讲，毕业论文的英文摘要必须满足以下几个要求：① 要符合公认的写作规范；② 尽量使用简单句，同时还要避免句型单调，表达要求准确完整；③ 正确使用冠词；④ 使用标准书面语，使用易于理解的常用词，不用生僻词汇；⑤ 对研究过程的表述用过去时，结论用现在时；⑥ 尽量使用主动语态表述。

4. 关键词

所谓关键词，是指从报告、论文中选取的用以表示全文内容信息的单词或术语。关键词的作用主要有两个，即归类和检索。选择何种词语作为关键词，实际上就是把文献定位于某一特定的类别。所以，选取和标引关键词，其实质是做文献的归类工作。

选取和标引关键词，目的是帮助读者理解和掌握论文的中心和主题，有利于读者查阅、检索和利用论文。关键词的选取不能限于论文标题，还需要从论文的摘要和正文中选取。如果论文的题目比较长，表达论文的主题相对比较充分、全面，那么关键词主要在题目中选取；如果论文的题目比较短，表达论文的主题相对比较狭窄或不具体、不全面，就要从

摘要和正文中去选取关键词。

一篇论文应选取三到五个关键词，最少不要少于 3 个，最多也不要超过 8 个。需要指出的是，关键词选取的数量在一定程度上与反映、揭示论文主题的深度密切相关，也就是说，选取的关键词越多，揭示论文主题就越深，可供检索、利用的概率也就越高。由此可见，关键词的选取，关系到文章的查检率和引用率，关系到成果的检索和利用。

关键词的选取方法主要有两种：一是直选法，即直接从论文的题目、摘要和正文中选取；二是提炼法。有些文章的主题在题目、摘要和正文中表现不突出，而是隐含在其中，这时就要通过对论文题目、摘要和全文做主题分析来提炼关键词。

关键词分为中文关键词和与之对应的英文关键词，分别置于中文摘要和英文摘要之下。为了便于检索，关键词不宜使用过于宽泛的词语。

5. 绪论

毕业论文的主体部分由绪论、本论和结论三大部分组成，毕业论文写作的主要任务就是要写好绪论、本论和结论。所谓绪论，又叫前言、导言，是指学术著作开篇概括文章主要内容、研究要点及研究方法的部分。

毕业论文绪论的内容，一般包括选题的背景、缘由、意义和目的，或研究的范围、方法及所取得的成果，也可以是对论文的基本观点、本论部分的基本内容作一个扼要的介绍。绪论的写法主要有以下几种形式。

（1）交代式。即开头交代论文写作背景、缘由、目的和意义。

（2）提问式。即开头就提出问题，或在简要交代写作背景之后随即提出本文所要解决的问题。

（3）揭示观点式。即绪论开宗明义，将本文的基本观点或主要内容揭示出来。

（4）提示范围式。即绪论部分提示本文的论述范围。

（5）阐释概念式。即绪论先释题，阐释题目中和文中出现的基本概念。

以上列举的是毕业论文几种常见的绪论写法，实际上远不止这些。无论采用哪种绪论写法，都应当符合以下几点要求。

第一，绪论要开门见山，迅速入题。议论性文章通常要求开门见山，一开头就能让读者接触到文章的中心，了解文章的基本内容是什么，而不能"下笔千言，离题万里"，带着读者在文章中心以外绕圈子，使读者如堕入五里雾中。

第二，绪论要引人入胜，能抓住读者。开头要让读者对文章产生良好的第一印象，产生阅读的兴趣。这就要求绪论要有实质性的内容和易于吸引读者的词句。

第三，绪论要简洁、有力。开头的文字不宜过长，以免显得头重脚轻，结构不匀称。一个繁杂冗长的开头，会使读者产生恶劣印象而不忍卒读。古人说："起句当如爆竹，骤响易彻。"毕业论文开头的文字尤其要简洁、有力。

6. 本论

本论是论文的主体部分，是分析问题、论证观点的主要部分，也是最能显示研究成果和学术水平的重要部分。一篇论文质量的高低，主要取决于本论部分写得怎样。本论部分的写作有以下几点要求。

（1）立论要科学。毕业论文的科学性是指文章的基本观点和内容能够反映事物发展的客观规律。文章的基本观点必须是从对具体材料的分析研究中产生出来的，而不是主观臆想出来的。首先，科学性来自对客观事物周密而详尽的研究。其次，文章的科学性通常取决于作者在观察、分析问题时能否坚持实事求是的科学态度。在科学研究中，既不容许夹杂个人的偏见，又不能人云亦云，更不能不着边际地凭空臆想，而必须从分析出发，力争做到如实反映事物的本来面目。最后，文章是否具有科学性，还取决于作者的理论基础和专业知识。

（2）观点要创新。毕业论文的创新是其价值所在。文章的创新性，一般来说，就是不能简单地重复前人的观点，而必须有自己的独到见解。

① 在前人没有探索过的新领域、前人没有做过的新题目上做出了成果。

② 可以表现为在前人成果的基础上做进一步的研究，有新的发现或提出了新的看法，形成一家之言；也可以表现为从一个新的角度，把已有的材料或观点重新加以概括和表述。

③ 文章能对现实生活中的新问题做出科学的说明，提出解决方案。

④ 只提出某种新现象、新问题，能引起人们的注意和思考，也不失为一种创新性。

（3）论据要翔实，论证要严密。

① 论据要翔实。毕业论文必须以大量的论据材料作为自己观点形成的基础和确立的支柱。毕业论文中引用的材料和数据，必须正确可靠，经得起推敲和验证，即论据的正确性。具体要求是：所引用的材料必须经过反复证实。第一手材料要正确，要反复核实，要去掉个人的好恶和想当然的推想，保证其真实。第二手材料要究根问底，查明原始出处，并深入领会其意，而不能断章取义。引用别人的材料是为自己的论证服务，而不是作为篇章的点缀。在引用他人材料时，需要筛选、鉴别，做到准确无误。

② 论证要严密。论证是用论据证明论点的方法和过程。必须做到：概念判断准确，这是逻辑推理的前提；要有层次、有条理地阐明对客观事物的认识过程；要以论为纲，虚实结合，反映出从"实"到"虚"，从"事"到"理"，即由感性认识上升到理性认识的飞跃过程。

（4）结论严谨，条理清楚。本论的篇幅长、容量大，层次较多，头绪纷繁，如果不按一定的次序来安排文章内容，就会层次不清、结构混乱，大大降低表达的效果。

为了避免由于内容过多而使条理不清，写作本论时，常在各个层次之前加一些外在的标志，这些外在标志的主要形式有小标题、序码、小标题与序码相结合及空行等。

（5）观点和材料相统一。本论部分的内容由观点和材料构成，写好本论的另一个要求是将观点和材料有机地结合起来，以观点统帅材料，以材料证明观点。从总体上说，材料应按照各自所要证明的观点来安排，即把所有的材料分别划归到各个小观点之下，随着观点间逻辑关系及排列顺序的明确，材料自然也各得其位。但是，在同一内容层次之中的观点与材料应怎样安排，究竟是先提出观点还是先列材料，在起草时不能不斟酌一番。为了避免雷同，应该有所变化。一般是先摆观点，后列材料；有时也可以先列材料，再提出观点；还可以边摆观点边列材料，夹叙夹议，由浅入深。总之，要把材料和观点紧紧地揉和在一起，有机地统一起来，为表现文章的中心服务。

7. 结论

结论是一篇论文的收束部分，是以研究成果为基础，经过严密的逻辑推理和论证所得出的最后结论。在结论中应明确指出论文研究的成果或观点，对其应用前景和社会、经济价值等加以预测和评价，并对今后在本研究方向进行的进一步研究工作予以展望与设想。结论应写得简明扼要、精练完整、逻辑严谨、措施得当、表达准确。

8. 参考文献

一篇毕业论文的完成需要参考大量的文献资料，将那些被参考的文献资料清晰、准确地列在论文的末尾，让读者能够找到该资料的原始出处，对论文价值的实现具有重要的作用。论文参考文献的格式，国家标准（GB/T 7714—2015）有专门规定。

三、修改定稿阶段

好文章都是改出来的，没有哪一个作者可以写完就定稿，修改是无论什么写作都必需经过的阶段。修改也是论文写作的重要环节，写完后应该仔细地读两遍，然后立足全篇、统观全局，进行必要的修改。论文的修改一般从以下几个方面进行。

1. 论点的再推敲

主要看中心论点是否正确、是否突出、是否新颖，各分论点有无片面性，有无不稳妥的地方；分论点能否有力地说明中心论点；各分论点之间有无矛盾；整个论点体系是否完整、符合逻辑等。

2. 材料的再斟酌

论点是材料的统帅，材料是论点的基础。确定论点后，就要看材料是否准确、翔实，是否与论点统一，是否能有力地证明论点，详略安排是否得当等。

3. 结构的再调整

一是看结构是否严谨，思想上有无顾此失彼的情形，组织上有无颠三倒四的毛病；二是看结构是否自然，是否顺理成章，是否行于当行、止于该止；三是看结果是否匀称饱满、首尾合一，整体感觉是否贯通，有无割裂之感等。

4. 语言的再加工

语言是思想的载体。在修改中，要注意那些啰唆、空话、长话和粗糙的地方，努力把它们修改得简洁、准确、清楚、正确。

5. 文面检查

主要看有无错别字、标点符号是否准确、行款格式是否正确等。

实战训练

论文的选题直接影响着论文的价值。很多同学在选择论文的题目时常常绞尽脑汁，但还是选不出理想的题目来。其实，只要善于积累和留心观察，并勤于思考，选题并不难。例如，读司马迁的《史记·始皇本纪》，看到上面清楚地写着"焚异书，坑术士"时，只要加以思考，就会发现"焚书坑儒说"与历史记载不符，继而从中发现一个值得研究的论题。继而进一步想到，假如不烧掉那些用各国文字书写的书，文字统一的进程将会受到怎样的影响？假如一任那些倒行逆施的言论四处散布，统一大业将会受到怎样的威胁？再就"坑术士"来看，在历经了春秋以来五百年的战乱、百废待兴之际，一任那些"神医""半仙"之流骗人，不仅坑害百姓，而且影响社会的稳定，所以始皇大帝将它们集中起来学习改造，但这些人不仅不思悔改，而且还滋事生非，不杀不足以警世。这样思考，不仅选题的思路有了，写作论文的思路也比较清晰了。请以《试论"焚书坑儒"的功过》为题写一篇小论文。

第四节 毕业设计报告

树人大学电子工程系的学生最近都在忙毕业设计的事情，其中很多同学为写设计报告废寝忘食、绞尽脑汁，有的人虽已经数易其稿，但拿出来的东西却不能令人满意。因此，同学们非常希望老师能讲讲怎样写好毕业设计报告的问题。

基础知识与范例

毕业设计报告，又叫毕业设计说明书，是工科类学生综合运用所学知识对其毕业设计进行解释和说明的科技文书，是毕业设计成果的书面反映。

一、毕业设计报告的特点

毕业设计报告是学生在老师指导下完成的带有总结性的作业，相当于文、理科或一般性学科各专业的毕业论文。一般来讲，毕业设计报告具有以下几个特点。

1. 应用性

工科毕业设计报告是学生用所学知识，进行工程设计或解决工程难题过程的反映，具有明显的应用性。毕业设计报告要求学生综合运用所学本专业的基础理论和专业技术知识，运用计算、绘图、实验等基本技能，解决一般性的专业问题，以巩固、深化和熟练掌握所学专业理论、知识和技能。

2. 检测性

工科毕业设计报告是工科大学生毕业前的总结性教学作业，是一种综合运用已学理论表述其工程设计情况的应用文，主要考核学生是否具有工程设计的初步能力，在本质上是工科毕业生的科技论文，同时也是对学生知识掌握情况及技能形成情况的一个全面考查。

工科毕业设计报告主要考查学生是否具备工程设计的初步能力。其考查的内容主要有：运用原理（机械、电力、电子、计算机等方面）的能力；查阅资料、工程手册、材料手册等方面的能力；绘制图纸的能力；分析模型数据的能力；进行实验工作的能力。

3. 实践性

毕业设计报告是以实验或者设计为基础的，设计者必须亲身经历实验或设计的全过程，并详细记录实验结果，检验设计的可行性。

4. 说明性

毕业设计成果的原理、应用范围、技术参数、工作流程等，只有通过文字、图纸进行解释、说明，才易被理解和认同。对设计成果进行解释和说明，是工科毕业设计报告的主要内容。

5. 综合性

工科院校毕业生对基本理论、专业知识和技能的掌握及运用情况，以及思维能力、创新能力乃至文字表述水平，在工科毕业设计报告中将得到综合体现。

二、毕业设计报告的种类

根据不同的分类标准，毕业设计报告可分为以下几种类型。

（1）根据研究方法的差异，可分为理论型、实验型和描述型三种类型。理论型毕业设计报告的主要研究方法是理论分析；实验型毕业设计报告的研究方法是设计实验、实验过程研究和实验结果分析；描述型毕业设计报告的主要研究方法是描述说明，目的是介绍新发现的事物或现象及其所具有的科学价值。

（2）根据毕业设计报告的具体项目是否为首创，可分为发明型和改革（造）型两种。发明型毕业设计报告，即毕业设计的产品或成果是现实生活中的首创。改革（造）型毕业设计报告，是指毕业设计产品的类型或成果的类型在现实中已经存在，毕业设计的产品或成果是在原有基础上的改进或改良。

（3）根据学科专业的不同，可分为工程（工艺）设计报告和产品（设备）设计报告。工程（工艺）设计包括土木工程设计报告、建筑工程设计报告、计算机程序毕业设计报告等。产品（设备）设计包括机械设备设计报告等。

三、毕业设计报告的选题和资料收集

（一）毕业设计报告的选题

一份毕业设计报告有没有新意及实际应用价值，很大程度上取决于选题。一般来讲，选题应注意以下几个问题。

1. 从专业知识强项或兴趣出发进行选题

对于每个人来讲，只有掌握比较扎实、钻研最透的专业知识应用起来才会得心应手，同时感悟也多。因此，从自己专业知识的强项或自己最感兴趣的专业问题入手寻找课题方向，容易抓到好的选题，有利于提高毕业设计报告的撰写质量。

2. 从实习或实践中所发现的问题入手进行选题

现实工作或生产实践中总会遇到一些应当解决但尚未解决的问题，在此类问题中选题，既有一定的现实意义，也能提高毕业设计报告的实际应用价值。

3. 从有必要进行补充或纠正的课题中进行选题

学术问题总是在错误修正中，或扩大应用领域中，或与其他知识相结合中发展的，选择课题时同样可以采用这一思路。

从毕业设计报告的价值来看，选题的理论意义和现实意义是首要的，在此前提下，可以研究生产或科研中亟待解决的问题、中外学术观点的异同问题、事关国计民生的问题、学术的现状与发展前沿性的问题等。

（二）资料的搜集和整理

一般来讲，丰富的资料积累是好的选题产生的基础。反过来，确定了选题也就明确了资料搜集的方向。从实质上讲，搜集资料是研究问题的开始，在搜集资料过程中，常常会因资料占有情况的影响而修改选题。

搜集资料的形式主要有两种：一是通过实践和直接调查的形式获得；二是通过图书馆、档案馆等获得。

有了丰富的资料，接下来的工作就是材料的整理、分析和筛选问题。整理和分析资料包括以下内容：一是将资料分类。分类标准是以资料反映的主要思想内容为依据；二是分析资料。要分析每类资料能够导出的结论并把这些结论写出来，形成自己的见解；三是给每类资料拟写标题。标题是资料中心思想的概括和结论的提示，将为取舍资料及安排资料在论文中的位置做准备。

对资料进行分析和整理之后，接下来的工作就是归纳和提炼观点。这一步工作的要点有三个：一是根据拟定的论题和各类资料的内容，估量资料的价值和分析资料间的关系；二是根据资料的主次和它们之间的逻辑联系，初步概括出总论点和分论点；三是进一步提炼和确立观点。

 写作指导

一、毕业设计报告的结构和写作要点

一篇完整的毕业设计报告通常由标题、摘要、关键词、目录、引言、主体、小结、参考文献和附录等几部分构成。

（一）标题

毕业设计报告的标题应以最恰当、最简明、最概括的词语反映毕业设计的内容，一般用设计项目+"毕业设计报告"构成。

（二）摘要

摘要主要说明研究工作的目的、方法、结果和结论。摘要应具有独立性，即不阅读毕业设计报告的全文，就能从中获得必要的信息，进而决定有无必要阅读全文。

摘要一般包含中文摘要和外文摘要。其中中文摘要应为200～300个字，外文摘要不宜超过250个实词。

（三）关键词

关键词是为了文献标引，从论文中选取出来的、用以表示全文主题内容信息的单词或术语。关键词不宜用非通用的代号。

关键词的个数一般为3～8个。关键词应按研究的对象、性质（问题）和采取的手段排序，不能随意排列。关键词与关键词之间应留出一个汉字的空格，不加任何标点符号。

关键词应另起一行，排在摘要的左下方。中、外文关键词应一一对应。

（四）目录

主要内容的目录，要求页码正确对应。

（五）引言

主要说明设计的意义、目的、设计范围及要达到的技术要求，简述课题在国内外的发展状况及存在的问题，阐述设计要达到的预期结果、设计的简要过程和基本框架等。

（六）主体

毕业设计报告的主体部分主要包括以下几个方面的内容。

1. 原理陈述和方案论证

着重叙述在毕业设计过程中主要遵循什么原理，分析说明设计中使用的方案。通过分析，指出最佳设计方案；也可以通过分析、比较不同的技术方案，从中确定一种最优方案。

2. 主要技术参数计算

说明选择的技术参数及有关技术参数的计算公式与结果，包括各环节工作条件、给定的参数、理论公式及有关数据的计算过程和计算结果。在具体表述时，常用图示、公式、表格和文字等说明方式。技术参数计算是毕业设计报告的主要部分，体现了设计的可行性和合理性。

3. 工作流程及技术性能

工作流程即工作过程。技术性能包括设计的工程或产品的型号、容量、生产率、动力等。这部分内容多用图纸、模型或实验结果的验证配合文字来加以说明。

4. 适用范围

用文字表述方式说明该项目的适用范围，必要时以图文结合的方式说明使用方法或安装方法。

5. 资金预算

即实施毕业设计项目所需的资金情况。

（七）小结

此部分主要综述设计的成果，以及该成果的价值和意义，陈述研究中未解决的问题并提出意见或建议。

（八）参考文献

文后参考文献是毕业设计报告的重要组成部分。所列出的参考文献，应当是作者亲自阅读或引用过的，它反映毕业设计报告的取材来源、材料的广博程度和材料的可靠程度，也是作者对他人知识成果的承认和尊重。

参考文献的格式，国家标准（GB/T 7714—2015）有专门规定。

（九）附录

附录是与毕业设计报告直接相关，且有必要与毕业设计报告装订在一起的图样、数据表格、计算程序等资料或清单。

附录应当一一编写序号，并在毕业设计报告相关内容处注明。附录应有附录名。

二、毕业设计报告写作的注意事项及要求

1. 选题考虑主客观条件

和毕业论文一样，毕业设计报告的选题要符合实际情况和个人能力。要根据自己的专业、爱好选择课题，使课题能在自己的努力下完成。

2. 数据参数准备无误

在毕业设计报告撰写过程中，要始终保持严谨的科学态度，特别是毕业设计报告需要引用数据参数时，必须保证准确无误。文字表述要严密准确，逻辑结构要清晰严谨。

3. 图表、图示与文字说明要保持一致

毕业设计报告是一种技术文件，需要制作与文字配套的图表、图示等，制作图表等相关内容时要规范，与文字说明要保持一致，能准确解释设计内容。

4. 写作重点应放在技术性较强的部分或设计的关键部分

注重解释、说明的技巧，充分利用图形和图文结合的形式进行说明。

实战训练

　　很多同学在写毕业设计报告时有一种畏难情绪，在这种情绪的影响下，本来很简单的一个写作过程被人为地复杂化，使很多同学在写作时不能正常发挥出自己的实际水平，直接影响毕业设计报告的质量。实际上，只要设计思路到位，全部设计已经完成，设计报告的写作就十分容易了。怎样确保写作过程顺利呢？一是像平时说话一样，自然地叙述和说明，即写作过程中不要刻意追求语言的完美——语言的推敲与完善可留待修改时进行；二是可按照毕业设计报告的内容构成，集中精力一个部分一个部分地分开来写，最后连缀成篇，修改定稿。请拟写一份设计报告。

参 考 文 献

[1] 黄高才. 常见应用文写作知识与范例大观[M]. 北京：中国人民大学出版社，2012.

[2] 黄高才，刘会芹. 公务员暨现代文员应用写作一本通[M]. 北京：北京大学出版社，2011.

[3] 黄高才，刘会芹. 新编应用写作教程[M]. 北京：高等教育出版社，2008.

[4] 黄高才，刘会芹. 大学语文[M]. 北京：清华大学出版社，2008.

[5] 刘会芹，黄高才. 新编应用文体写作[M]. 西安：西安交通大学出版社，2007.

[6] 吴桥. 国家通用语言文字简明教程[M]. 上海：上海人民出版社，2005.

[7] 刘会芹，黄高才. 新编应用文体写作[M]. 2 版. 西安：西安交通大学出版社，2009.

[8] 刘会芹，黄高才. 应用写作[M]. 杨凌：西北农林科技大学出版社，2008.

[9] 黄高才，刘会芹. 现代应用写作全书[M]. 西安：西安交通大学出版社，2010.

[10] 刘会芹，黄高才. 把握要点，写好招商项目说明书[J]. 应用写作，2010（4）：21–22.

[11] 刘会芹，黄高才. 职责的文体特点与写作注意事项[J]. 应用写作，2010（9）：33–34.

[12] 刘会芹. 公告的使用条件及写作要点[J]. 应用写作，2010（12）：10–12.

[13] 刘会芹. 例谈规则的内容要点与写作要求[J]. 应用写作，2011（1）：37–39.

[14] 刘会芹，黄高才. 规范的内容要素与写作要点[J]. 秘书之友，2011（2）：23–25.

[15] 刘会芹，黄高才. 评估报告的写作要点与写作要求[J]. 秘书之友，2011（3）：15–16.

[16] 刘会芹，黄高才. 例谈守则的写作要点[J]. 秘书之友，2011（5）：22–23.

[17] 刘会芹，黄高才. 谈谈随笔的写作[J]. 写作，2011（5）：22–24.

[18] 刘会芹，黄高才. 例谈岗位说明书的写作[J]. 应用写作，2011（5）：31–33.

[19] 刘会芹，黄高才. 怎样写好自评报告[J]. 秘书之友，2011（6）：24–25.

[20] 刘会芹，黄高才. 准则写作例谈[J]. 应用写作，2011（7）：37–39.

[21] 黄高才，刘会芹. 授权委托书的写作要点[J]. 秘书之友，2011（7）：24–26.

[22] 刘会芹，黄高才. 浅谈汇报材料的写作[J]. 写作，2011（11）：26–29.

[23] 刘会芹 黄高才. 例谈声明的写作要点[J]. 应用写作，2011（11）：36–38.

[24] 黄高才，刘会芹. 例谈公约的写作. 秘书之友，2011（11）：35–36.

[25] 黄高才，刘会芹. 几种常见的公告错用情况例析. 应用写作，2011（12）：14–16.

[26] 黄高才. 浅谈城市形象宣传语的写作[J]. 应用写作，2012（3）：23–25.